글로벌 리더 역량 평생교육사

현장실습 이론과 실제

정은희 신의현 민경화 허현자 공저

양 성 원

Preface

「평생교육 현장실습」은 평생교육사 자격제도에서 양성과정의 필수과목이다. 이 교과목은 예비평생교육사에게 현장에서 평생교육사의 다양한 직무를 직접 체험하고 학습하는데 초점을 두고 있다.

급변하는 환경속에서 평생교육과 평생교육의 장은 더욱 확대될 수 밖에 없다. 따라서 평생교육사는 경쟁력을 확보하기 위해 평생교육의 질적 수준을 높이는데 만전을 기할 필요가 있다. 평생교육의 질적 수준을 높이는 방법으로는 첫째, 국가적 차원에서 평생교육진흥을 위한 제도 및 사업을 위한 노력이 중요하다. 둘째, 교육에 참여하는 교수자, 학습자와 더불어 이러한 교육이 운영될 수 있도록 조력해야 하는 전문가(평생교육사)의 역할이 매우 중요하다. 셋째, 평생교육현장에서 평생교육사의 전문적인 직무능력이 개진되어야 한다. 이러한 노력이 함께할 때 평생교육의 질적 수준은 매우 향상될 것이다.

평생교육 현장전문가로써 도약하기 위해 중요한 교과목인「평생교육 현장실습」은 이론적으로 습득하였던 평생교육 관련 지식을 현장에서 직접 적용해 보고, 현장에서 체계적으로 평생교육을 운영하는 전문가(평생교육사)의 체화된 경험을 학습함으로써 평생교육사의 역할과 정체성 및 가치를 정립할 수 있다. 이에 본 교과목은 평생교육현장에서 다루어야 할 내용을 총 8장으로 구성하여 현장실습의 내용으로 담았다.

1장은 관련법규 및 자격제도에 대해 설명하고 있으며, 2장은 평생교육사에게 필요한 전문지식과 현장에서 진행되는 실습내용, 실습을 구성하고 있는 요소들과 절차에 대해 설명하였다. 3장에서는 평생교육사들의 일터이며 예비평생교육사들의 실습기관인 평생교육기관에서 다루어지고 있는 실습의 특성을 다루었으며, 4장에서는 평생교육사들의 성과를 잘 담아낼 실무행정을 담아냈다. 5장은 프로그램 기획에 대한 전반적인 내용을 구체적으로 다루었으며, 6장은 교육프로그램 운영시 평생교육사의 역할에 대해 설명하였다. 7장에서는 평생교육사 자격제도에 대한 과제 및 비전을 설명하고 있으며, 8장은 평생교육사가 활용했을 때 많은 도움이 될 평생교육제도에 대해 설명하고 있다.

글로벌 리더 역량 평생교육사「현장실습 이론과 실제」교재는 평생교육현장에서 전문가로서 역할을 다하고 있는 평생교육사님들께 도움이 되는 자료 및 예비평생교육사님의 실습에 대한 기본서, 평생교육기관에서 활용할 수 있는 지침서가 되기를 바란다.

2023년 2월

저자일동

Contents

01

평생교육의 개념 및 관련 법규

01 평생교육의 개념 및 관련 법규

1. 「평생교육법」 개요

우리나라의 「평생교육법」은 과거 「사회교육법」이 전면 개정되어 시행된 국민의 평생교육을 규정하는 법이다. 「사회교육법」은 1982년 12월 31일에 공포된 법률로 학교 밖에서 운영되는 모든 형태의 체계적 교육 활동을 규정하고 있다.

우리나라 정부와 국민은 그동안 학생 대상의 학교 교육에만 집중하여 왔으며 상대적으로 학생이 아닌 일반인의 평생학습에 대하여 무관심하였다. 그럼에도 불구하고 현재 정부의 평생교육 지원에 대한 의지가 강력하게 법률에 반영되어 있는데, 헌법 제31조 제5항에 "국가는 평생교육을 진흥하여야 한다.", 제6항'학교 교육 및 평생교육을 포함한 교육제도와 그 운영, 교육재정 및 교원의 지위에 관한 기본적인 사항은 법률로 정한다.'라고 규정하고 있다. 이처럼 헌법에서 국가의 평생교육진흥 의무를 규정하는 국가는 한국과 중국 등 소수 국가에 불과하다.

「평생교육법」은 1999년과 2007년에 전부 개정, 2016년 일부 개정되었으며, 2021년 현재까지 지속적으로 개정안이 발의되었다. 「평생교육법」이 개정된 이유는 시대와 사회의 변천에 따라 평생교육의 실천과 환경이 변화하고 있으며, 국민과 평생교육 관련 집단의 요구가 변화되고, 이 같은 평생교육의 필요와 요구에 대응하기 위하여 법의 변화가 불가피하였기 때문이다.

아래의 〈표 1-1〉에서는 2008년 이후 「평생교육법」 개정의 주요내용 및 2021년 현재의 「평생교육법」 개정 의안이 발의된 내용이다.

〈표 1-1〉「평생교육법」개정내용 및 2021년 개정(안)

시기	내용	관련 법령
2008년 전면개정	•「평생교육법」은 총 8장 46조로 구성 • 평생교육진흥 기본계획, 평생교육진흥원 설치기준 포함, • 평생교육사 자격조건 및 배치기준이 강화. • 평생교육시설 설치자의 책무 및 조건을 명시. • 문자 해득 교육 및 평생학습결과 관리 · 인정 관련 내용추가.	「평생교육법」 전면개정
2009년 5월	• 평생학습 프로그램에 대한 평가인정 외 사후관리방안규정 • 평생교육사 자격제도 개선 제24조 • 사내대학 설립조건 완화 및 입학 대상 확대	제23조 제24조 제32조
2011년 7월	• 원격교육방식 학교 교과학습 학원 관련	제33조 제2항
2013년 5월	• 평생교육사 자격증 교부 · 재교부 업무	제44조
2016년 일부개정	• 국가장애인 평생교육 진흥센터 설치 • 읍 · 면 · 동 평생학습센터의 설치 운영	제19조의2헝 제21조의2항
2021년 일부개정	• 학급 또는 학과의 감축 명령의 근거를 법률에 명확히 규정하여 평생교육시설의 설치자가 위반행위를 한 경우 관할청이 학급감축 등의 처분을 할 수 있도록 하려는 것임	제28조제4항 및 제42조 제1항
장애인 「평생교육법안」 일부개정 (2021)	• 평생교육을 통하여 장애인의 평생교육 참여 권리를 보장하고, 장애인의 삶의 질 향상과 사회통합에 기여 함을 목적으로 함. • 국가 및 지방자치단체는 장애인의 평생교육 보장을 위해 노력하여야 함. • 5년마다 장애인평생교육진흥기본계획을 수립하고, 시 · 도지사는 연도별 장애인평생교육진흥시행계획을 수립 · 시행함. • 국가장애인평생교육진흥위원회를 두도록 함. • 국가장애인평생교육진흥원, 시 · 도 장애인 평생교육 진흥원 및 시 · 군 · 구 장애인 평생학습관을 두도록 함. • 장애인평생교육사 자격을 신설하고, 장애인 평생교육사 양성기관을 지정. • 장애인평생교육에 참여하는 장애인을 위하여 개인별 장애인 평생교육지원계획을 수립하고, 장애인평생교육 관련 서비스 제공.	제1조 제3조 제6조 및 제9조 제8조 제11조부터 제13조까지). 제20조 및 제21조 제28조 및 제29조
2021년 「평생교육법」 일부개정안	부모교육 프로그램을 운영하고 재정적 지원을 할 수 있으며, 국가부모교육지원센터 및 시 · 도 부모교육 지원센터를 설치하도록 하여 부모교육이 지속적 · 안정적으로 이루어지도록 하려는 것임	제19조의4 및 제19조의5 신설

출처: 국회입법예고(2022). http://pal.assembly.go.kr
법제처(2022). https://www.lawmaking.go.kr

1) 「평생교육법」에 근거한 평생교육사

평생교육 개념 정의에 기초하여 “평생교육사는 정규 학교를 제외한 다양한 평생교육기관에서 교육 프로그램을 운영하거나 학습자들의 학습을 도와주는 사람들”이라 정의한다. 「평생교육법」 제24조 제2항에서는 평생교육사란 “평생교육 진흥을 위하여 평생교육현장에서 평생교육 프로그램의 기획 · 진행 · 분석 · 평가 및 교수 업무 등 평생교육 관련 업무의 전반적인 영역을 담당하는 평생교육 현장전문가”라고 정의한다. 그러므로 평생교육사는 그동안 사회교육현장에서 활동해 오던 사회교육담당자 중에서 법적인 자격을 갖추고 평생교육시설 및 기관에서 평생교육 관련 업무를 수행하는 전문가를 말하며, 평생교육적 이념을 실천하는 사람이라고 할 수 있다. 평생교육사는 평생교육 법령에서 규정하고 있는 평생교육기관에 일정한 기준에 따라 배치되어 평생교육 업무를 수행한다. 그리고 평생교육사의 전문성을 신장하기 위한 연수 등에 대한 사항 또한 「평생교육법령」에 규정되어 있다.

평생교육사 자격제도는 두 번의 「평생교육법」 개정을 통해 개편되었다. 먼저 1999년 「사회교육법」이 「평생교육법」으로 전부 개정되면서 자격의 명칭이 사회교육전문요원에서 평생교육사로 변경되었고, 기존 1 · 2등급 자격체계가 1 · 2 · 3등급 자격체계로 개편되었다. 2007년에 「평생교육법」이 다시 전부 개정되면서 양성과정이 개편되었다. 양성과정의 이수학점이 2학점에서 3학점으로 증가하였고, 평생교육실습이 비학점에서 학점화되며 실습시간 또한 120시간에서 160시간으로 늘었으며, 평생교육사 1급 자격은 승급과정을 통해서만 취득할 수 있도록 개편되었다. 2013년에는 「평생교육법」 일부가 개정되면서 개별 양성기관에서 발급되었던 평생교육사 자격증이 국가평생교육진흥원으로 일원화되어 교육부로부터 업무를 위탁받은 국가평생교육진흥원에서 현재까지 자격증을 교부 · 재교부하고 있다.

「평생교육법」 제26조에서는 양성된 평생교육사를 평생교육기관에 의무적으로 배치하도록 규정하고 있으며, 시행령 제22조에서는 의무배치 대상 기관과 배치기준을 규정하고 있다. 국가 및 시도 평생교육진흥원, 시군구 평생학습관, 학력인정 평생교육시설을 제외한 장애인 평생교육시설 및 「평생교육법」에 따른 평생교육시설, 학점은행기관, 그리고 그 밖에 타 법령에 따라 평생교육을 주된 목적으로 하는 시설·법인 또는 단체에는 평생교육사를 의무적으로 배치하여야 한다. 법으로 규정된 평생교육기관 외에도 시도교육청 및 지역 교육지원청, 시도청 및 시군구청,읍면동 평생학습센터의 평생교육전담 조직에서도 평생교육의 진흥을 위하여 평생교육사를 배치하는 등 평생교육사의 배치기관이 점차 확대되고 있다.

「평생교육법」 제24조에서 평생교육사 자격을 다음과 같이 제시하고 있다.

「평생교육법」 제24조(평생교육사)

1. **제24조 (평생교육사)** ① 교육부 장관은 평생교육 전문 인력을 양성하기 위하여 다음 각호의 어느 하나에 해당하는 자에게 평생교육사의 자격을 부여한다. **<2009.5.8, 2009.5.8., 2013.3.23, 제 11690호 정부조직법 2019. 12. 3, 2021.3.23>**
   ① 「고등교육법」 제2조에 따른 학교(이하 "대학"이라 한다) 또는 이와 동등 이상의 학력이 있다고 인정되는 기관에서 교육부령으로 정하는 평생교육 관련 교과목을 일정 학점 이상 이수하고 학위를 취득한 자
   ② 「학점인정 등에 관한 법률」 제3조제1항에 따라 평가인정을 받은 학습과정을 운영하는 교육훈련기관(이하 "학점은행기관"이라 한다)에서 교육부령으로 정하는 평생교육 관련 교과목을 일정 학점 이상 이수하고 학위를 취득한 자
   ③ 대학을 졸업한 자 또는 이와 동등 이상의 학력이 있다고 인정되는 자로서 대학 또는 이와 동등 이상의 학력이 있다고 인정되는 기관, 제25조에 따른 평생교육사 양성기관, 학점은행기관에서 교육부령으로 정하는 평생교육 관련 교과목을 일정 학점 이상 이수한 자
   ④ 그 밖에 대통령령으로 정하는 자격요건을 갖춘 자
2. 평생교육사는 평생교육의 기획 진행 분석 평가 및 교수업무를 수행한다.
3. 제28조 제2항 각호의 어느 하나에 해당하는 자는 평생교육사가 될 수 없다.
4. 평생교육사의 등급, 직무 범위, 이수 과정, 연수, 자격증의 교부절차 등에 필요한 사항은 대통령령으로 정한다.
5. 제1항에 따라 발급받은 자격증은 다른 사람에게 빌려주거나 빌려서는 아니 되며 이를 알선하여서도 아니 된. (신설 2019.12.3)(시행일 2020.6.4)
6. 교육부 장관은 제1항에 따른 평생교육사 자격증을 교부 또는 재교부받으려는 자에게 교육부령으로 정하는 바에 따라 수수료를 받을 수 있다.

「평생교육법」 제24조 제3항 및 제28조 제2항에 근거하여 평생교육사 자격증 발급을 위한 신원조회 시 다음의 결격 사유에 해당할 경우 자격증 발급이 불가하다. 단 이미 이수한 평생교육 관련 과목의 학점은 인정되며, 추후 결격 사유 기간만료 시 자격증 발급을 신청하여 취득할 수 있다.

※ 평생교육사 자격 발급 결격 사유

- 금치산자 또는 한정치산자
- 금고 이상의 실형을 선고받고 그 집행이 종료(집행이 종료된 것으로 보는 경우도 포함한다.)되거나 집행이 면제된 날부터 3년이 경과되지 아니한 자
- 금고 이상의 형의 집행유예를 선고받고 그 유예기간 중에 있는 자
- 법원의 판결 또는 다른 법률에 따라 자격이 정지 또는 상실된 자

2) 평생교육사의 역할

「평생교육법」 제24조 제2항에서는 평생교육사의 역할을 평생교육의 기획 · 진행 · 분석 · 평가 및 교수업무를 수행한다고 규정하고 있다. 따라서 평생교육사의 「평생교육법」에 근거하여 드러난 평생교육사의 역할을 다음과 같이 요약할 수 있다.

- 학습자의 요구분석에 기초하여 평생교육 프로그램을 기획하고 실행계획을 수립하는 프로그램 개발자로서의 역할
- 평생교육 프로그램을 효율적으로 실행하는 운영자로서의 역할
- 평생교육 프로그램 운영의 효과를 분석하고 평가하는 평가자로서의 역할
- 평생교육 프로그램을 학습자에게 강의하는 교수자로서의 역할

학자들은 평생교육사의 역할을 매우 다양하게 규정하고 있다. M. S. Knowles[1)]는 평생교육 담당자 역할을 자기주도적 학습을 도와주는 학습촉진자, 연구자 그리고 프로그램 디렉터 등 세 가지로 규정하고 있는데, 이를 구체적으로 살펴보면 다음과 같다. 첫째, 학습촉진자 역할이다. 학습자가 교육 요구를 발견하도록 진단하고, 학습자로 하여금 학습경험을 구조화하여, 자신에게 학습요구가 일어나도록 제반환경과 여건을 조성하여 학습동기 유발하며, 더불어 학습을 효율적으로 진행하기 위하여 다양한 학습방법과 기술을 선정하고 학습결과를 평가하여 다음 교육 프로그램에 반영하

---

1) Malcolm S. Knowles는 미국 교육학자로 성인 교육이론을 주창하여 안드라고지의 아버지라고도 불리우며(Richard Swanson,1998) 성인 학습이론을 집대성한 교육학자.

는 것이다. 둘째, 연구자 역할이다. 학습자의 요구뿐만 아니라, 기관의 교육 요구, 나아가서는 지역사회의 이해까지 수렴하여 프로그램을 개발 · 운영 · 평가하며, 프로그램 관리기능과 더불어 직원 관리와 같은 조직의 유지 · 발전에 대한 책임까지를 포함한다. 셋째, 프로그램 디렉터 역할이다. 프로그램 개발과 교육 행정업무를 포함하여 프로그램의 개발과 운영, 행정상의 업무를 지원하는 역할이다.

권두승(1999)은 평생교육사의 역할을 교수자, 프로그램 개발자, 관리자, 변화 촉진자, 협력자등으로 규정하고 있다. 이는 평생교육사 역할 간의 관계를 변화와 안정을 강조하는 수직축과 집단적이거나 개인적 차원을 중시하는 수평축을 중심으로 나타낸 것이다. 평생교육사 역할 속에는 교육의 목적을 달성하는 과정 중에 문제에 대한 인식을 불러일으키고, 학습의 장으로 끌어내며, 목표에 대한 재인식 등을 고무하는 지도성 행위가 있는 것을 볼 수 있다. 즉, 교육목표 달성에 있어서 학습자의 요구뿐만 아니라, 기관의 교육요구, 지역사회의 이해까지 수렴하고, 나아가서는 교육목표를 위한 학습촉진을 하며, 조직 구성원들의 민주적 참여와 합의가 촉진되도록 격려하여 변화되도록 도와주는 지도성을 나타내고 있는 것이다(권두승,1998; 나항진외, 2011).

이해주 외(2000)는 평생교육사의 역할을 학습자의 요구와 목표달성을 도와주는 멘토로서의 역할, 기관의 요구와 목표달성을 도와주는 프로그램 개발자로서의 역할, 사회의 요구와 목표달성에 헌신하는 교육자로서의 역할을 제시하고 있다. 이외의 여러 학자들도 평생교육사 역할에 대해 다양하게 정의하고 있다. 여러 학자에 의해 평생교육사의 역할이 다양하게 표현되고 있지만 가장 중요한 것은 평생교육사 역할은 평생교육의 실천영역과 학습대상 및 내용의 확장 및 차별화, 전문화되어야 한다는 것이다. 따라서 평생교육사의 역할은 고정된 것이 아니라 유동적이다.

위에서 언급한 법적 기준과 학자들의 이론적 기준을 통합한 평생교육사의 역할은 첫째, 프로그램 관리자로서의 역할이다. 평생 교육기관 조직의 효율성, 효과성을 제고하기 위한 조직 및 인사관리, 프로그램 운영의 예산 편성, 홍보전략의 설계 및 활용, 자원의 효율적 집행 등과 관련된 관리자의 역할을 담당한다. 둘째, 프로그램 개발자의 역할이다. 급변하는 환경 속에서 평생교육기관이 지향하는 이념과 학습자의 요구와 필요를 읽어내고 적절한 프로그램의 개발 여부 및 내용에 관해 의사결정을 하며. 프로그램 내용 및 방법의 선정과 전반적인 조직운영 및 평가할 수 있는 능력과 관련 있다. 셋째, 교수자의 역할이다. 학습자의 수준을 점검하고 스스로 창의성과 성장을 도모하도록 조력하며, 주어진 분야의 지적탐구 가치를 전달하는 역할이다. 경우에 따라서는 직접 교수자 역할을 담당할 수도 있다. 넷째, 학습상담자의 역할이다. 학습자가 가지고 있는 현재의 문제점 및 불만 사항에 대해 해결점을 찾을 수 있도록 조력하며 학습 후 진로지도에 대한 상담도 함께 진행하여야 한다. 다섯째, 평가 및 컨설팅 역할이다. 평생교육기관 운영의 효율성을 체계적이고 과학적으로 조사·분석하고 평가함과 아울러 향후 발전적 대안과 처방을 제시한다. 여섯째, 협력자 및 조정자로서의 역할이다. 해당 지역사회에 기반을 두고 있는 학습자지역사회의 인사, 다양한 평생교육기관 간의 네트워크를 형성하고 조정하는 것과 관련 있다.

3) 평생교육사의 직무

사전적인 의미로 볼 때 직무란 '직책이나 직업상에서 책임을 지고 담당하여 맡은 사무 또는 맡은 일'을 말한다(국립국어원 표준어 대사전, 2016). 따라서 평생교육사의 직무란 평생교육사가 평생교육현장에서 실질적으로 수행하는 사무 및 업무라 말할 수 있다.

「평생교육법」 제24조 제2항 및 시행령 제17조에서는 평생교육사의 직무 범위를 평생교육 프로그램의 요구분석·개발 운영·평가 및 컨설팅, 학습자에 대한 학습정보 제공, 생애 능력개발상담·교수, 그 밖에 평생교육진흥 관련 사업계획 등 관련 업무이다.

평생교육사의 직무에 대해 학자마다 다양한 요소들을 지적하고 있다. 직무 분석적인 측면에서, 이병준 외(1999)는 평생교육사는 평생교육 프로그램을 기획, 개발, 조직, 운영, 평가하고, 성인들에 대한 학습 상담과 생애개발을 지원하며 학습 환경 및 조직에 대한 교육적 자문을 수행하는 직무이다. 김진화 외(2008)는 평생교육사는 평생학습사업 및 프로그램과 관련하여 조사, 분석, 기획, 설계, 운영, 지원, 교수, 평가하고, 다양한 학습 주체자에 대한 변화촉진과 평생학습 상담 및 컨설팅을 수행하며, 평생학습사회의 실현을 위해 기관 및 시설 간의 네트워킹을 촉진하고, 평생학습 성과를 창출하고 관리하는 직무이다.

직무역량 측면에서, 정민승 외(2010)는 평생교육사는 평생학습사회의 실현을 위해 지역사회와 개인 학습자의 자활 학습력 촉진을 담당하는 자를 말한다.

국각평생교육진흥원에서는 평생교육사의 직무를 아래의 [그림 1-1]에서 처럼 영역화하고 있다.

[그림 1-1] 평생교육사 직무

출처: https://lledu.nile.or.kr/info/about/

위에서 살펴본 여러 학자가 주장한 평생교육사의 역할 및 직무는 법률적 측면에서, 직무분석의 결과로서, 직무역량의 측면에서 목적, 영역, 대상에 따라 수행되는 역할과 직무가 상당한 정도로 구체화되어 있음을 알 수 있다. 하지만 현재의 평생교육 현장에서는 여기에 명시되지 않은 새로운 내용이 있음을 간과해서는 안 될 것이다.

한편, 평생교육사의 활동영역을 살펴보면 「평생교육법」에 따른 공공 및 민간영역 평생교육기관에서 평생교육 관련 정책/사업 및 평생교육 프로그램 등을 기획・운영하고 있으며, 주민자치센터・도서관 등 다른 법령에 따라 평생교육을 주된 목적으로 설립된 기관에서도 지역주민의 평생학습 참여를 위한 다양한 활동을 하고 있다.

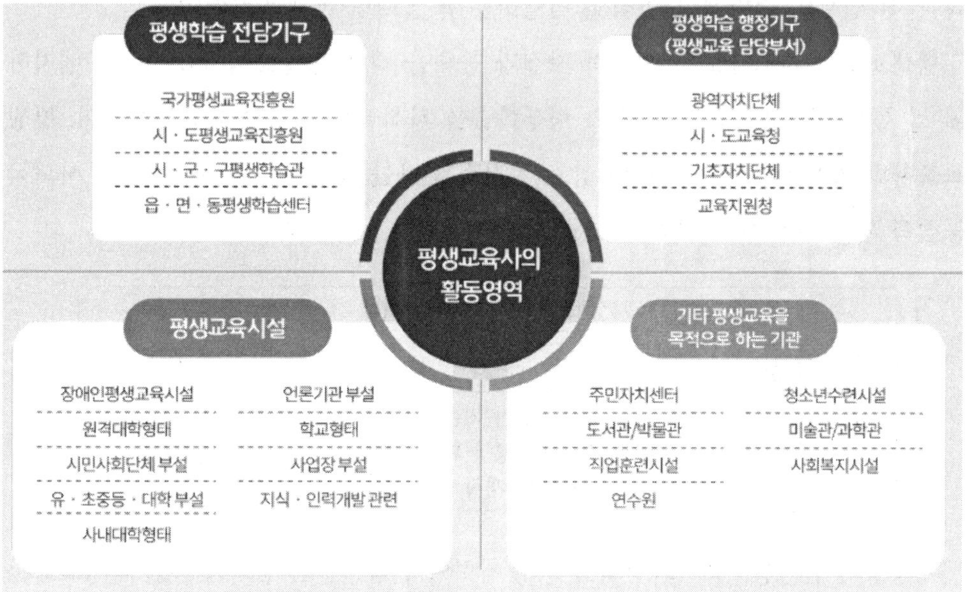

[그림 1-2] **평생교육사 활동영역**(https://lledu.nile.or.kr/info/about/)

현장에서의 평생교육사는 위에서 언급한 직무 및 역할과 전혀 상관없는 일을 해야 하는 경우도 있다. 따라서 실습자는 평생교육사의 직무와 역할을 숙지해두고, 평생교육 전문가로서 현장에서 활발하게 활동할 때 어느 상황에서든 자신의 능력을 융통성 있게 발휘할 수 있어야 한다.

2. 평생교육사 자격제도

1) 평생교육사 자격제도란

평생교육사는 평생교육 관련 업무의 전문적인 수행을 위해 일정한 자격을 갖춘 사람에게 부여하는 국가자격증으로, 자격 취득방법은 승급과정과 양성과정으로 구분한다. 평생교육사는 대학, 대학원과 양성기관에서 평생교육사 관련 교과목을 이수한 후 현장실습을 마치면 평생교육사 자격증을 발급하며, 평생교육 진흥을 위하여 평생교육현장에서 평생교육 프로그램의 기획,진행,분석,평가 및 교수업무 등 평생교육 관련 업무의 전반적인 영역을 담당하는 평생교육 현장전문가이다.

평생교육사 자격제도는 전문적 자질과 능력을 갖춘 평생교육사를 양성・배치하여 질 높은 평생교육을 실시하고, 평생학습을 사회적으로 확산하기 위함이며, 평생교육사의 양성-배치-연수체제의 상호 유기적 연계를 통한 자격의 전문성 및 사회적 공신력 확보하는 것이 자격제도의 구체적인 추진 목표이다.

평생교육사 자격제도 확립		
양 성	배 치	연 수
• 전문성 확보 • 양질의 관리	• 법적 기준 • 공공영역 확보 • 행정, 재정 지원	• 계속 교육 • 승급 교육 • 교 강사 연수

- 양성의 전문성 : 교육과정의 전문성 강화와 현장실습의 강화를 통한 평생교육사의 직무수행 능력을 양질의 관리에 의한 전문성 확보하는 것이다.

  ※ 양성현황: (2000) 26,139명 → (2008) 58,972명 → (2021) 150,542명
- 배치의 공공성 : 자격취득자들에게 법적 기준에 의한 평생교육기관, 시설, 단체에 고용될 수 있는 기회제공의 확대 및 공적 평생교육의 확산을 위한 평생교육사 직렬배치를 추구한다.
- 연수의 체계성 : 평생교육사에 대한 핵심 자질・역량 수준을 지속해서 유지할 수 있도록 평생교육현장 종사자에 대한 연수체제의 확립한다.

2) 평생교육사 자격등급

평생교육사 자격등급은 1·2·3급으로 구분되며, 평생교육사 이수 과정을 통해 자격을 취득할 수 있다. 이수 과정은「평생교육법시행령」제18조에 따라 다음 [그림 1-2]와 같이 양성과정과 승급과정으로 구분된다. 양성과정은 (전문)대학, 대학원, 학점은행기관 등 평생교육사 양성기관에서 운영하는 관련 과목을 일정 학점 이상 이수하여 2급 또는 3급 자격을 취득하는 과정이고, 승급과정은 일정 자격요건을 갖춘 평생교육사 자격증 소지자가 상위급수(1급·2급)로 승급하기 위해 이수하는 과정이다.

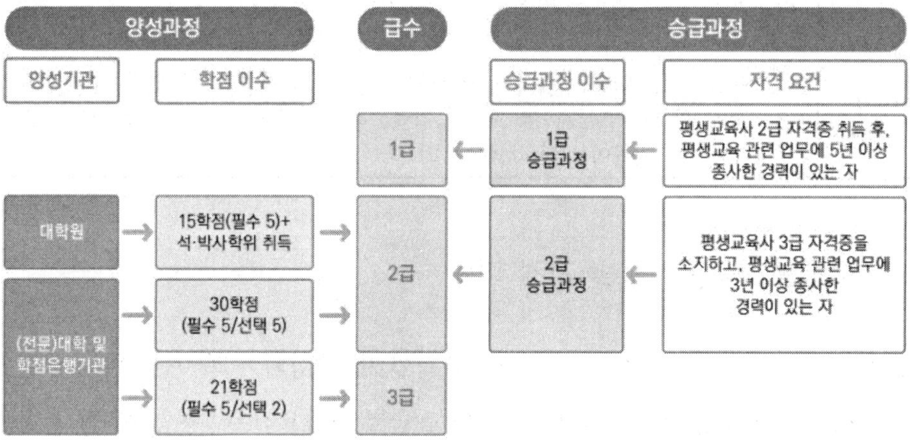

[그림 1-3] **평생교육사 자격 이수 과정**(**한국평생교육백서**,2021)

3) 평생교육사의 자격 취득방법

평생교육사는 대학, 대학원과 양성기관에서 평생교육사 관련 교과목을 이수한 후 현장실습을 마치면 평생교육사 자격증을 발급받는다. 평생교육사 양성 교과목은 필수과목 5과목과 선택과목 2과목 이상을 이수하여야 하며, 양성과정의 과목명칭이 동일하지 아니하더라도 교과의 내용이 동일하다는 국가평생교육진흥원장의 승인을 받은 경우 동일과목으로 본다([그림 1-3] 참조). 평생교육사 양성과정의 필수과목은 평생교육실습을 포함하여 15학점 이상을 이수하여야 한다. 과목당 학점은 3학점으로 하고, 성적은 각 과목을 100점 만점으로 하여 평균 80점 이상이어야 한다. 평생교육실습은 「평생교육법시행령」 제69조 제2항에 따라 문자 해득 교육 프로그램으로 지정받은 기관, 「평생교육법」제19조부터 제21조까지의 규정에 해당하는 평생교육기관에서의 4주간 현장실습을 포함한 수업과정으로 구성한다.

〈표 1-2〉 **평생교육사 이수 과목**

구분		과목명
필수과목(5)		평생교육론, 평생교육방법론, 평생교육프로그램개발론, 평생교육경영론
		평생교육실습
선택 과목	실천 영역	아동교육론, 청소년교육론, 여성교육론, 노인교육론, 시민교육론, 문자해득교육론, 특수교육론, 성인학습및상담(1과목이상 선택하여야 함)
	방법 영역	교육사회학, 교육공학, 교육복지론, 지역사회교육론, 문화예술교육론, 인적자원개발론, 직업진로설계, 원격(이러닝, 사이버)교육론, 기업교육론, 환경교육론, 교수설계, 교육조사방법론, 상담심리학(1과목이상 선택하여야 함)

4) 평생교육사 등급별 자격 기준

평생교육사의 자격은 1999년 8월 「평생교육법」이 제정되어 2000년 3월 시행령 공포에 따라 규정 · 시행되었다. 평생교육사의 등급별 자격요건은 「평생교육법 시행령」 제16조에서 규정하고 있으며, 다음 〈표 1-3〉과 같다.

평생교육사 1급은 2급 취득 후, 평생교육 관련 업무를 5년 이상 수행한 경력이 있는 자로서 국가평생교육진흥원에서 운영하는 평생교육사 1급 승급과정을 이수해야 취득할 수 있다. 평생교육사 2급은 대학원에서 필수과목을 15학점 이상 이수하거나 대학 및 학점은행기관 등에서 관련 과목을 30학점 이상 이수하고 학위를 취득한 자, 그리고 평생교육사 3급 자격증을 보유하고 3년 이상 관련 경력이 있는 자로 평생교육사 2급 승급과정을 이수한 자 등이 취득할 수 있다. 3급은 대학 또는 학점은행기관 등에서 관련 과목을 21학점 이상 이수하고 학위를 취득한 자 등이 취득할 수 있다.

〈표 1-3〉 평생교육자의 자격요건

등급	자격 기준
1급	평생교육사 2급 자격증을 취득한 후, 교육부장관이 정하는 평생교육과 관련된 업무에 5년 이상 종사 한 경력이 있는 자로서 진흥원이 운영하는 평생교육사 1급 승급과정을 이수한 자
2급	1. 「고등교육법」 제29조 및 제30조에 따른 대학원에서 교육부령으로 정하는 평생교육과 관련된 과목 중 필수과목을 15학점 이상 이수하고 석사 또는 박사학위를 취득한 자. 다만, 「고등교육법」 제2조에 따른 학교(이하 "대학"이라 한다)에서 필수과목을 이수한 경우에는 선택과목으로 필수과목 학점을 대체할 수 있다. 2. 대학 또는 이와 같은 수준 이상의 학력을 인정할 수 있는 기관, 「학점인정 등에 관한 법률」에 따라 평가인정을 받은 학습과정을 운영하는 교육훈련기관에서 관련과목을 30학점 이상 이수하고 학위를 취득한 자 3. 대학을 졸업한 자 또는 이와 같은 수준 이상의 학력이 있다고 인정되는 자로서 다음 각 목의 어느 하나에 해당하는 기관에서 관련과목을 30학점 이상 이수한 자 가. 대학 또는 이와 같은 수준 이상의 학력을 인정할 수 있는 기관 나. 법 제25조제1항에 따른 평생교육사 양성기관(이하 "지정양성기관"이라 한다.) 다. 학점은행기관 4. 평생교육사 3급 자격증을 보유하고 관련업무에 3년 이상 종사한 경력이 있는 자로서 진흥원이나 지정양성기관이 운영하는 평생교육사 2급 승급과정을 이수한 자
3급	1. 대학 또는 이와 같은 수준 이상의 학력을 인정할 수 있는 기관, 학점은행기관에서 관련과목을 21학점 이상 이수하고 학위를 취득한 자 2. 대학을 졸업한 자 또는 이와 같은 수준 이상의 학력이 있다고 인정되는 자로서 다음 각 목의 어느 하나에 해당하는 기관에서 관련과목을 21학점 이상 이수한 자 가. 대학 또는 이와 같은 수준 이상의 학력을 인정할 수 있는 기관 나. 지정양성기관 다. 학점은행기관 3. 관련업무에 2년 이상 종사한 경력이 있는 자로서 진흥원이나 지정양성기관이 운영하는 평생교육사 3급 양성과정을 이수한 자 4. 관련업무에 1년 이상 종사한 경력이 있는 공무원 및 「초·중등교육법」 제2조제1호부터 제5호까지의 학교 또는 학력인정 평생교육시설의 교원으로서 진흥원이나 지정양성기관이 운영하는 평생교육사 3급 양성과정을 이수한 자

출처: 「평생교육법 시행령」 제16조 2항 별표1의 3

3. 평생교육사 양성, 배치, 연수

1) 평생교육사 양성

평생교육사 양성은 대학(교)의 정규양성체제와 실무자 중심의 양성기관체제로 이원화되어 있다. 교육인적자원부 장관은 「고등교육법」 제2조의 규정에 의한 학교(이하'대학'이라 한다)에서 평생교육 관련 과목을 일정 학점 이상 이수한 자 또는 평생교육사 양성기관에서 소정의 과정을 이수한 자에게 평생교육사의 자격을 부여한다" 라고 규정하고 있다. 또한, 평생교육사의 양성 및 연구를 위해 대통령령이 정하는 바에 따라 평생교육단체 또는 평생교육시설을 평생교육사 양성기관으로 지정할 수 있다고 규정하고 있다.

- 「평생교육법시행령」 제21조 규정에 따른 평생교육사 양성기관으로 지정을 받은 평생교육기관
- 「평생교육법」 제30조 제2항의 규정에 의한 대학부설 평생교육원
- 「공무원 교육훈련법」에 의한 공무원 교육 훈련기관
- 「교육공무원법」에 의한 연구기관
- 특별법 또는 정부 출연 기관으로 설립된 연수 및 교육 훈련기관 등으로 대상을 다양화하였다.

2021년 현재 평생교육사 양성현황을 살펴보면 〈표 1-4〉에서 알 수 있다.

〈표 1-4〉 평생교육사 양성현황

연도	1급	2급	3급	총계
2008	33	5,448	273	5,754
2009	57	5,447	260	5,764
2010	55	6,697	383	7,135
2011	30	6,808	221	7,074
2012	70	7,900	183	8,153

연도	1급	2급	3급	총계
2013	58	7,633	156	8,005
2014	42	7,791	113	7,946
2015	44	8,217	82	8,404
2016	38	6,923	81	7,042
2017	43	6,386	67	6,496
2018	87	6,618	83	6,788
2019	76	6,532	63	6,671
2020	38	6,626	77	6,741
2021	44	6,625	65	6,734
총계	938	141,895	7,709	150,542

출처: 2021년 한국 평생 교육백서

2017년부터 2020년까지 최근 4년간 평생교육사 양성기관의 유형별 자격 교부 현황은 다음 <표 1-5>와 같다. 유형별로는 학점은행제를 운영하는 일반평생교육시설이 2020년 2,381명, 4년 동안 8,956명(33.5%)으로 가장 많은 평생교육사를 양성하였고, 이어서 방송통신대학교가 2020년 1,357명, 4년 동안 5,569명(20.9%)을, 대학이 2020년 954명, 4년 동안 4,210명(15.8%)을 양성하였다. 양성과정을 크게 정규교육과정과 비정규교육 과정으로 구분하여 보면, 2020년에는 대학, 대학원 등 정규교육과정을 통해 4,323명(64.1%)의 평생교육사가 양성되어 비정규교육과정보다는 정규교육과정을 통해 더 많은 평생교육사가 양성되었음을 볼 수 있다.

<표 1-5> 양성 기관 유형별 평생교육사 자격 교부 현황(2017~2020년)

기관유형	2017년	2018년	2019년	2020년	계
정규교육과정	4385	4,431	4,380	4,323	17,519
비정규교육과정	2,111	2,357	2,291	2,418	9,177
전문대학	740	832	864	853	3,289
교육대학	-	-	-	-	
대학	1,151	1,098	1,007	954	4,210
방송통신대학	1,443	1,397	1,372	1,357	5,569

기관유형	2017년	2018년	2019년	2020년	계
산업대학	57	95	111	138	401
각종학교	-	1	-	-	1
원격 및 사이버대학	850	840	857	874	3,421
대학원대학	109	122	125	120	476
전공대학	35	46	40	27	148
국가평생교육진흥원	39	78	67	37	221
일반평생교육시설	2,072	2,279	2,224	2,381	8,956
계	6,496	6,788	6,671	6,741	26,696

출처: 교육부 · 한국교육개발원(2018~2021). 연도별 평생교육통계자료집.

평생교육사 자격제도는 평생교육 서비스의 질적 개선을 목적으로 하기 때문에 양성과정에서의 질적 관리가 핵심이다. 따라서 현장에서 요구되는 자질 및 능력을 양성해 주지 못한 채 자격제도를 논하는 것은 무의미하다. 이에 대하여 대학에서는 현장적응력이 있는 전문인력 양성체제를 갖춰야 하며, 국가에서는 평생교육의 공공성 확보라는 차원에서 평생교육사 양성 및 연수에 관한 행 · 재정적 지원 및 관리를 강화하여야 한다.

2) 평생교육사의 배치

「평생교육법」 제26조(평생교육사의 배치 및 채용)에 보면 평생교육사의 배치를 다음과 같이 규정에 따른다.

① 평생교육기관에는 제24조 제1항에 따른 평생교육사를 배치하여야 한다

② 「유아교육법」, 「초, 중등교육법」 및 「고등교육법」에 따른 유치원 및 학교의 장은 평생교육 프로그램을 운영하면서 필요한 경우에 평생교육사를 채용할 수 있다.

③ 20조에 따른 시 · 도 평생교육진흥원 및 제21조에 따른 시 · 군 · 구 평생학습관에 평생교육사를 배치하여야 한다.

④ 제1항부터 제3항까지의 규정에 따른 평생교육사의 배치대상 기관 및 배치기준은 대통령령으로 정한다.

「평생교육법 시행령」 제22조에서는 평생교육사 의무배치를 규정하고 있다. 평생교육사 배치대상 기관 및 배치기준은 〈표 1-6〉에서 살펴볼 수 있다.

국가 및 시도 평생교육진흥원은 1급 평생교육사 1명 이상을 포함한 5명 이상, 시군구 평생학습관은 정규 직원이 20명 이상일 경우 1급 또는 2급 평생교육사 1명을 포함한 2명 이상, 정규 직원이 20명 미만일 경우에는 1급 또는 2급 평생교육사 1명 이상을, 그 외 장애인 평생교육시설, 평생교육시설, 학점은행기관 등은 평생교육사 1명 이상을 의무적으로 배치해야 한다. 법으로 규정된 평생교육기관 외에도 시도교육청 및 지역 교육지원청, 시도청 및 시군구청, 읍면동 평생학습센터의 평생교육 전담 조직에서도 평생교육의 진흥을 위하여 평생교육사를 배치하는 등 평생교육사의 배치 기관이 점차 확대되고 있다

〈표 1-6〉 **평생교육사 배치대상 기관 및 배치기준**

배치대상	배치기준
• 국가평생교육진흥원, 시 · 도 평생교육진흥원	• 1급 평생교육사 1명 이상을 포함한 5명 이상
• 장애인 평생교육시설	• 평생교육사 1명 이상
• 시, 군, 구 평생학습관	• 정규 직원 20명 이상: 1급 또는 2급 평생교육사 1명을 포함한 2명 이상 • 정규 직원 20명 미만: 1급 또는 2급 평생 교육사 1명 이상
• 법제30조~제38조까지의 규정에 따른 평생교육시설(학력인정평생교육시설 제외)/학점은행기관/법 제2조 제2호 다목의 시설 · 법인 또는 단체	• 평생교육사 1명이상

출처: 「평생교육법시행령」 제2조 「평생교육사 의무배치 규정」

평생교육사의 배치는 위와 같은 법적 근거가 있음에도 불구하고 아직도 이를 적용하는 기관이 많지는 않다. 국가적 차원에서 평생학습도시 및 시 · 도 평생학습 센터가 만들어지고 있어 평생교육사를 의무 배치하는 기관이 증가하고 있는 추세이다.

평생교육사의 평생교육기관 배치 현황을 살펴보면, 2021년 현재 전체 4,493개 평생교육기관의 79.2%인 3,560개 기관에 평생교육사가 배치된 것으로 나타났다. 시도 평생교육진흥원의 경우 모든 기관에 평생교육사가 배치되었으며, 시군구 평생학습관의 경우 82.7%인 398개 기관에 배치되어 있었다. 평생교육시설 중에서는 사업장 부설 평생교육시설의 평생교육사 배치율이 96.4%로 가장 높았으며, 다음으로 대학(원) 부설 평생교육시설이 80.8%로 높았다. 언론기관 부설 평생교육시설은 75.3%, 시민사회단체 부설 평생교육시설은 74.7%로 다른 평생교육시설에 비해 배치율이 낮았다.

〈표 1-7〉 **평생교육기관 유형별 평생교육사 배치 기관 현황**

구분			총 기관수	배치기관 수	배치율(%)
평생교육기관	시도 평생교육진흥원		17	17	100.0
	시군구 평생학습관		481	398	82.7
	학교부설 평생교육시설	초중등학교	10	8	80.0
		대학(원)	416	336	80.8
	사업장 부설 평생교육시설		393	379	96.4
	언론기관 부설 평생교육시설		1,134	854	75.3
	지식인력개발 형태 평생교육시설		561	431	76.8
	시민사회단체 부설 평생교육시설		436	328	74.7
	원격형태 평생교육시설		1,042	809	77.6
	소계		4,493	3,560	79.2

출처: 교육부, 한국교육개발원(2021), 2021년 평생교육통계자료집

최근 기초자치단체들의 행정조직에 평생학습 관련부서가 만들어지는 의미있는 변화가 일어나고 있다. 즉 평생학습도시 정책을 추진하고 있는 도시들이 정책 추진하는 과정에서 평생교육 관련 부서 및 시설 등에 전담인력을 배치하고 있는 경향을 보이고 있다. 이처럼 평생교육사의 채용은 다양하게 확대되고 특히 공무원 신분의 평생교육사가 증가되고 있으며, 평생교육사 직렬화 운동이 탄력을 받기 시작하였다. 따라서 평생교육사 채용시장이 확대됨은 물론 처우도 개선되고 있는 것이 사실이다.

그러나 아직도 평생교육사들의 고용형태는 안정적인 조건에서 일하고 있다고 할 수 없다.

평생교육사가 각각의 영역에 배치되었을 경우 평생교육 용어 및 학습시스템에 대한 전문지식을 갖춤으로써 체계적인 업무수행이 가능하며, 학습요구에 기반한 창의적인 아이디어 창출을 통해 다양한 교육 프로그램 기획 및 운영이 가능하다. 더불어 평생교육 업무에 대한 애정 및 높은 헌신을 통해 열정적인 업무진행 분위기 형성이 자연스럽게 이루어질 수 있으며, 평생교육에 대한 기본적인 철학, 마인드를 통해 교육 프로그램의 질적 향상을 도모할 수 있다.

3) 평생교육사 연수

평생교육사 연수는 승급과정과 일반과정으로 나뉘어 볼 수 있다.「평생교육법 시행령」제18조에 따라 국가평생교육진흥원에서는 1·2급 승급과정을 운영하고 있으며, 1급 승급과정은 평생교육기관 경영자 및 평생교육 정책 전문가로서의 평생교육사를 양성하고, 2급 승급과정은 평생교육 프로그램 전문가로서의 평생교육사를 양성하기 위한 내용으로 구성되어 있다.

(1) 평생교육사 승급과정 연수

2015년 1급 승급과정 운영현황을 보면, 평생교육사 38명이 1급 승급과정을 이수하였으며 2급 승급과정은 2010년 35명을 배출한 이후 운영되지 않았다. 2017년 평생교육사 1급 승급과정은 40명이 이수하였으며 39명이 1급 자격을 취득하였다.

2021년 평생교육사 2급 승급과정은 수요가 없어 폐강되었으며, 1급 승급과정만 운영되었다. 1급 승급과정은 신청자를 모집하여 자격요건을 충족하는 39명을 선발하였으며, 2020년 교육 이월자 3명 포함하여 총 42명이 1급 승급과정을 이수하여 1급 자격을 취득하였다. 2021년 승급과정은 코로나 19의 확산으로 인해 온라인 플랫폼을 활용한 비대면 교육 방식으로 운영되었다.

〈표 1-8〉 **평생교육사 1급 승급과정 운영현황**(2015년~2021년)

연도	선발	이수	자격발급
2015년	40	44	44
2016년	41	38	38
2017년	40	43	43
2018년	90	87	87
2019년	80	76	76
2020년	38	38	38
2021년	39	42	42
총계	938		

2021년 1급 승급과정의 교육내용은 비전과정 및 직무역량개발 5개 영역(평생교육기관 경영 및 관리, 변화촉진 및 지역디자인, 교육 프로그램 기획 및 개발, 평생학습 상담 및 컨설팅, 평생교육 교수학습 및 평가), 기타과정 등 3개 분야, 7개 영역, 29개 교과목으로 구성(2021년 기준)되어 있으며 영역별 교육내용은 아래 표와 같다.

〈표 1-9〉 2021**년 평생교육사** 1급,2급 **승급교육과정**

평생교육사 1급승급			평생교육사 2급승급		
영역	이수과목명	시간	영역	이수과목명	시간
평생교육비전과정	• 평생교육사의 역할 및 철학 •「평생교육법」과 정책의 이해 • 평생교육사의 직업윤리 • 평생교육 리더십 • 국내외 평생교육동향 • 평생교육사 비전 워크숍 • 성평등 · 인권교육 • 조별프로젝트 운영 및 발표	3H 3H 3H 3H 3H 3H 2H 5H	평생학습환경분석	• 평생교육사의 역할 및 철학 •「평생교육법」과 정책의 이해 • 국내외 평생교육 동향 • 요구조사분석	3H 3H 3H 3H
평생교육기관경영및관리	• 평생교육기관 운영 및 문제해결 • 평생교육기관 비전 및 전략 • 조직분석 및 기관역량 분석 • 마케팅 및 기관홍보전략 수립 • 평생교육기관 재무관리 • 평생교육기관 성과관	3H 3H 3H 3H 3H 3H	평생학습기획	• 사업기획의 실제 • 평생교육실무행정 • 평생교육자원관리	3H 3H 3H

평생교육사 1급승급			평생교육사 2급승급		
영역	이수과목명	시간	영역	이수과목명	시간
평생 교육 사업 및 정책	• 평생교육사업 기획 • 평생교육사업 타당성 분석 • 평생교육사업 설계 및 모니터링 • 평생교육사업 평가 및 성과관리 • 평생교육 정책제안 워크숍(Ⅰ) • 평생교육 정책제안 워크숍(Ⅱ)	3H 3H 3H 3H 3H 3H	평생 교육프 로그램 개발· 운영· 평가	• 평생교육프로그램의 이해와 텍소노미 • 평생교육프로그램 기획 및 분석 • 평생교육프로그램 설계 및 개발 • 평생교육프로그램 운영 • 평생교육프로그램 마케팅 및 홍보 • 평생교육프로그램 평가	3H 3H 3H 3H 3H 3H
변화 촉진 및 지역 디자인	• 평생학습과 변화촉진 • 평생학습동아리 조직화 • 평생학습네트워크전략 • 지역사회와 평생교육리더 • 실천현장 사례공유	3H 3H 3H 3H 3H	지역 네트 워크	• 지역사회교육의 이해 • 지역동향 및 기관역량 분석 • 평생교육 네트워크 • 실천현장 사례공유	3H 3H 3H 3H 3H
평생 학습 상담 및 컨설팅	• 생애발달과 평생학습상담 • 진로상담과 경력개발 • 평생교육 컨설팅의 이해 • 평생교육 컨설팅 실제	3H 3H 3H 3H 3H	교수 학습 기법 및 상담	• 성인학습자의 이해 • 평생교육 상담 및 학습설계 • 교수-학습기법 실습	3H 3H 3H
평생 교육 교수 학습	• 평생교육을 위한 효과적인 교수법(Ⅰ) • 평생교육을 위한 효과적인 교수법(Ⅱ)	3H 3H	기타	• 평생교육기관 및 행사 견학(조별프로젝트운영 및 발표) • 성평등·인권교육 • 개강식 및 종강식 • 종합시험	3H 2H 2H 3H
기타	• 개강식 및 종강식 • 종합시험 • 개별 프로젝트	2H 3H 6H			
교육 과정	6개영역 / 31과목	105 H	교육 과정	5개영역 / 21과목	70H

(2) 평생교육 일반과정 연수

2019년에는 국가평생교육진흥원과 4개 시도 평생교육진흥원이 연계하여 평생교육사를 대상으로 하는 연수를 운영하였다. 4개 지역에서 6개 과정을 운영하였으며, 총 297명의 평생교육사가 연수에 참여하였다. 국가평생교육진흥원에서는 평생교육사와 평생교육사 양성기관 및 실습기관 담당자를 대상으로 연수를 시행하였으며 교육내용은 평생교육사 자격제도에 대한 이해, 평생교육사 양성과정 및 평생교육실습 과목 운영 등 직무 중심으로 구성되었다.

국가평생교육진흥원에서는 국가 및 시ㆍ도 평생교육진흥원의 체계적인 평생교육사 연수 운영을 위하여 2017년에 평생교육사 연수 교육과정을 개발하였다. 국가평생교육진흥원에서는 평생교육사를 대상으로 하는 연수는 2015년부터 총 22회 실시하였으며, 평생교육사를 대상으로 하는 연수 외에도 체계적인 평생교육사 양성을 위하여 평생교육사 자격제도 관계자 직무연수를 운영하였다.

〈표 1-10〉 **연수운영현황**(2015년 ~ 2020년)

연도	대상	운영횟수	이수자 수	계
2015	평생교육사	4	132	638
	양성기관, 실습기관담당자	2	314	
2016	양성기관, 실습기관담당자	2	174	174
2017	양성기관, 실습기관담당자	2	158	158
2018	평생교육사	4	129	269
	양성기관, 실습기관담당자	2	140	
2019	평생교육사	4	297	482
	양성기관, 실습기관담당자	2	185	

5. 평생교육사 배치 및 연수 관련 과제

급변하는 사회에서 다양한 학습자들의 특성과 평생교육 요구에 적합한 평생교육을 제공하기 위해서는 평생교육사의 전문성이 매우 중요하다. 그러나 평생교육사는 다른 유사 국가전문자격인 사회복지사, 청소년지도사, 보육교사 등과 달리 보수교육을 의무적으로 이수하도록 법제화되어 있지 않다. 「평생교육법시행령」 제19조에서 평생교육사의 전문성 신장을 위해 국가 및 시도 평생교육진흥원에서는 평생교육사를 대상으로 연수를 시행하도록 규정하고 있지만, 연수 참여는 의무 사항이 아니며, 국가 및 시도 평생교육진흥원에서 운영하는 연수를 통해 평생교육 현장의 평생교육사들의 전문성을 신장하는 것에는 한계가 있다.

평생교육사가 평생교육 전문인력으로서 전문성을 지속해서 개발하기 위해서 다음과 같은 과제를 제시한다.

첫째, 보수교육을 의무화하도록 「평생교육법」을 개정할 필요가 있다. 평생교육사 보수교육의 의무화와 함께 전문성을 갖춘 평생교육사의 배치를 활성화하기 위한 법・제도적 개선이 필요하다.

둘째, 2021년 평생교육기관 배치율은 79.2%이다. 여전히 약 20%에 해당하는 기관에 평생교육사가 배치되어 있지 않다. 평생교육기관의 평생교육사 배치는 의무 사항임에도 불구하고 배치와 관련하여 지도・감독할 수 있는 법 조항이 없는 실정이다. 평생교육사의 배치 위반 사항을 관리할 수 있는 법・제도적 기반 마련이 필요하다.

셋째, 학습자에게 양질의 평생교육을 제공하기 위해 평생교육사 배치기준의 개편이 필요하다. 국가 및 시도 평생교육진흥원을 제외한 평생교육기관의 평생교육사 최소 배치기준은 기관당 1명이며(시군구 평생학습관의 경우 정규직 직원 20명 이상일 경우 2명 이상), 평생교육시설의 경우 자격등급에 대한 배치기준이 없다. 기관의 특성별로 지역의 인구수, 기관의 학습자 수, 프로그램수 등을 고려하여 유연한 배치기준을 마련하고, 이에 따라 평생교육사를 확대 배치 할 수 있도록 개선할 필요가 있다.

넷째, 평생교육사의 역할과 전문성에 대한 사회적 요구와 기대가 높아지고 있다. 현재 평생교육사 1급은 2~3급과 역할과 직무 면에서 명확한 차별화가 이루어지지 않고 있다. 평생교육사 1급 자격의 전문성 강화를 위해서는 자격 영역 세분화, 운영기관 확대 및 영역별 전문화된 교육과정 운영이 필요하다. 사회적으로 다원화되고 있는 시민들의 학습요구에 전문적으로 대응할 수 있도록 평생교육사 1급 자격 운영체계를 개선할 필요가 있다.

[참고자료] 전문적인 평생교육사 의무배치

경기도의회 건설교통위원회 위원장 김00 의원은 지난 15일 경기도의회 부천상담소에서 (사)한국평생교육사협회 부천지회장을 비롯한 관계자들과 부천시의 평생학습의 질적 변화와 발전에 관한 간담회를 가졌다. 한국평생교육사협회의 법정 단체 지위를 갖는 것이 우선 필요하다. 협회에서도 많은 노력을 하고 있으며, 협회가 평생교육사 자격관리와 보수교육 등 제 역할을 하고, 평생교육사 지위 향상과 처우개선을 위해 일할 수 있도록 도와주어야 한다. 또한, 성남시의 사례처럼 평생교육사의 양성과정에도 시의 지원을 검토할 필요가 있다. 다수의 평생교육사들이 마을 활동가로 활동하고 있으며, 다른 측면에서 공동체 활동가들을 평생교육사로 육성할 필요도 있다.
우리 사회 다양한 영역에서 평생교육과 학습이 이루어지고 있다. 하지만 학습자의 요구를 파악하고 프로그램을 기획, 운영하는 전문가인 평생교육사가 근무하는 기관은 많지 않다. 사실상 문화센터의 기능을 가지게 된 주민지원센터에 프로그램을 기획하고 운영할 수 있는 전문적인 평생교육사의 의무배치는 꼭 필요하다. 이에 김00 의원은 " 현대사회 평생교육의 질적 변화와 필요성이 더욱 절박한 시점에 좀 더 체계적인 시스템으로의 발전을 위해 노력할 것이다"라고 말했다.

출처: 의양신문(2021.12.23.)

02

평생교육 현장실습 개요

02 평생교육 현장실습 개요

1. 현장실습 개념 및 목적

평생교육사는 법이 정한 평생교육사 양성기관에서 관련 과목을 일정 학점 이상 이수한 후 국가로부터 자격증을 부여받는 자이며, 평생교육 진흥을 위하여 평생교육 현장에서 평생교육 프로그램의 기획・진행・분석・평가 및 교수업무 등 평생교육 관련 업무의 전반적인 영역을 담당하는 평생교육 현장전문가이다. 따라서 평생교육사는 평생교육현장에서 기반이 되는 이론을 앞세우기보다는 이론을 바탕으로 현장에서 평생교육을 실천하고 안내하며 조력한다. 그러므로 평생교육사는 평생교육이 진행되는 현장을 떠나서는 존재가 무의미하며 현장에서 평생교육 전문가의 역할로 평가받기도 한다. 따라서 평생교육 현장전문가가 되기 위해 진행되는 평생교육 현장실습은 매우 중요하다.

1) 현장실습 개념

현장실습은 현장실습에 대한 기초 지식을 함양하는 데 중점을 두어 오리엔테이션, 현장실습 과정과 내용, 실습생의 자세와 태도 등 실습 전 숙지해야 할 내용을 이해하는 교과이다. 또한 실습기관의 이해, 업무 분석, 기관 운영 프로그램 분석과 모의 프로그램 기획 등 실질적인 평생교육실습과 다양한 실습 후 활동(실습평가회, 향후 비전 세우기 활동 등)을 통해 예비 평생교육사로서의 실무능력과 자질을 함양하기 위한 교과이다.

현장실습에는 몇 가지의 의미를 부여할 수 있다. 첫째로 평생교육사의 세부업무를 체험해 볼 수 있다. 물론 평생교육사 영역이 광대한 만큼 모든 업무를 체험해 볼 수는 없지만, 실습생은 평생교육 실습기관의 특성을 바탕으로 자신이 관심 있는 영역에 집중하고 평생교육사 직무를 체험하면서 평생교육사로서의 전문성을 학습할 수 있다. 결과적으로 현장실습생은 160시간의 실습 기간에 평생교육 영역의 세부업무를 실습기관에서 체험할 수 있도록 적극적으로 노력해야 한다.

둘째, 실습지도자와 실습생과의 교육적 관계를 체험하는 과정이다. 현장실습의 주체는 실습자이다. 하지만 실습자 혼자만으로 실습을 진행할 수는 없다. 평생교육기관에서 실습지도자가 수행하고 있는 직무는 실습자가 익혀야 할 것들이다. 그렇기에 실습생은 실습기관에서 담당 실무자의 암묵적 지식과 기술 태도 등을 배우기 위해 적극적으로 노력해야 한다. 결과적으로 현장실습에서 실습자와 실습지도자의 관계는 전체 실습의 성과를 좌우할 정도로 아주 중요하다.

셋째, 현장실습은 실습기관에서 학습에 참여하고 있는 학습자와의 관계 속에서 교육적 지원을 체험하는 과정이다. 현장실습생은 실습기관에서 성인 학습자와의 만남을 통해 학습을 촉진하고 조력하며 지원하는 역할을 한다. 현장실습생은 학습에 참여하고 있는 학습자들에게 최선의 노력을 제공했을 때 학습자들은 더 큰 교육적 만족을 경험할 수 있으며 더불어 실습생은 교육적 경험에 대한 사고가 확장된다.

2) 현장실습의 목적

현장실습의 궁극적인 목적은 구조화된 평생교육 현장에서 실천적 경험을 통해 교과서에서 이론적으로 습득한 평생교육 지식, 기술, 태도를 통합적으로 체화함으로써 평생교육의 현장 전문성의 역량을 강화하는 것이다. 더불어 평생교육사의 직무를 직접 체험하는 과정에서 평생교육사로서의 전문성을 습득할 수 있고, 자신의 직업적 진로를 체계적으로 탐색해볼 기회도 얻는다. 또한 평생교육기관에서 의사결정에 미치는 영향들, 그리고 이해관계자들 간의 역학관계 등 다양한 경험을 몸으로 체득할 기회를 가질 수 있다. 더불어 현장전문가로서의 성장을 위하여 새로운 학습과제를 발굴하고 도전하는 기회가 될 수 있으며, 현장실천가들의 암묵적 지식을 간접적으로 학습할 기회를 얻을 수 있다.

현장실습 구체적인 하위목표

- 평생교육 관련 이론적 지식을 현장실습에 적용하고 실천하는 능력향상
- 평생교육 전문가로서 필요한 전문적 능력(지식, 기술, 태도등)및 올바른 태도 자질 함양.
- 현장실습의 조직 내 인간관계 역동성 이해
- 현장실습의 전문적이고 구체적인 기능 및 수행방법을 적용하여 학습하고 구체적인 직무이해
- 평생교육사로서의 소질과 적성을 검증하는 기회
- 현장실습을 통한 직업적 적성확인 및 경력개발계획 세우는 기회

3) 현장실습 운영기준

국가평생교육진흥원에서는 현장실습에 대한 운영기준을 제시하고 있다. 현장실습은 최소 4주간(최소 20일, 총 160시간) 이상 실시하여야 한다. 교과목 및 이수 요건은 현장실습 취지를 고려하여 대학 및 기관 등의 양성기관에서 평생교육실습 과목을 제외한 필수과목 4과목, 대학원에서는 3과목 이상을 반드시 이수한 학생에 한하여 평생교육사실습과목을 수강할 수 있다. 여기에는 시간제등록 운영대학, 학점은행기관 평가인정 학습과정을 포함한다. 현장실습 이수 요건을 살펴보면 실습 교과목으로 편성된 오리엔테이션을 이수한 학생에 한하여 현장실습을 할 수 있다. 또한 현장실습은 실습 교과목의 성적산출 및 학점부여 이전에 종료하여야 하며, 실습의 실효성을 고려하여 실습기관의 근로환경과 동일한 여건하에서 실습하는 것을 전제로, 1일 8시간(9:00~18:00), 주 5회(월~금)의 통상근로시간 내 진행한다. 단 점심 및 저녁 등의 식사시간은 총 160시간의 실습시간에서 제외한다. 다만, 현장실습기관의 특성 및 실습생의 상황(직장인 등)을 고려하여 야간 및 주말 시간을 이용한 현장실습도 가능하다.

국가평생교육진흥원에서는 다음에 해당하는 경우 현장실습으로 인정하지 않는다.

① 직장(현장)체험/사회봉사 등 단기 체험활동 또는 인턴(단기근로자 형태)을 수행하는 경우
② 외국 소재 기관에서 현장실습을 실시하는 경우
③ 평생교육사 자격증 외의 다른 자격취득을 위한 실습과 중복하는 경우
④ 2개 이상의 기관에서 현장실습을 실시하는 경우

단, 다음 어느 하나에 해당하는 경우에는 현장실습 기관 재선정이 가능하도록 규정하였다.

① 현장실습기관이 폐쇄되거나 운영이 정지된 경우
② 실습지도자의 퇴직, 부서이동 등으로 실습지도자의 자격을 갖춘 자가 부재한 경우
③ 개인의 질병 및 사고, 자연재해 등의 사유로 현장실습이 지속될수 없음이 판단될 경우(이때 실습생이 최초 선정한 기관에서 일부 실시한 현장실습 기간을 인정받고자 할 경우 실습과목 담당교수는 이를 전부 인정하여야 함)

2. 현장실습의 유형

현장실습의 유형에는 실습 시기에 따른 유형과 근무시간 및 기관에 따른 유형으로 구분할 수 있다.

1) 실습 시기에 따른 유형에는 학기 중 실습, 방학 중 실습으로 구분한다

학기 중 실습은 학기 중 특정요일을 지정하여 하루 8시간 이상, 총 160시간 실습에 참여하는 것을 말한다. 장점으로는 ① 학기 중에 실습이 이루어지므로 즉각적인 피드백 가능하다. ② 학기 중에 배우는 평생교육 이론을 바로 현장에 적용해 볼 기회가 된다. ③ 수업 중 실습생들의 다양한 기관에서의 업무수행 경험을 공식적으로 공유할 수 있다. ④ 실습지도 교수와 실습지도자 및 실습생의 정기적 만남으로 실습목적

달성을 위한 협력할 수 있다. 단점으로는 ① 실습과 학업을 병행하기에 실습에 전적으로 몰입이 힘들다. ② 시험 기간과 같은 특별히 학업이 증가하는 시기에 실습에 소홀할 수 있다.

방학 중 실습은 방학 기간을 이용하여 일반적으로 4주간 160시간을 해당 실습기관에서 실습하는 것을 말한다. 장점으로는 ① 자신이 선호하는 실습기관 선택할 수 있다.② 실습기관의 다양한 업무 및 회의에 참여하여 실습 기관 고유의 기관특성 및 문화를 체득할 수 있다. ③ 지속적인 기관업무 참여로 단위업무의 진행 흐름을 연속적으로 체험할 수 있다. 단점으로는 ① 실습 본래의 목적으로 수행되고 있는지에 대한 지도교수의 즉각적인 피드백 힘들다. ② 규칙적으로 장기간 실습에 참여해야 하는 인내와 노력이 요구된다.

2) 근무시간 및 기관에 따른 유형에는 시간제실습과 근무지 실습으로 구분한다

시간제(part time) 실습은 실습시간을 탄력적으로 운영할 수 있다. 장점은 기관의 특정한 업무를 선정하여 실시하기는 하지만 다양한 유관 업무 경험할 수 있다. 단점은 실습몰입이 어려우며 특정 부분만의 체험을 하게 되므로 평생교육기관의 현황 및 평생교육사 전반적 파악이 어렵다

근무지 실습은 평생교육기관 현직종사자를 대상으로 한 재직 기관에서의 실습이다. 장점은 일반적인 실습생에게 허용되지 않은 범위까지도 체험 가능하며 실습의 업무를 확장할 수 있다. 단점은 실습과 업무가 구분되지 않아 실습의 원래 목적이 퇴색될 수 있으며 실습의 핵심에서 다소 벗어날 수 있는 한계성 및 일반 실습생들의 실습과 형평성의 문제가 제기되기도 한다.

3) 현장실습 협약제도

현장실습 운영 관련 사항에 대해 기관 간 협의를 통한 현장실습의 질 제고를 위해

대학 및 양성기관은 협약체결 후 현장실습을 할 수 있다. 협약내용에 다음의 내용을 포함한 협약으로 체결한다.

- 현장실습 실시 기간 및 장소
- 현장실습생에 대한 평가 관련 사항
- 현장실습 기간 중 학생의 보건·위생과 산업재해 예방 관련 사항
- 기타 현장실습 교육에 필요한 사항

협약체결 방법은 실습기관 섭외 후 현장실습 참여에 관한 업무협의가 완료되면 협약체결을 한다. 협약체결은 현장실습 운영에 관한 사항이 포함된 협약서, 공문 등을 통하여 실시하며, 현장실습의 실제 운영/개설에 대한 증빙으로 협약에 관한 문서 등을 구비하여야 한다. 협약방법은 각 양성기관의 업무규정, 상황에 따라 달리할 수 있으나, 현장실습 운영에 관하여 증명할 수 있는 서류, 공문 등의 자료는 필수로 구비하여야 하며, 협약서 외 업무 상황에 따라 현장실습 협약내용이 포함된 문서로 대체할 수 있다. 협약 또는 문서는 현장실습 이전에 체결 또는 시행하여야 하며 문서를 근거로 할 경우 쌍방 간 의사합의를 증빙할 수 있는 경우에 한한다.

3. 현장실습의 사전준비

현장실습을 계획할 때 어느 기관에서 무엇을 어떻게 실습할 것인가에 대한 사전준비 없이 실습하게 되면 실습의 목적과 의미에 대한 확신 부족 등 여러 가지에 대해 어려움을 겪게 된다. 경우에 따라서는 아무 의미 없는 현장실습이 되어 중간에 실습을 포기하기도 한다. 따라서 실습자는 자신이 관심 있는 영역과 관련 있는 후보기관을 선별하고 그 기관들의 특성을 파악하고 무엇에 초점을 맞추어 실습을 진행할 것인가에 관해 사전에 목록도 작성해 보아야 한다.

1) 자신의 관심 영역 및 실습기관 정보수집

현장실습 기관을 결정하기에 전에 자신의 관심 영역을 분명히 하는 것이 중요하다. 평생교육 영역의 여러 기관 중 자신이 관심 있는 영역이 어떤 영역인지, 평생교육사로서 진로는 어느 영역으로 희망하는지 고려한 후 기관을 선정하여야 한다. 이렇듯 자신의 관심 영역을 성찰해보는 것은 현장실습을 의미 있고 알차게 해준다. 현장실습자 자신의 관심 영역에 대한 냉철한 분석이 끝나면 이와 관련성 있는 기관의 정보를 체계적으로 수집하고 정리하는 작업을 하여야 한다. 즉 분석한 기관이 어느 지역에 위치하고 있는지, 어떤 유형의 기관인지, 기관은 어떤 특성이 있는지에 대한 체계적인 정리가 필요하다. 이러한 작업은 현장실습 및 평생교육사로서의 진로를 위한 준비작업으로써 매우 중요하다.

현장실습 기관 사전분석 내용

1) 평생교육 기관별 설립목적 및 연혁
2) 평생교육 기관별 지역사회
   - 지리적 배경
   - 사회경제적 배경
   - 역사 문화적 배경
   - 인구학적 배경
3) 평생교육 기관별 비전 및 중장기 계획
4) 평생교육 기관별 조직
5) 평생교육 기관별 자원 현황
6) 평생교육 기관별 운영 사업내용 및 프로그램 현황

2) 배우고 싶은 것에 대한 학습목록 및 계획표 작성

현장실습을 준비하면서 현장실습 진행 기간 동안 무엇을 배우고 싶은지, 현재 나 자신의 수준에서 무엇을 더 배워야 하는지 분석하고 정리하여 나만의 학습목록을 작성해야 한다. 작성한 학습목록을 바탕으로 실습자로서의 계획, 목표 등을 정리해야 하며, 이러한 작업을 통해 왜 평생교육사를 준비하는지, 실습을 통해 무엇을 얻고 싶은지, 그것을 달성하기 위해 어떻게 할 것인지에 대한 명확한 방향을 제시할 수 있다.

현장실습에 대한 목표 세우기

- 현장실습 기관으로 선정한 기관은 어떤 유형의 기관인가?
- 현장실습 기관으로 선정한 이유는 무엇인가?
- 현장실습에서 배우고 싶은 것은 무엇인가?
- 현장실습에서 무엇을 기대하는가?
- 현장실습에 대해 무엇을 알고 있는가? 등등

3) 현장실습 기관의 사전분석

현장실습 기관(평생교육기관)을 구분할 때 협의적 의미와 광의적 의미로 구분해서 설명할 수 있다. 협의적으로는 「평생교육법」과 다른 법령에 의거하여 평생교육을 주된 목적으로 하는 시설을 말하며, 광의적으로는 평생교육을 주된 목적으로 하는 모든 법인 단체와 시설을 말한다.

평생교육기관 중 평생교육기관의 특성을 반영한 사업 및 프로그램을 운영하는 기관. 실습생의 현장교육 및 실습지도가 가능한 기관, 실습생의 보건위생 및 안전을 보장할 수 있는 기관 등이 현장실습 기관으로 실습의 만족도를 높일 수 있다. 실습기관에서는 평생교육 현장 실무능력 배양을 위한 실습계획 수립하며, 실습생 선발, 지도, 출결 관리, 교육, 평가 등을 실시한다.

다음 중 어느 하나에 해당하는 기관은 실습기관으로 운영할 수 있다.

- 「평생교육법」 제19조에 따른 국가평생교육진흥원
- 「평생교육법」 제20조에 따른 시 · 도 평생교육진흥원
- 「평생교육법」 제21조에 따른 시 · 군 · 구평생학습관
- 「평생교육법 시행령」 제69조 제2항에 따라 문자 해득 교육 프로그램으로 지정받은 기관

•「평생교육법」 제2조 제2항에 따른 평생교육기관

가.「평생교육법」에 따라 인가·등록·신고된 시설·법인 또는 단체
- 시설: 평생교육을 주된 목적으로 하는 인가·등록·신고 또는 설치 보고된 시설
- 법인: 공익법인, 비영리법인, 특수법인 등 각종 법인
- 단체: 정부 단체 및 각종 시민단체 등 민간단체 포함

나.「학원의 설립·운영 및 과외교습에 관한 법률」에 따른 학원 중 학교교과교습학원을 제외한 평생직업교육을 실시하는 학원

다. 그 밖에 다른 법령에 따라 평생교육을 주된 목적으로 하는 시설·법인 또는 단체
- 「도서관법」,「박물관 및 미술관 진흥법」,「근로자직업훈련촉진법」 등 다른 법령에 의한 직업훈련원, 도서관, 박물관, 문화원 등

•「평생교육법」에서 분류한 기관의 유형

구분	기관유형		예 시
평생 교육법	① 유형	국가평생교육진흥원	국가평생교육진흥원
		시·도 평생교육진흥원	서울 평생교육진흥원, 부산 평생교육진흥원, 대구평생교육진흥원, 인천평생교육진흥원, 광주평생교육진흥원, 대전평생교육진흥원, 울산평생교육진흥원, 세종평생교육진흥원, 경기평생교육진흥원, 강원평생교육진흥원, 충북평생교육진흥원, 충남평생교육진흥원, 전북평생교육진흥원, 전남평생교육진흥원, 경북평생교육진흥원, 경남평생교육진흥원, 제주평생교육진흥원
		시·군·구 평생학습관 (읍·면·동평생학습센터)	평생학습관, 평생학습센터(행복학습센터), 공공도서관, 문화원, 연수원·수련원, 박물관, 복지관 등
	② 유형	장애인평생교육시설	국가·지자체, 시·도교육청 등이 설치 또는 지정하거나 교육청에 등록된 형태의 장애인 평생교육시설
	③ 유형	문자해득교육프로그램 지정기관	문자해득교육프로그램 설치·지정 기관
		성인문해교육 지원사업 선정기관	당해연도 성인문해교육 지원사업 선정 기관
	④ 유형	평생학습도시	시·군·구 평생학습센터 또는 평생교육 전담부서 등
		국가·지자체 평생학습 추진기구	광역시도청/시·군구청/시도교육청/지역교육청 내 평생학습센터 또는 평생교육 업무담당 부서 등
	⑤ 유형	평생교육 관련사업 수행학교	대학평생교육활성화지원사업, 학교평생교육사업(지역과 함께하는 학교사업, 방과후학교 사업 등) 수행
	⑥ 유형	평생교육시설 신고·인가 기관	유·초중등·대학부설/ 학교형태/ 사내대학형태/ 원격대학형태/ 사업장부설/ 시민사회단체부설/ 언론기관부

구분	기관유형			예 시
				설/ 지식·인력개발 관련 평생교육시설
그 밖의 다른 법령	⑦ 유형	평생직업교육학원		학원설립운영등록증 상 평생직업교육학원 형태 등록 여부 확인(학교교과교습학원형태는인정불가)
	⑧ 유형	기관형 교육기관	주민자치기관	시·군·구민회관, 주민자치센터 등
			문화시설기관	도서관, 박물관, 미술관, 과학관, 지방문화원 등
			아동관련시설	아동직업훈련시설, 아동복지관, 지역아동(정보)센터 등
			여성관련시설	여성인력개발센터, 여성(복지, 문화)회관 등
			청소년관련시설	청소년지원센터, 청소년수련시설, 청소년문화의집 등
			노인관련시설	노인교실, 노인복지(회)관 등
			장애인관련시설	장애유형별 생활시설, 장애인복지관 등
			다문화가족관련시설	다문화가족지원센터 등
			사회복지시설	종합사회복지관 등
	⑨ 유형	훈련·연수형 교육기관	직업훈련기관	공공직업훈련시설, 지정직업훈련기관 등
			연수기관	공무원연수기관, 일반연수기관 등
	⑩ 유형	시민사회 단체형 교육기관	비영리민간단체	전국문해·성인기초교육협의회, 한국평생교육학회 등
			비영리사(재)단법인	한국평생교육사협회, 한국문해교육협회 등
			청소년단체	한국청소년연맹, 청소년단체협의회 등
			여성단체	여성회, 여성단체협의회 등
			노인단체	대한노인회, 전국노인평생교육, 단체연합회 등
			시민단체	NGO, YMCA, YWCA, 환경운동연합 등
기 타				그 밖의 평생교육을 주된 목적으로 하는 시설 및 단체

현장실습 기관은 평생교육기관으로서의 정체성과 비전을 가지고 있어야 하고, 평생교육기관 유형별로 갖는 특성을 반영하는 사업 및 프로그램을 운영해야 하며, 현장실습의 목적을 충분히 달성할 수 있는 교육과정과 노하우를 갖추고 있어야 한다. 따라서 실습생은 현장실습 기관 선정 시 아래와 같은 기준을 참고한다.

① 평생교육기관으로서의 정체성과 비전을 하고 있어야 한다. 실습대상이 되는 시설은 기본적으로 「평생교육법」에 제시된 평생교육기관 범주에 포함되어야 하며, 평생교육을 실천하는 것이 주목적인 기관이어야 한다. 즉, 평생교육 기관으

로서의 정체성을 갖고 있어야 하며, 이를 확인하려는 방법으로 각 평생교육 기관이 설정하고 있는 비전을 함께 살펴보아야 한다.

② 평생교육기관의 특성을 반영한 사업 및 프로그램을 운영하고 있어야 한다. 각 평생 교육기관은 그 필요성과 목적이 다양하다. 평생교육 기관을 잘 운영하기 위한 조건 중 하나는 시설 특성을 반영한 사업과 프로그램을 운영하여 그 기관이 갖는 차별성과 특화를 잘 구현해 내고 견지하느냐에 있다.

③ 실습생이 현장실습의 목적을 충분히 달성할 수 있는 정도의 교육과정과 노하우를 실습기관이 갖추고 있어야 한다. 즉, 평생교육 현장실습은 평생교육사 양성과정의 일 환으로 전개되는 실습 과정이기에 전문적이고 체계적인 교육과정과 운영방식 틀이 있어야 한다.

④ 실습지도가 기관의 여러 프로그램이나 업무 중의 하나로 공식화되어 있어, 실습생이 실습 지도를 받는 것이 자연스러운 조직 분위기이어야 한다. 실습 지도에 대한 전문적인 교육 운영 틀을 가지고 있을 뿐만 아니라, 실습지도가 기관의 주요 운영사업 및 프로그램으로 설정되어 있어야 한다. 이러한 실습지도에 대한 운영이 상시화, 공식화되어 있을 때 실습생은 물론 실습지도자 역시 안정된 상황에서 실습지도에 몰입할 수 있기 때문.

⑤ 실습기관에서 실습생에게 기관의 단순 업무를 과도하게 배정하지 않도록 업무구조와 분위기를 갖춘 기관이어야 한다. 실습생이 실습 지도를 받는 것은 평생교육의 현장 실무를 학습하기 위함이다. 그러나 기관 내에 배치된 실무인력의 수가 부족할 경우 실습생들이 실습하러 갔을 때 실습지도가 이루어지지 못하고 단순 업무만 배정되는 경우도 있기 때문에 이러한 실습 시설은 피하는 것이 좋다.

4) 현장실습자의 자세 및 예절

현장실습자는 현장실습 기관을 선정하고 실습을 진행하기 전에 현장실습에 도움이 되는 실습자로서의 기본적인 자세 및 태도, 예절을 익혀 실습의 효율성 및 만족도를 높여야 한다.

(1) 현장실습자의 자세

현장실습에서 주체는 실습자이다. 따라서 나의 실습의 성과를 높이기 위해서는 실습자 자신이 적극적이고 능동적인 자세로 실습에 임해야 한다. 적극적인 자세는 실습에 임하는 데 있어서 모르는 것은 적극적으로 문의하면서 주도적으로 실습에 참여하는 자세가 필요하다. 또한 실습의 효율성을 높이기 위해 실습자는 자신의 경력 및 역량을 입증할 수 있는 자료를 준비하여야 한다. 이 자료를 바탕으로 실습자는 자신의 전 경력 및 역량을 활용하여 실습이 진행되도록 기관 또는 실습지도자에게 적극적으로 요청할 수 있다. 더불어 실습자는 시간적인 여유가 있을 때 실습기관에서 이루어지고 있는 업무처리 및 협조와 관련하여 어떻게 처리되고 협조 되는지 예의주시하고 그 일에 조력할 수 있는 자세가 필요하다. 이처럼 실습자의 적극적이고 주도적인 자세는 실습 및 학습에 긍정적인 영향을 미치며 자신에게 평생교육 전문가로서의 시야를 확장하는 효과도 줄 수 있다.

현장실습은 실습자 혼자 할 수 있는 것이 아니라 실습기관에서 기관의 실무자, 조직 구성원, 실습지도자와 함께 진행된다. 그러므로 현장실습자는 이들과의 원만한 관계가 중요하다. 현장실습에서 이러한 원만한 관계가 되기 위해서는 실습생은 최대한 빠른 시일 내에 관찰을 통하여 실무자들의 관습과 업무수행 스타일, 현장에서의 규칙을 빨리 익히는 것이 필요하다. 예를 들어 전화예절 및, 언어예절, 조직내에서의 관례적인 규칙들이다.

현장실습생의 준수사항

- 실습 기간에 모든 실습내용은 실습기관의 내부규정과 규칙에 따라 운영.
- 실습기관의 모든 내규를 잘 숙지하여 위반하는 일이 없도록 한다.
- 기관의 생활이나 내부사항에 대해 대외적으로 비밀을 지킨다.
- 실습기관 또는 실습지도자의 허락을 받지 않은 개인행동은 하지 않는다.
- 근무시간은 실습기관의 근무시간과 동일하게 근무하도록 한다.
- 출근한 즉시 출근부에 날인하고 실습 일정에 필요한 모든 준비를 한다.
- 결근, 조퇴, 지각하는 경우에는 사전에 실습지도자에게 보고하도록 한다.
- 준전문가로서 품위에 맞는 단정한 복장과 용모를 갖춘다.
- 실습생 간 또는 기관 내 직원들과 존칭을 사용한다.
- 실습생은 기관 내에서 개인의 신분에 대해 정확히 알 수 있도록 이름표 지참

(2) 실습 관련 예절

① 언어예절

말은 일정한 생활문화권에서 약속된 어휘와 말씨에 의해서 해야 의사소통이 바르게 되는데 말에 대한 사회적 약속을 언어예절이라 한다. 말을 예의 바르게 하고 예의 바르게 들으면 원만한 사회생활이 되지만, 언어예절을 알지 못해 아무렇게나 하면 사람과의 관계가 원만하지 못하다. 현장실습을 준비하고 있는 실습자는 기관 내에서 인간관계의 가장 기본이 되는 언어예절이 중요하다.

- 악의가 포함된 말을 해서는 안된다.
- 자리에 없는 사람의 악평 안되며, 확실하지 않은 단정적 표현 안된다.
- 현장 실습시 기관관계자들과의 대화시 정중한 표현을 하도록 주의한다.
- 실습 중에 긴급한 경우를 제외하고는 사적인 대화나 전화사용 자제한다.

② 전화예절

전화는 상대방의 얼굴을 직접 보지 못하고 대화하기 때문에 예절을 지키는 데 있어 자칫 소홀하기 쉽다. 전화를 거는 방법이나 태도에 따라 실례가 되기도 하고 지나치면 상대방의 기분을 상하게도 한다. '전화는 기관의 얼굴이다.'라고 할 수 있을 정도로 전화응대 방법에 따라 기관의 이미지가 좌우된다고 할 수 있다. 그렇기에 전화는 직접적인 경비만이 아니라 귀중한 시간도 소비한다는 것을 염두에 두어야 한다. 전화를 걸 때 유의사항으로는 전화를 건 목적에 대한 미리 준비한 후 전화를 건다. 또한 첫인사와 함께 자신과 기관을 먼저 소개하고 상대방의 반응을 기다린다. 전화를 건 목적을 간략하게 이야기하고, 통화내용을 요약, 정리하고 다음을 약속한다. 메모를 부탁할 때는 상대방의 이름을 꼭 확인한다. 감사의 인사를 하고 상대방이 끊은 것은 확인하고 전화기를 내려놓는다.

전화 받을 때의 유의사항으로는 기관의 첫 수화로 시작하여 소속과 이름을 밝힌다. 그다음 용건을 경청하고 전화 내용을 메모하면서 중요사항을 확인한다. 자신의 입장에서 처리 불가능한 내용은 빨리 다른 담당자를 바꿔주는 것이 필요하다. 통화내용

마무리 후 감사의 끝인사와 이름을 얘기하고 상대방의 전화 끊은 것을 확인한 후 전화기를 내려놓는다.

③ 인사예절

인사는 인간관계를 부드럽게 하는 윤활유의 구실을 한다. 따라서 즐겁고 원만한 관계를 위해서 인사예절은 중요하다. 특히 새로운 조직에 적응하는 현장실습생으로서는 더욱 중요하다. 그러므로 현장실습자는 실습기관의 모든 구성원에게 정중하고 예의 바르게 인사함으로써 친밀한 인간관계를 만들어 갈 수 있다.

④ 시간관리

현장실습자는 실습 진행 시 무단으로 결근, 조퇴, 외출, 지각을 해서는 안된다. 실습자 개인은 양성기관 이미지에 직접적인 영향을 미친다. 부득이한 경우에는 사전에 필히 양해를 구하도록 해야 한다. 또한 출근 시에는 실습기관의 직원들보다 10-20분 먼저 출근하여 업무준비를 하는 것이 바람직하다. 실습자로써 시간관리를 효율적으로 하기 위해서는 실습목표의 명료화가 중요하다. 실습자들은 시간관리를 도움받을 수 있는 도구로 수첩이나 목록 또는 다이어리 등을 이용하여 해야 할 일들을 시간대별로 적어두고 실천해 나가도록 해야 한다.

5) 이력서 및 자기소개서 작성

현장실습자는 실습기관 방문 전 점검 사항으로 실습기관에서 요청할 수 있는 이력서 및 자기소개서를 작성해야 한다. 이력서와 자기소개서를 작성할 때는 자신의 강점을 최대한 부각시켜 작성하는 것이 좋다. 이력서 작성시 가장 기본이 되는 일반적인 규칙을 살펴보자.

(1) 이력서 작성

이력서는 개인의 신상명세와 경력, 이력이 담긴 양식이며 얼굴을 못 본 상태에서 자신을 나타내는 기본서류이기 때문에 작성시 주의를 기울여야 한다. 이력서는 인사담당자와 일차적인 대화수단으로 자신의 장점을 최대한 부각시킬 수 있도록 하여야 한다. 이력서를 작성할 때 중요한 사항을 살펴보면 우선 목표가 명확해야 하며 일관성을 유지하여야 한다. 전체적인 이력서 흐름의 일관성을 유지하면서 실습자에 대한 확신을 갖게 하고 신뢰를 보여 주어야 한다. 또한 자격 사항뿐만 아니라 수상경력, 대내외적인 활동 등 자신의 능력이나 장점을 돋보이게 할 수 있는 사항을 기술하여 기관담당자에게 호감을 느끼게 하는 것이 중요하다. 둘째, 올바른 맞춤법으로 깔끔하게 작성한다. 한자는 꼭 필요한 부분만 쓰도록 하고, 오탈자가 없도록 주의한다. 틀린 글자가 있을 경우에는 수정액으로 지우고 고쳐 쓰기보다는 새로운 용지에 다시 작성하는 것이 좋다. 셋째, 실무능력을 위주로 작성한다. 이력서 작성에서 가장 중요한 부분이므로 실제 수행했던 과제나 업무, 성취업적, 담당했던 프로젝트 등을 기술한다. 또한 자신의 직무능력 및 경력이 기관에 잘 전달되도록 부각시킨다. 더불어 자격증은 국가공인 또는 국제공인 자격증을 중심으로 하여 작성하는 것이 좋다. 그 밖에 컴퓨터 등 사무관리 분야의 자격증이나 면허증 등 특기할 만한 내용을 기록한다. 넷째, 단정하고 규격에 맞는 사진을 사용한다. 이력서 사진은 반드시 3개월 이내에 촬영한 최근의 것으로 정해진 규격에 맞는 것을 정확히 첨부해야 한다. 사진은 그 사람의 인품을 판단하는데 하나의 중요한 자료가 되기 때문에 자세가 바르며 두발, 복장 상태가 단정하고 깔끔한 정면 상반신 사진이 좋다. 가능한 정장 차림의 깔끔한 복장으로 좋은 인상을 줄 수 있도록 한다. 다섯째, 시간적 여유를 두고 신중히 작성한다. 충분한 시간적 여유를 가지고 차분하게 작성해야 내용도 충실해질 수 있다. 빠진 내용이나 잘못된 내용을 줄이려면, 시간에 쫓겨 급하게 작성하는 일은 피해야 한다. 여섯째, 자신에 대한 확신을 표현한다. 이력서 작성 시 자신을 과소평가하는 것은 금물이다. 자신감을 갖고 자신을 포장하는 기술도 필요하다. 하지만 과대포장 및 허위사실을 포함시켜서는 안된다.

항목별 이력서 작성방법에는 다음의 사항을 참고한다.

- 인적사항
  - 성명 : 주민등록 및 호적에 등재되어 있는 법 이름을 기재한다.
  - 생년월일 : 보통 만(滿) 나이를 기재하도록 하도록 한다.
  - 주소 : 현주소는 주민등록에 기재된 내용과 동일하게 작성한다.
  - 연락처 : 연락처 즉 전화나 우편, 이메일은 서류전형 결과를 통보받는 중요한 수단이다. 따라서 연락처는 반드시 기재한다.
- 사진 : 사진은 3개월 이내 촬영된 것을 사용하며, 첫인상을 결정짓는 중요한 수단이므로 실물과 가장 가까운 모습의 사진이 좋다. 복장은 정장 차림의 유별나지 않고, 좋은 인상과 부드러운 이미지를 선택한다.
- 학력 및 경력사항
  - 학력: 학력이란 지정된 항목이 없는 경우 고등학교부터 기입하고, 입학 연도와 졸업 일을 확인하여 기입한다. 순서는 최근 학력부터 기입한다.
  - 경력: 지원기관의 성격과 자신의 경력과 일치하는 것이 있다면 그와 관련된 경력을 크게 부각시켜야 한다. 또한, 현장실습자는 개인의 경력 및 강점을 활용할 수 있는 현장실습 기관 선정도 필요하다.
- 자격 사항: 자격증은 취득날짜와 기관명을 정확히 기입하고, 미미한 자격증이라 생각되어도 직무와 관련 있는 경우는 좋은 평가를 받을 수 있으므로 반드시 기입한다. 여러 개의 자격증을 소지하고 있을 경우 지원기관의 직종과 관련된 자격증을 먼저 기입하도록 한다.

(2) 자기소개서

자기소개서는 이력서와 함께 실습생을 평가하는 자료로서 매우 중요하다. 이력서에서 보여 주지 못한 자신의 특성을 상세하게 보여주는 역할을 하기도 한다. 이력서가 개인을 개괄적으로 이해할 수 있는 자료라면, 자기소개서는 다른 사람에게 자신을 대외적으로 알리는 데 객관적으로 보여주는 글이다. 그러므로 자기소개서 작성시 가장 효과적일 수 있도록 신중을 기해 작성하도록 한다. 평생교육기관 및 조직에서는 현장실습자가 실습을 의뢰할 때 자기소개서를 요청하여 평생교육사로서 어떠한 동기를 가지고 있는지, 어떠한 비전을 가지고 있는지, 개인의 문장력, 사고의 폭까지도 파악하여 지원자의 실습 관련 직무 및 부서 여부를 결정하는 중요한 기준이 된다.

① 자기소개서 작성법

자기소개서에는 모범답안이 없다. 또한, 일정한 양식이 정해져 있지 않기 때문에 어떠한 틀에 얽매이지 않고 직무와 관련한 핵심을 잡아 자신의 특성과 강점을 최대한 부각시켜 기술해 가는 것이 필요하다. 따라서 자기소개서 작성하는 방법으로는 우선 간결하고 명료하게 작성한다. 양식의 지면은 제한되어 있으므로 보다 간결하고 명확하게 작성하면 깔끔해 보이며, 지원자의 장점이 보다 설득력 있게 전달될 수 있도록 작성한다. 둘째, 객관성 있게 작성한다. 담당자가 요구하는 것은 주관성이 없는 솔직한 자료이다. 진실이 아닌 과장된 내용이나 허위사실을 기재하였을 경우 면접 과정에서 밝혀질 수 있으므로 객관성을 가지고 진실하게 작성한다. 셋째, 최소한의 정보는 반드시 기재한다. 자신이 강조하고 싶은 부분을 중점적으로 언급하되, 개인을 이해하는 데 기본요소가 되는 성장 과정, 지원동기 등은 기재하도록 한다. 넷째, 일관성 있는 표현을 사용한다. 동일한 대상에 대한 반복적인 표현을 피하기 위해 다양하게 풀어쓸 수 있지만, 호칭, 종결형 어미, 존칭어 등은 일관된 표현으로 쓰는 것이 좋다.

② 자기소개서의 구성 핵심

- 효과적인 자기소개서의 분량은 A4용지 1~2장 정도가 적당하다. 개인의 모든 것을 평가할 수는 없지만, 자기소개서를 작성하기 위해 선택한 단어나 소재를 통해서 지원자의 재능과 인품을 짐작해 볼 수 있다.
- 자기소개서의 내용구성은 성장 과정, 경력 및 특기 사항, 지원동기, 장래포부 등이 있다. 자기소개서의 내용을 구성할 때에는 기관의 특성 및 성격을 파악한 후 적합한 내용으로 자신의 강점을 드러내도록 해야 한다.
- 헤드라인 형식으로 자기소개서를 작성한다. 즉 내용을 기계적으로 나열하는소

설 형식이 아니라 중간마다 헤드라인을 삽입하여 강조점을 두는 것이 좋다.

- 차별화된 자기소개서를 위해서는 추상적인 표현을 자제하는 것이 좋다. 즉 공모전 수상 경험, 외국어 능력 등 장점이 될 만한 것을 강조하며, 단점도 기술하되 극복하기 위한 노력도 사례 중심으로 서술한다.
- 실습기관의 유형 및 특성을 고려해 자신의 비전을 분명히 제시하고 자신의 꿈을 이루기 위해 어떠한 자세로 임할 것인지 구체적으로 설명한다.
- 자기소개서 내용 중 지원동기를 강조하는 것이 가장 중요하다. "왜 평생교육 전문가가 되려고 하는지", "실습기관에서 어떤 역할을 할 수 있는지"등에 관해서 설명한다.

평생교육 실습자 자기소개서 내용

- 평생교육사를 공부한 계기 / 평생교육사 자격취득의 목적 / 희망하는이유 / 평생교육사 자격증 취득 이후 계획
- 평생교육사로서의 비전, 포부, 최종목표 / 평생교육사 직업에 대한 관심 정도
- 현장실습에서 체험하고 싶은 직무 및 역할 / 현장실습자로서 마음가짐 / 현장실습경험에 대한 기대 / 실습기관 선택 이유
- 전공 사항 / 이력 / 사회경험 / 평생교육 관련 경력
- 수행할 수 있는 능력 / 컴퓨터 활용능력 상,중,하 여부

4. 현장실습 구성원별 역할

현장실습은 양성기관과 실습기관의 상호협력 하에 이루어지는 학습이다. 따라서 현장실습에 대한 책임은 실습기관과 양성기관 양측 모두에 있다. 양성기관은 현장실습 시행계획 수립, 관련 규정 제・개정 등 현장실습 시행 전반에 관하여 총괄 조정・관리를 수행한다.

양성기관의 주요역할은 다음과 같다.

- 실습기관 및 학생의 참여 신청・접수 관리 및 선정하고,

- 현장실습 사전교육(실습오리엔테이션 등)을 실시하고,
- 실습기관과의 협약체결, 학생평가 및 학점인정 처리하며
- 실습기관 및 학생에 대한 현장실습 운영실태 점검 및 지도 등을 담당한다.

현장실습 기관은 평생교육 현장 실무능력 배양을 위한 실습계획 수립하며, 실습생 선발하고 지도하며 출결 관리, 교육, 평가 등을 실시한다. 결과적으로 현장실습은 양성기관에 소속한 실습생과 실습지도 교수, 행정관리자와 현장실습 기관에 소속된 실습지도자의 역할수행 및 평생교육 전문가로서 가지고 있는 역량에 따라 현장실습의 성과가 좌우된다.

현장실습의 주요관계자는 양성기관에 소속된 실습생, 실습지도 교수, 행정관리자, 현장실습 기관에 소속된 실습지도자이다

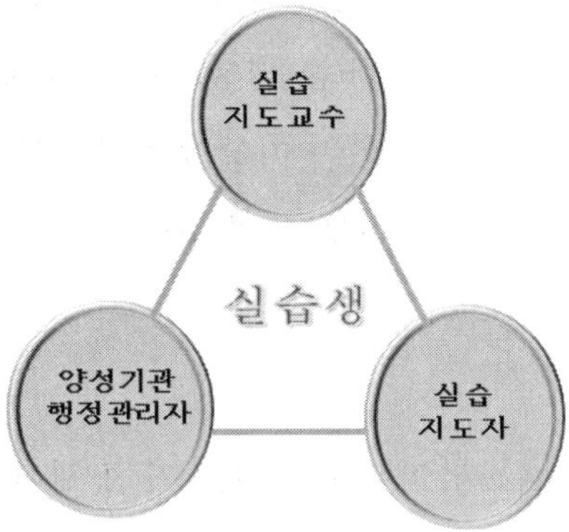

[그림 2-1] **평생교육 현장실습 주요관계자**

1) 양성기관 소속 - 현장실습생

평생교육사가 되기 위해서 양성기관에서 평생교육 관련 과목을 일정 학점 이상 이수한 학생이 평생교육 전문가로서 평생교육 현장에 진출하기에 앞서 학습한 평생교육 관련 이론과 기법들을 현장에 적용, 체험해 볼 수 있는 과정이 필요하다. 현장실습생은 평생교육사 양성 관련 필수 교과목 즉 평생교육론, 평생교육방법론, 평생교육프로그램개발, 평생교육경영론을 반드시 이수하고 평생교육실습 과목을 수강

신청하여 현장실습에 참여하는 학생을 말한다. 현장실습생은 실습기관의 실습지도 사항에 따라 성실하게 실습을 수행하고 실습내용 및 자기평가 등을 실습일지에 매일 기록하고 검토받는다.

2) 양성기관 소속 - 현장실습 지도교수

양성기관에서는 현장실습의 지도교수를 배정하여야 한다, 현장실습 지도교수는 현장실습 수강과목을 양성기관과 학생들의 특성을 반영하여 **3학점**이 부여되는 정규 교과목으로 운영하여야 한다. 총 15주간의 교육과정을 편성해야 하며, 특히 학생들이 현장실습을 나가기 전에 현장실습의 목적과 의미, 현장실습의 과정, 실습생의 자세 및 태도 등 평생교육 현장실습 전반에 대해 안내와 지도를 실시하여야 한다. 현장실습 과목담당 교수의 자격요건으로는 첫째, 평생교육 관련 석사학위[1] 이상 소지자로서, 평생교육 관련 과목 교수 활동 또는 평생교육 현장에서 3년 이상의 경험이 있는 자이며, 둘째, 평생교육 관련 박사학위 이상 소지자로서 평생교육 관련 과목 교수 활동 또는 평생교육 현장에서 2년 이상의 경험이 있는 자이다.

(1) 수업과정 편성

현장실습 지도교수는 실습과목의 교과과정을 각 양성기관의 운영규정에 따라 운영하여야 한다. 실습오리엔테이션 및 4주간의 현장실습을 필수적으로 포함하여 운영하며, 가능한 실습세미나, 실습 최종 평가회 등도 실시한다. 실습오리엔테이션은 수강생 전원 출석수업 1회는 필수적으로 진행하여야 하며, 주요내용으로 실습의 목적, 실습 진행절차, 현장실습과 관련된 전반적인 사항으로 구성한다. 또한, 실습오리엔테이션은 현장실습 참여 및 학점 이수의 필수조건으로 운영하여야 한다. 이러한

---

1) 평생교육 관련학위: 평생교육에 관한 내용을 주된 교육과정으로 삼고 있는 전공 분야
예) 평생교육, 산업교육, 사회교육, 지역사회개발, 인적자원개발, 교육학** 전공. 단, '교육학' 관련학위는 평생교사 자격증 2급 이상을 반드시 소지하고 평생교육 현장에서 해당경험(석사:3년, 박사:2년)이 있는 자.

교육은 혹시나 발생할 수 있는 미연의 사고 등을 방지하고 실습기관과의 대외적 관계유지를 위해서도 실습오리엔테이션은 필수적으로 운영하여야 한다.

1 2 3 실습지도 교수의 오리엔테이션 주 내용

- 실습일지 작성에 관한 사항
- 실습기관 별 사전 준비사항(서류, 지참물 등)
- 실습기관 내 직장 예절에 관한 사항
- 출퇴근 등의 시간관리, 복장, 언어, 인사예절 등 직장 내 예절에 관한 사항
- 실습 관련 지원사항
- 실습기관 또는 양성기관에서 지원하는 사항(교통비, 식대 등의 지원금)이 있을 경우 내용과 절차 등에 관하여 자세하게 안내.
- 무단결근, 중도 포기, 실습기관의 안전관리 기준준수 등 유의사항을 안내하고 다음과 같은 사항이 있을 경우 반드시 양성기관 관련 학과(관련 부서)에 연락하여 조치될 수 있도록 교육한다.
  - ► 무단결근 한 경우
  - ► 학생 개인 사정에 따라 중도 포기 하고자 하는 경우
  - ► 실습기관의 실제 실습내용이 계획과 달리 운영(단순 업무, 복사 등의 허드렛일을 시키는 경우)되어 조치가 필요한 경우
  - ► 현장실습 중 상해 또는 부상을 당하는 경우
  - ► 현장실습 중 실습기관의 재산을 파손하는 경우 등

현장실습 지도교수는 출석수업을 통해 실습세미나(권장)를 실시하여야 한다. 실습세미나의 주요내용으로는 실습의 목적, 실습기관 유형별 특성 및 유의사항, 실습일지 작성방법 등이다. 현장실습은 4주간(최소 20일 이상, 160시간 이상) 필수적으로 실시하도록 구성하며, 현장실습 최종 평가회를 실시하도록 권장하고 있다. 현장실습 최종 평가회 주요내용으로는 실습결과 보고 실습경험 공유 및 평가 등이다.

(2) 현장실습 과정 중 기관방문을 통한 관리

현장실습의 평가는 실습이 종결된 이후에만 하는 것이 아니라 진행 중에 일정한 시기에 실시한다. 따라서 현장실습 지도교수는 실습 기간에 실습기관을 방문하여 실제 운영형태 등을 점검하고, 실습에 참여한 학생들의 실습 수행 태도 및 상태 등을 점검한다. 방문 점검 시에는 실습 운영에 관하여 실습기관과 업무협의를 진행하고,

실습기관과의 지속적 협력관계 유지를 위하여 실습기관의 애로사항 및 건의사항을 적극적으로 수용한다. 더불어 현장실습 담당교수는 현장실습이 종결된 후에도 자체 평가회를 실시하여 실습결과를 점검하고 공유하도록 한다. 현장실습생들의 실습경험을 공유하면서 실습 과정에서 발생한 문제와 상황에 대한 토론을 통해 실습생 각자가 해결방안을 스스로 발견하도록 지도하고 그 결과를 피드백한다.

(3) 실습생 최종평가 및 학점부여

현장실습 지도교수는 실습지도자가 평가한 실습생 평가서의 평가내용을 바탕으로 실습과목 수업참여도(오리엔테이션, 실습세미나, 실습평가회 등) 및 4주(20일,160시간)이상의 평생교육 현장실습 실시내용 등에 따라 실습생들의 성적을 부여하며, 학점은 실습 기간을 기준으로 각 양성기관의 학점인정 기준에 따라 부여한다. 즉 실습 지도 교수는 실습과목 수업 참여도를 비롯해 실습기관에서 작성된 현장실습평가서, 실습일지, 실습평가회 및 과제 그리고 실습기관 방문 시 실습 수행 정도, 비전 설정 등의 활동을 통해 학생별 실습 과정 성적을 산출한다.

〈표 2-1〉 **평생교육실습 과목 수업과정 편성(예)**

평생교육실습 과목 개설 → 실습과목 담당 교수 배정

⇓

<table>
<tr><td rowspan="5">사전
교육
(4주)</td><td>실습
오리엔
테이션
(1주)</td><td colspan="2">- 현장실습의 목적
- 실습생의 자세와 태도(예절 지도)
- 평생교육사의 직무이해
- 실습매뉴얼-실습 진행과정 이해
※ 실습오리엔테이션은 수강생 전원대상 출석수업(1회) 운영 필수</td></tr>
<tr><td rowspan="4">실습
세미나
(3주)</td><td>Ⅰ</td><td>- 실습 기관별 특성 및 주요 실습내용 공유</td></tr>
<tr><td>Ⅱ</td><td>-주요 실습내용 및 실습일지 작성 지도</td></tr>
<tr><td>Ⅲ</td><td>-실습 기관 사전분석 및 실습 일정 발표(실습생 전원발표)
- 학생별 실습계획 문제점과 개선점 토의</td></tr>
<tr><td colspan="2">※ 실습세미나는 총 9시간(3회) 권장</td></tr>
</table>

⇓ (사전교육 이후 현장실습 시작)

현장 실습 (4주 이상)	현장실습 중간점검	- 현장실습기관의 실습 운영형태 및 여건 등 - 실습생의 현장실습 수행 태도 및 상태 등 ※ 실습과목 담당 교수의 실습기관 방문 점검 필수

⇓

보고 및 평가 (2주)	실습 최종 평가회 Ⅰ · Ⅱ	- 실습생 전원 실습결과 발표 및 공유 ※ 실습 최종평가회는 총 6시간(2회) 권장

⇓ (성적산출 이전 현장실습 종료)

성적 산출

출처: 평생교육실습과목 운영지침(2022).교육부

3) 양성기관 소속 - 행정관리자

현장실습을 준비하는 실습생에게 양성기관은 현장실습과 관련한 체계적이고 실제적인 정보를 충분히 제공하는 역할을 한다. 즉 현장실습생의 역량 및 진로, 경력과 관련된 실습기관 선정에 도움이 될 수 있도록, 그리고 실습생이 현장실습기관의 업무에 기여할 수 있도록 하는 것 또한 양성기관의 중요한 역할이다. 더불어 실습생이 현장실습 기관을 선정함에 있어 특정 기관에 과다인원이 모이지 않도록 적정인원을 배치하여야 한다.

양성기관의 행정관리자는 현장실습에 필요한 서류작성 및 발송하는 중요한 역할을 한다. 즉 실습생이 현장실습 기관을 선정할 때 실습기관에 의뢰서를 보내고 실습기관에서 보내온 회보서를 확인한다. 또한, 현장실습의 시작과 종결 시기 등을 검토하고 확인하여 현장실습 일정을 조율하며, 실습지도 교수와의 소통으로 오리엔테이션을 필히 참석할 수 있도록 해야 한다. 더불어 현장실습이 이루어지는 4주간(160시간)의 과정이 종료되면, 현장실습 과목담당 교수로부터 학점이 부여되었는지 여부를 확인하여 실습학점에 대한 최종결과를 등록하여야 한다. 그리고 현장실습이 종료된 후에는 최종평가회를 실시하여 각 실습기관에 대한 자체과정 평가를 진행한다. 이

자료는 다음 예비 현장실습생들을 위한 현장실습기관의 선정 및 배치에 주요한 자료로 활용한다. 양성기관은 아래에 제시된 자료들을 전자 문서화하여 실습생의 현장실습이 종료된 날로부터 3년간 보관한다.

- 실습과목 운영 관련 증빙자료 즉 오리엔테이션 · 실습세미나 · 실습평가회 수업 운영자료(운영규정, 출석부 등), 현장실습 방문지도 확인서 등이다.
- 실습 의뢰 관련 증빙자료 즉 협약서(또는 공문, 실습의뢰서 등 협약 관련 서류), 평생교육기관임을 증빙하는 서류 등이다.

단, 현장실습 수행 증빙자료는 원본으로 5년간 보관한다. 즉 평생교육 현장실습 평가서, 실습일지, 평생교육 현장실습 확인서 등이다. 하지만 '평생교육 현장실습 평가서' 및 '평생교육 현장실습 확인서'는 실습생이 평생교육사 자격증 발급 신청 이전까지 원본 보관한다.

4) 실습기관 소속 - 현장실습지도자

현장실습지도자는 일정 기간 평생교육기관에서 실습생에게 평생교육 현장에서 필요로 하는 업무수행 능력을 지도하는 사람을 말한다. 실습지도자의 자격요건으로는 평생교육사 1급 자격증 소지자, 평생교육사 2급 자격증을 보유하고 관련 업무 2년 이상 종사한 자, 평생교육사 3급 자격증을 보유하고 관련 업무 3년 이상 종사자이다. 또한, 동일 시간대를 기준으로 하여 실습지도자 1인당 실습생은 가능한 5명의 범위 내에서 지도 · 관리하도록 한다.

현장실습 지도자가 하는 역할에는 여러 가지가 있다. 첫째, 현장실습 지도자는 실습희망자의 사전면담, 지도 일정을 안내한다. 즉 현장실습지도자는 실습생의 준비정도에 따라 선택하게 되는데, 사전면담에서는 실습기관의 요구와 관련하여 실습희망자의 능력 수준, 적성, 교육적 필요 등의 사항들을 확인한다. 현장실습지도자에게 실습생이 배정되면, 우선 실습생에게 기본업무 및 특성 등을 설명해줄 수 있는 동영상, 책자와 지도안을 준비하고 사전면담 자료에서 파악한 내용을 기초로, 4주간 진행

될 실습 전 과정에 대한 실습계획서를 작성하는 등 실습지도 일정을 확인한다. 이때 지도안은 현장실습의 필수항목 및 선택항목과 관련하여 실습자가 체험해 볼 수 있도록 체계적이며 실질적으로 구성한다. 실습 일정 및 지도안은 실습생과 실습지도자가 탄력적으로 활용할 수 있도록 작성하는 것이 바람직하다.

둘째, 현장실습지도자는 실습오리엔테이션을 실시한다. 즉 실습기관 소개 및 실습 일정 기간 동안 자세 및 태도 등에 관하여 오리엔테이션을 해야 한다. 또한, 실습생을 적합한 부서에 배치하고 실습이 진행되는 과정에서 어떤 지식, 기술, 태도를 함양할 것인가에 대하여 설명한다.

123 실습기관의 오리엔테이션 내용

- 현장 실습기관에 대한 세부적인 내용소개
- 현장실습 기관에서 운영 중인 프로그램과 학습자 집단소개
- 현장실습기관이 속해 있는 지역사회 유관기관과의 관계
- 현장실습기관의 조직도와 직원소개
- 현장실습기관의 연간 주요행사 소개
- 현장실습 기관 시설 소개
- 현장실습기관의 실습프로그램 소개
- 현장실습의 평가체계 소개
- 현장실습생의스케줄과 관련하여 변화 및 결근 시 통보체계 설명

셋째, 실습생과 현장실습지도자는 4주(160시간)동안 실습자와의 교육적 관계를 맺게 된다. 현장실습지도자는 현장에서 이루어지고 있는 평생교육사의 역할과 개념적으로 알고 있던 평생교육사의 역할에 대하여 사례를 중심으로 설명하고, 체계적이고 구체적인 수준에서 체험해 볼 수 있도록 지도하여야 한다. 따라서 현장실습지도자는 실습자에게 이러한 경험을 통해 평생교육 전문가로서의 사명감을 고취시킬 수 있도록 지도해야 한다.

한편 실습지도자는 실습생은 현장실습 기관 내에서 평생교육 전문가들의 업무현장을 관찰하면서, 여러 가지 평생교육 전문영역의 직무를 간접적으로 경험할 수 있는 기회를 얻을 수 있다. 따라서 현장실습지도자는 실습생에게 평생교육 전문가들의

업무를 관찰하고, 모델링할 수 있도록 지도하여야 한다.

넷째, 실습생은 실습지도자와 함께 평생교육과 관련 기획부터 평가에 이르기까지 전 과정에 보조자로 직접 참여할 수 있게 함으로써 평생교육 현장업무를 보다 더 쉽게 학습할 수 있도록 해주어야 한다. 또한, 실습생이 현장실습 과정 도중 돌발 상황으로 생기는 문제를 해결하도록 도움을 주는 자문역할을 하거나, 실습내용을 유연하게 조정하여 운영하도록 해야 한다.

다섯째, 현장실습지도자는 실습생이 제출한 실습일지를 검토하고, 주 1회(1주: 40시간), 총 4회에 걸쳐 실습생의 실습 수행에 대한 의견을 실습지도 기록서에 기록한다. 실습지도자는 실습지도 기록서를 작성할시 총 160시간의 실습시간 중 40시간을 1주로 산정하여 작성하되, 실습생이 작성한 실습내용에 대한 피드백 등을 주 차별 작성하며, 실습생의 강점 및 개선점에 대한 의견 제시한다.

여섯째, 현장실습지도자는 실습생의 현장실습이 종료되면 실습생 평가서의 항목에 맞게 평가를 실시한다. 실습생 평가서의 평가내용을 바탕으로 평생교육 현장실습 평가서를 작성하고, 평생교육 현장실습 확인서와 함께 양성기관으로 제출한다.

5. 현장실습일지 작성

1) 현장실습일지

현장실습일지는 실습을 진행하는 동안의 매일의 일과를 기록하는 것을 말한다. 즉 당일의 실습 활동영역 및 내용, 실습지도자와의 협의 사항 및 자기평가로 구성되어 있으며, 주 1회(1주 40시간), 총 4회에 걸쳐 실습생의 실습 수행에 대한 의견을 기록하는 실습지도 기록서로 구성되어 있다. 현장실습일지를 통해 실습지도자는 실습업무 수행 활동에 대한 실습생의 반응을 파악할 수 있으며, 실습지도자에게 반성적 성찰을 하도록 자극제가 되기도 한다. 실습생의 관점에서 실습일지는 실습시간 안에 어떤 업무 및 체험, 관찰을 했는지 점검할 수 있는 기초자료가 될 수 있다. 또한, 실습생 자신의 장단점을 객관적으로 인식하여 실습자로서의 학습향상에 기여할 수 있게 된다.

(1) 현장실습일지 작성방법 및 내용

"실습내용"란에는 실습자 자신이 어떤 실습 활동을 했는지 알아볼 수 있도록 실습 일정에 따른 업무명 순으로 주요 활동내용을 기록하며, 실습자는 실습지도가 가능하도록 구체적, 객관적으로 기술하여야 한다. 즉 실습일지는 개인 일기가 아니므로, 실습 일과에 대한 개인의 감정, 의견, 느낌 등은 가능한 한 피하도록 한다. 실습생 대상의 교육 활동이 있었을 경우, 강의내용을 요약 · 기록하고, 실습에 어떻게 적용할 것인지 기록하여야 한다. 실습자는 프로그램을 참관하거나, 보조운영자로 참여했을 경우, 단순히 '000프로그램참관'이 아닌, 프로그램의 목적, 주요내용, 강의자의 진행방법 등을 자세히 기록한다.

"실습소감 및 자기평가"란에는 실습내용에 관한 실습생의 의견 및 자기평가를 기술하되 사실에 기초하여 기록하며 발전 · 진행적으로 기록한다. 또한, 실습 지도를 통해 습득한 지식과 기술을 실무에 어떻게 적용할 수 있는 지 등을 기록하며 해당 일자의 실습업무 수행을 통해 실습지도자에게 제안하고 싶은 사항 등도 기록한다. 한편 현장실습 기관에서는 4주간(160시간)의 현장실습내용을 구성할 시 아래의 표를 참고하여 구성한다.

한편 실습지도자는 실습생이 제출한 실습일지를 검토하고, 주 1회(1주 40시간), 총 4회에 걸쳐 실습생의 실습 수행에 대한 의견을 실습지도 기록서에 기록한다.

실습일지 작성시 유의사항

- 실습내용을 충실하게 기록하고, 글씨는 정자로 깨끗하게 기록한다
- 실습일지는 그날그날 기록한다.
- 실습일지 기록 이외에 학습자, 실습 운영 담당자, 기관관리, 기관운영 및 업무추진과 관련된 사례연구 등도 성실하게 기록한다.
- 실습 과정상에 있었던 내용들은 과장없이 실제로 했던 내용만을 정확하게 기록한다.
- 실습생의 주관을 배제하고 객관적인 사실에 근거하여 정확하게 기록한다.
- 은어나 속어는 자제하고 오탈자가 없도록 주의하여 작성한다.
- 내용은 간결하고 명확하게 서술한다.

〈표 2-2〉 **평생교육 현장실습 내용구성**

<table>
<tr><th colspan="2">구분</th><th colspan="2">실습내용</th></tr>
<tr><td rowspan="5">필수
항목</td><td>1. 오리엔테이션</td><td colspan="2">① 기관소개 및 평생교육 관련 주요업무 소개
- 기관별 현장실습 운영규정 안내 포함
② 실습기관 유형 대비 기관특성 소개
- 주요 학습자 및 프로그램 소개 등
③ 해당 기관 실습생의 자세와 역할
④ 구체적 실습목표 설정 및 실습지도자와 일정별 세부계획 수립</td></tr>
<tr><td>2. 행정업무</td><td colspan="2">① 기안 및 공문서 모의 작성
② 사업예산(안) 편성 안내</td></tr>
<tr><td rowspan="2">3.모의프로그램 기획</td><td>I</td><td>① 실습기관의 주요 프로그램 조사 및 분석
② 학습자 요구분석 실시(실습기관 학습자 대상)</td></tr>
<tr><td>II</td><td>③ 모의 평생교육 프로그램 개발
④ 모의 평생교육 프로그램 홍보 및 마케팅</td></tr>
<tr><td>4. 실습평가</td><td colspan="2">실습평가회 : 실습생의 실습 수행 내용에 대한 평가 등</td></tr>
<tr><td rowspan="3">선택
항목</td><td>1.실습기관 관련 법 및정책이해와 기관 분석</td><td colspan="2">① 「평생교육법」 및 관련 정책 파악하기
② 실습기관의 SWOT 분석을 통한 전략 도출</td></tr>
<tr><td>2.교육프로그램 운영 지원</td><td colspan="2">① 학습자 관리 및 지원
② 강사, 학습동아리 등 인적DB 관리 및 지원
③ 학습정보DB 관리 및 지원
④ 학습시설·매체 관리 및 지원
⑤ 프로그램 관리·운영 및 모니터링
⑥ 프로그램 만족도 조사 지원(결과분석 수행 등)
※ 별개 프로그램 2개 이상 수행</td></tr>
<tr><td>3.유관기관방문 및 관련행사참석</td><td colspan="2">① 유관기관 프로그램 조사 및 분석을 위한 방문
② 평생학습 관련 행사(지역축제, 박람회 등) 참석
※ 실습목적에 맞춰 2개 이상 5개 이하 기관을 방문하되, 총 방문기간은 3일을 넘지 않도록 함.
※ 각 기관방문에 대해서는 출장 및 결과보고서 제출권장</td></tr>
</table>

출처: 평생교육실습과목 운영지침(2022). 교육부

사례) 실습일지

<table>
<tr><td rowspan="2">실습시간</td><td>출근시간</td><td>퇴근시간</td><td>휴게(식사시간)</td><td>지각/조퇴/결근여부(사유)</td><td>실습시간</td></tr>
<tr><td>10:00</td><td>19:00</td><td>12:00~13:00</td><td>-</td><td>8 시간</td></tr>
<tr><td>실습내용</td><td colspan="5">◆ 강의 안내 홍보 POP 제작
아카데미에서 진행하는 강의에 대한 홍보 POP 전단을 제작해보았다.
우리 점포에서는 학기 시작 전, 학기 중간 총 2번에 나누어서 강의실과 복도에 비치해놓는 POP와 핸드빌을 제작하는데 영등포점에서는 한 달에 한 번씩 해당 월 초~중순 사이에 다음 달 진행되는 강의에 한해 제작을 한다. 또한, △△점은 광고 파트의 담당자들이 제작 및 출력해주는 경우가 많이 있지만, 영등포점에서 는 운영 관리 담당이 주로 제작을 한다. 점포마다 광고 일정은 비슷하지만, 제작 자와 제작 시기는 기관마다 서로 상이하다는 것을 알 수 있다.
백화점 내에 위치하는 문화센터이기 때문에 나만의 스타일대로 광고 POP를 만 들 수 없다는 단점이 있다. 정해진 양식에 내용을 넣고 알맞은 사진을 찾아서, 채워 넣는다. 단, 글씨 크기나 강조해야 하는 부분 등 내용의 구성은 점 규정을 지키되 제작자 뜻대로 만들 수 있다는 점을 이용해서 최대한의 홍보 효과를 낼 수 있도록 제작하였다. 운영 담당과 함께 수정할 부분을 수정하고, 앞으로 강좌 일정에 맞춰 게시할 예정이다.

◆ 고객 대상 홍보 LMS 발송
OOO 백화점에서는 수업을 듣는 고객들 정보를 바탕으로 그에 맞는 홍보 LMS를 발송하게 되는데, 강좌 특성에 맞는 고객들을 추려 홍보 문자를 발송한다. (예, 피트니스 특강 - 요가, 댄스 발레 등을 수강하는 고객을 대상으로 홍보)
일단, 강좌 일정이나 소개에 대한 홍보 문자 문안을 작성하여 운영 담당에게 확인을 받고, 대상 고객들을 추려낸 다음 시스템을 이용하여 일괄 발송하였다. 업무지인 충청점에서도 광고 스케줄에 따라 문자가 나가야 하기 때문에, △△점 홍보 LMS 발송 업무도 같이 병행하였다.</td></tr>
<tr><td>실습소감 및 자기평가 (협의사항 포함)</td><td colspan="5">오늘은 백화점 휴점일이었지만, 아카데미 수업은 진행하기 때문에 정상 영업을 하였고, 업무도 평소와 다름없이 진행하였다. 홍보 문자를 보내는 것은 원래 이용하던 시스템을 이용해 보내는 것이라서 크게 어려운 부분은 없었지만, 문안을 작성하는 데에 있어서는 OO점만의 스타일이 있기 때문에 그 부분을 신경 써서 작성하는 것이 조금 어려웠다.
강의 안내 POP를 제작하는 것은 생각보다 많은 시간이 투자되었다. 양식에 맞게 문안을 작성하는 것은 원활했으나, 홍보 효과를 기대하고 만들려고 하니 여러가지 생각을 하게 되었다. 또한, 강좌에 적합한 사진을 일일이 찾아서 첨부해야 한다는 것에도 시간이 조금 많이 걸렸다. 평소 광고 파트 담당자에게 쉬운 일인 것처럼. 홍보 POP 제작을 요청했는데, 앞으로 조금 더 구체적으로 홍보 효과를 생각하며, 요청해야겠다는 생각을 했다.</td></tr>
</table>

사례) 유관기관 분석

<table>
<tr><td>실습내용</td><td>★ 0000 년 제 1기 OO평생학습센터 프로그램 분석
(일요 특별 강좌 및 검정고시반, 학습동아리 제외, 추후 개별 분석 예정)
→ 0000 년 제1기 OO평생학습센터의 프로그램은 총 69개로 진행된다.

1. 시간별 분석
1) 오전(09:00 ~ 13:00) : 34개 2) 오후 (13:00 ~ 18:00) : 27개 3) 저녁 (18:00 이후~) : 8개

오전 개설 강좌가 가장 많았으나, 오후와 비슷하고, 상대적으로 저녁 시간 이후가 적었다. 이것은 평생교육 특성상 직장인보다는 가정주부나 퇴직자, 고령자 등이 대부분 이용하기 때문에 그런 것으로 평가된다.

2. 요일별 분석 (일주일에 두 타임 있는 프로그램들마다 요일 분배가 달라서 다 따로 개수하였다.)
1) 월요일 : 23개 2) 화요일 : 26개 3) 수요일 : 28개
4) 목요일 : 23개 5) 금요일 : 15개 6) 토요일 : 12개

수요일이 제일 많긴 하지만 금요일을 제외한 평일의 숫자는 거의 비슷하다. 장소와 기본 강사가 정해져 있기 때문에 거기에 맞춰 프로그램이 짜여지다. 보니 그런 것 같고, 요즘에는 금요일도 주말처럼 여기기 때문에 강사나 수 강자가 많지 않아 프로그램 개수가 적은 것으로 분석된다. 만약 새로운 프로그램을 개발할 경우에는 금요일이나 토요일에 하는 것으로 해야 장소 잡기가 용이할 것 같다. 단, 인기 있는 강좌여야 한다.

3. 영역별 분석
1) 아동·청소년 : 7개 2) 직업능력 향상 교육 : 14개
3) 인문·교양 : 23개 4) 건강 문화 예술 : 22개

프로그램 개설 영역 면에서는 인문·교양과 건강 문화예술 분야가 많았는데 좀 더 세밀하게 나누어보면 음악 및 악기 관련 강좌가 10개로 많았다. 취미 생활로 악기를 선호하는 수강생들이 많다는 것을 증명하며, 그만큼 강사 수급도 원활하다는 것이다.
인문·교양 쪽에서는 인문 관련 프로그램 보다는 교양 쪽에 분류되는 미술, 홈패션 분야와 외국어 때문에 많아진 것이다. 인문학 열풍이고 인문학에 관련된 책도 많이 쏟아져 나오긴 하지만 아직은 특강 정도 밖에는 되지 않는 것 같다.</td></tr>
</table>

<table>
<tr><td>실습내용</td><td>
4. 수준별 분석(모든 프로그램이 수준을 알 수 있는 것이 아니어서 수준이 표시되어 있는 프로그램만을 가지고 분석하였다. 옆 괄호에 표시된 '2'는 일주 일에 두 타임이 개설되었음을 의미한다.)

1) 기초, 입문, 초급(9개)
어르신 컴퓨터 기초(2), 초급 영어 (2), 추억의 하모니카 초급(2), 로맨틱 클래식 초급 (2), 청소년 기타 초급, 우쿨렐레 초급 (2), 아코디언 입문, 플루트 연주 기초(2), 통기타 초급 (2)
2) 자격증(11개)
커피 바리스타 자격, 제과 제빵 기능사 자격 (2), 네일아트 자격 (2), 양장기능사 자격, 피부국가 관리 자격 (2), ITQ 컴퓨터 자격 (2), 청소년 ITQ 자격, 워드자격 (2), 청소년심리상담사, 스토리텔링 놀이수학지도사, 디베이트 지도사 자격
3) 창업 (2개)
케익 디저트 카페 창업, 의류 리폼 창업 (2)

✓ 개설된 강좌의 대부분이 입문, 기초, 초급 정도의 수준이었다. 평생교육 특성상 다수의 사람들에게 혜택을 주고자, 이런 과정들만 개설된 것이겠지 만 조금 더 배우고 싶은 사람들을 위해 중급 정도까지는 일부 개설을 해줬으면 좋겠다.
✓ 자격증 과정이 비교적 많은 편이었다. 그리고 2회 개설된 것들이 많은 것을 보아 일주일에 1회 수업 가지고는 자격증 취득은 무리가 있어 일주일에 2회 개설한 것으로 보인다. 목표가 있으면 수강생들이 더 열심히 하게 될 것 같고, 다음 주부터 프로그램 참관시 이 점도 눈여겨보아서 취미로 배우는 것들과 자격증반과의 비교 · 분석도 필요할 것 같다.
✓ 의외로 창업반은 2개 밖에 개설되지 않았다.

5. 장소별 분석
1) 4층 ① 대강당 : 1개 ②조리· 제빵실 : 9개
2) 3층 ①배움실2 : 8개 ② 미술 · 공예 : 6개 ③ 홈패션 신 : 5개 ④ 피부미용실 : 2개
3) 2층 ① 정보화실 : 6개 ② 배움실1 : 10개 ③ 세미나실 : 0개 ④인문학강의실 : 5개
4) 지하 ① 다목적실 : 10개 ② 음악실 : 9개 ③ 동아리1실 : 1개
④ 동아리 2실 : 1개 ⑤ 동아리 3~4실 : 0개
</td></tr>
</table>

<table>
<tr><td>실습내용</td><td>
✓ 모든 장소에서 오전, 오후, 저녁으로 나누어 비교적 원활하게 돌아가는데 지하에 있는 다목적실과 조리 · 제빵실에 가장 많은 프로그램이 몰려 있다. 춤과 운동 등 활동하는 프로그램이 쓸 수 있는 공간이 '다목적실' 하나고, 요리 관련도 '조리·제빵실' 밖에 사용할 수 없기 때문이다. 중간 쉬는 시간 도 30분 ~ 1시간 밖에 없다. 시간을 잘 맞추어 끝내야 할 것 같고, 다음 프로그램을 위해서 청소 및 환기가 제대로 되지 않으면 수강생들의 불만을 야기할 수도 있겠다. 다목적실이 한 개 더 있었으면 하는 아쉬움이 있다.
✓ 대강당은 토요일 '청소년 오케스트라'를 제외하고는 사용되지 않는다. 사실 대강당은 대관용이라고 하는데 대관 사용횟수가 많지는 않다고 한다. 대강당을 중강당 내지는 소강당으로 줄이고 다른 공간을 하나 더 만들었으면 두 곳 다 이용 면에서 효율적이지 않았을까 하는 아쉬움이 남는다.

6. 대상별 분석
1) 유아, 유치 : 1개 2) 초등 : 4개 3) 초등, 중학생 : 1개 4) 청소년 : 1개
5) 가족 : 2개 6) 학생, 일반 : 1개 7) 일반 : 나머지 8) 65세 이상 : 1개 (어르신 컴퓨터 기초)
✓ 대부분이 일반인을 대상으로 한 것이고, 초등학생을 위한 프로그램은 토요일에 몰려 있었다. 청소년을 위한 프로그램이 세 개 밖에 없는 게 아쉽다. 내가 개발할 프로그램은 청소년을 위한 프로그램으로 토요일을 이용해서 개발해야 겠다.
✓ 어르신들만을 대상으로 한 프로그램이 한 개 밖에 없어 특이했다. 아마 노인복지관 등에서도 따로 노인들만을 위한 프로그램이 진행되기 때문이라고 생각되어진다. 다른 프로그램은 수강료가 3만원인데 반해 이 분들은 무료이다. 어르신 대상의 강좌를 할 때, 어르신들은 느리기 때문에 강사 외에 자원봉사자가 이 강의할 때는 와서 도와주면 조금 더 빨리 친숙하게 배우실 수 있을 것 같다.

7. 인원별 분석
✓ 대부분의 강좌가 20명으로 정원이 구성되어 있다. 20명 정도가 한 명의 강사 당 컨트롤 할 수 있는 최대 규모인 것 같다.
✓ '어린이 방송댄스', '한국무용', '우리 춤 체조' 등 춤이나 운동의 경우엔 30명이 정원이었는데 이것은 공간이 넓고, 프로그램 특성상 개별지도 보다는 따라 하는 프로그램이라 인원이 더 많아진 것 같다.
✓ 또, '명품 미술 위기' 와 '행복주치의! 약초 이야기' 등의 프로그램도 30명 정원이었는데 강사님의 강의 위주로 이루어진 경우에도 정원은 많아졌다.
✓ 가장 적은 15명 정원인 프로그램은 '피부국가자격&자가 관리'와 '건강한 손·발 마사지 '단 두 개였는데 영역도 피부 관리 쪽이고 서로 같이 실습해 가며, 일일이 체크해야 하기에 정원을 줄인 것 같다.
</td></tr>
</table>

사례) 프로그램 참관 모니터링

<table>
<tr><td colspan="2">참가팀명</td><td colspan="2"></td><td>과정명</td><td>우쿨렐레</td></tr>
<tr><td colspan="2">현장조사 확인자</td><td colspan="2"></td><td>모니터링 회차</td><td>1회/10회차</td></tr>
<tr><td colspan="2">확인 항목</td><td>확인 결과
(o 표시)</td><td colspan="3">상세 내용</td></tr>
<tr><td rowspan="2">1.기관 및 시설 현황</td><td>강의실 규모의 적정성</td><td>양호(o) 불량( )</td><td colspan="3">상태 : 양호</td></tr>
<tr><td>수업기자재 보유 상태</td><td>양호(o) 불량( )</td><td colspan="3">상태 : 양호</td></tr>
<tr><td>2. 강사</td><td>교.강사 임의 변경 여부</td><td>없음(o) 있음( )</td><td colspan="2">프로그램명(교.강사명)
우쿨렐레 ( )</td><td>자격충족여부
충족(o) 미달( )</td></tr>
<tr><td rowspan="8">3.학습 과정 운영</td><td rowspan="4">계획대비 추진 여부</td><td rowspan="4">준수(o) 미준수( )</td><td colspan="3">모니터링 운영 사항 / 계획</td></tr>
<tr><td>회차</td><td>교육일정</td><td>수업시간</td></tr>
<tr><td>1회</td><td>2016년 4월 6일
10:00 ~ 12:00</td><td>2시간</td></tr>
<tr><td>장소</td><td colspan="2">길동 강동도서관 음향영상실</td></tr>
<tr><td>강의실 및 일정 변경 여부</td><td>없음(o) 있음( )</td><td colspan="3"></td></tr>
<tr><td rowspan="2">학습자 출석 관리</td><td rowspan="2">실시(o) 미실시( )</td><td colspan="2">출석부 출결관리 점검여부</td><td>출결 사항(출석수/전체)</td></tr>
<tr><td colspan="2">출석부 실시</td><td>8/10</td></tr>
<tr><td>운영결과보고서 작성 및 제출</td><td>실시(o) 미실시( )</td><td colspan="3"></td></tr>
<tr><td>4.모니터링 총평</td><td colspan="5">○ 학습 환경 : 우쿨렐레 악기를 다루며 노래도 같이 부르는 강의이므로 소음문제가 민감할 수 있는데, 방음이 잘되는 장소로 선정하여 강의 장소로 적합하였음. 정원을 수용하기에 비교적 넓은 공간으로 수업환경이 좋았음. 책상과 화이트보드를 적절하게 배치해서 악보받침대가 없음에도 불구하고 학습자가 편하게 강의를 받을 수 있도록 보완한 점이 좋았음.

○ 학습 내용 : 여러 가지 곡의 악보에 맞추어 강의를 진행하였음
(아리랑, 길가에 앉아서, 열정, 장미, 나성에 가면, 연가, 과수원길 등)
아리랑은 처음 시작하는 곡으로 코드진행과 우쿨렐레 주법에 대하여 소개하였고, 다른 곡들은 조금 익숙해진 곡으로 1곡 완곡 연주와 부족한 부분을 지도하였음.

○ 학습자 및 교강사 태도 : 전체 인원을 일괄적으로 지도하면서, 실력차이가 있는 학습자들을 대상으로 전체 학습자들이 연습할 때 한명씩 개인적으로 지도하면서 특정학습자가 뒤처짐없이 진도를 따라갈 수 있도록 세심하게 지도하였음. 처음하시는 분들도 쉽게 따라할 수 있는 곡과 연습이 필요한 곡의 난이도를 적절히 섞어서 진행하면서 학습자들이 흥미를 잃지 않고 즐거운 분위기로 이끄는 점이 인상적이었음.</td></tr>
</table>

○프로그램 사진

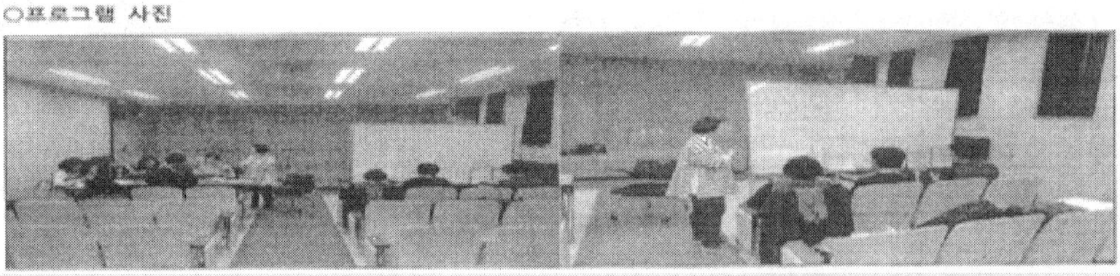

6. 현장실습 평가

현장실습 평가는 양성기관에서 배운 평생교육 관련 이론 및 지식을 현장에서 구현하면서 목표의 성취 정도를 평가하는 것을 말한다. 실습생의 관점에서 현장실습평가는 4주간(160시간)실습을 통해 배운 것과 함께, 자신의 관점에서의 실습지도자 및 실습기관에 대해 평가해 보는 것을 의미한다. 실습지도자의 관점에서 현장실습평가는 실습기관 입장에서 실습생의 실습 수행 정도를 체계적이고 구조화된 상호과정을 토대로 평가하는 것을 의미한다.

현장실습 기관 지도자들의 평가 기준

- 현장실습의 실습계획서 작성 및 수행 관련 부분
- 현장실습일지작성 및 과제의 성실성 관련 부분
- 현장실습 적응력, 이해력, 컴퓨터 활용능력 관련 부분
- 교육 및 참관 등 현장실습 전반에 임하는 태도 관련 부분
- 실무자 및 실습 동기들과의 관계 형성과 관련 부분
- 실습생의 참여도와 학습능력 및 지도능력 관련 부분
- 공식적인 평가표 양식에 근거 평가
- 성실성, 책임 및 창의적인 업무방안 제시 등과 관련 부분

1) 현장실습 평가방법

실습생 자기평가는 현장실습지도자의 평가에 대한 신뢰를 기반으로 자신이 향후 어떤 점을 어떻게 극복해 나갈 것인가에 초점을 두고 이루어져야 한다. 다시 말하면 현장실습 관련 배치된 부서의 실무자들과 보조를 맞추어 실습을 진행해 가면서 배우고 느낀 점을 중심으로 기술한다. 더불어 현장실습생으로서 평생교육 영역의 경력 및 역량을 갖추고 있을 시 현장실습지도자와 협의하여 단기간에 진행되는 프로젝트를 수행하거나 프로그램에 참여할 수 있다 이 과정에서 배우고 느낀 점을 기술한다.

ex) • 자료준비, 강사 섭외, 좌석 배치는 어떻게 하는지 관찰 및 체험을 통해 배울 수 있었다.

• 기관에서 프로그램을 수강하고 있는 학습자를 상담할 때 학습자의 불만을 효과적으로 처리하는 방법에 대해 체험할 수 있었다.

• 실질적인 실습기관의 공문서 작성법을 배울 기회를 가질 수 있어 좋았다.

• 현장실습을 진행하면서 프로그램 개설 시 홍보가 얼마나 중요한지 깊이 깨달았다.

• 교육과정 운영 시 평생교육사 및 실무자가 해야 할 중요한 역할에 대해 체험하는 기회를 가졌다.

실습생의 **실습현장에 대한 평가**는 실습 일정, 실습내용 및 역할, 실습에 대한 만족도, 기대감, 현실성, 이해도, 실습지도자와의 의사소통 정도 등에 대해 평가해 볼 수 있다. 실습기관 현장평가에는 실습생과 실습지도자와의 상호성장을 위해 실습기관 및 실습지도자에 대한 평가도 포함될 수 있다.

※ 실습현장에 대한 평가

• 현장실습에 대한 만족도

• 담당 실무자들의 업무분담 정도

• 실습생에게 필요한 교육제공의 정도

• 실습 과정의 현실성

• 의사소통 활성화 정도

• 기타 실습 과정 운영상의 개선사항

지도자의 실습생 평가는 가능하다면 실습지도자를 비롯한 전 직원과 실습생이 한자리에 모여 평가회를 갖도록 한다. 현장실습생은 4주간의 실습경험을 정리하는 시간을 정리하여 간략한 보고와 평가회를 한다, 즉 목표성취 정도, 실습을 통해 배운 점, 실습기관에 대한 제언 등을 발표하고 현장의 선배로서 직원들이 실습생에게 도움이 될 만한 조언과 평가를 겸하는 시간을 갖는다. 더불어 현장실습지도자는 최종적으로 실습프로그램 전체 및 실습자의 학습활동 및 태도 행동 등을 기준으로 평가한다. 현장실습평가서는 양성기관 행정담당자에게 송부한다.

사례) 겸손, 성실

- *워드작업이라든지 컴퓨터 작업은 능숙하지 않지만, 열심히 배우려는 겸손한 자세로 성실히 실습을 진행.*
- *홍보에 관련한 아이디어도 많이 제시하고, 프로그램 아이디어도 많이 제시.*
- *실습시간이 9~6시까지였음에도 야간 프로그램의 진행 보조를 위해 초과시간 할애.*

사례) 창의적인 아이디어

- *조직에 대한 사전지식이 있어 적응도 잘하고 업무에 도움.*
- *실습을 진행하면서 또는 프로그램을 참관하면서 아쉬웠거나 부족한 면을 채울 의견을 제시하여 프로그램에 반영하여 만족도를 높게 한 실습생*
- *처음으로 접하는 영역에 호기심을 갖고 최선을 다하는 모습을 보여 줬으며, 실습결과물인 사업계획서 발표 시에도 창의성과 성실성을 보여 줬던 실습생*

사례) 적극적인 소명의식

- *실습생의 경우 가장 돋보였던 것이 실습을 통해 많이 배워보고자 하는 적극성이었다.*
- *본원 직원들보다 일찍 출근하고 더 늦게 퇴근하면서까지 본인이 맡은 업무는 성실하게 수행하였고, 항상 실습해야 할 것들에 대해 먼저 물어보고 책임감 있게 업무를 수행*
- *수강생들에게도 밝고 친절한 모습으로 상담과 안내를 잘하고, 실습 중 자신의 의견을 많이 제시*

실습생은 4주간의 실습경험을 정리하는 시간을 갖는다. 예를 들어 기관의 운영적인 측면, 실습의 측면, 실습의 교육 과정적인 측면 등이다. 실습지도자는 최종적으로 실습프로그램 전체 및 실습자의 학습활동 및 태도 행동 등을 기준으로 평가하며, 평가결과인 현장실습평가서는 양성기관 행정담당자에게 송부한다.

한편 실습생의 **실습현장에 대한 평가**는 실습 일정, 실습내용 및 역할, 실습에 대한 만족도, 기대감, 현실성, 이해도, 실습지도자와의 의사소통 정도 등에 대해 평가해 볼 수 있다. 실습기관 현장평가에는 실습생과 실습지도자와의 상호성장을 위해 실습기관 및 실습지도자에 대한 평가도 포함될 수 있다.

양성기관에서는 **실습지도 교수**가 현장실습과 관련하여 **최종평가회를** 갖는다. 실습지도 교수는 현장실습 기간(4주, 160시간) 동안 실습자들이 체험한 실습기관 유형별 특성 및 실습내용을 공유하여, 간접적으로 평생교육 현장의 다양성과 역동성을 느끼고 배울 기회를 제공한다. 최종평가회에서 실습생은 현장실습기관의 실무자들과 보조를 맞추어 실습을 진행해 가면서 간접적으로 체험하고 배우고 느낀 점 중심으로 발표하고 토론하며 공유한다.

사례)

- 현장실습의 목표달성 정도 : 현장에서의 실무능력을 익히고, 실무자의 자질을 점검해보고자 했던 초기의 실습목표를 달성하여 매우 만족한다.
- 실습생에게 필요한 교육제공의 정도 : 실습 초기에 기관에 대한 오리엔테이션 실시/ 다양한 프로그램에 참여 기회/ 회의참석 기회 등
- 실습 과정의 장점 및 특이점 : 평생교육 사업기관으로 지역의 특성화 사업 기획과 운영에 참여/ 청소년 대상의 프로그램 기획 운영
- 기타 실습 과정 운영상의 개선사항 : 업무가 미숙한 담당자가 실습 지도를 담당하여 초반에 업무 파악과 습득에 어려움을 겪었다.

실습지도 교수는 실습과목에 대한 **최종 성적을 산출**한다. 실습지도 교수는 현장실습을 나가기 전 오리엔테이션에 임했던 자세 및 실습기관에서 작성된 현장실습평가서, 실습일지, 실습평가회 및 실습기관 방문 시 실습 수행 정도, 비전 설정 등의 활동을 통해 학생별 실습 과정 성적을 산출한다.

2) 현장실습을 통한 향후 비전 설정

현장실습에 대한 실습생 스스로의 반성과 성찰이 이루어지게 되면서, 평생교육사로서의 자신의 역량 및 자질과 더불어 비전에 대한 시각이 형성된다. 이러한 자기성찰적인 평가로 인하여 실습생은 평생교육사의 역할과 직무에 대한 비전달성을 위하

여 무엇을 준비하고 어떤 노력이 요구되는지를 정리해보는 과정이 필요하다. 그러므로 실습지도 교수는 이러한 것들을 정리해 볼 수 있도록 기회를 제공해야 한다.

ex) 비전 설정을 위한 워크시트 작성(예시)

항 목	주요 기술 내용
실습을 통해 느낀 점	*· 컴퓨터의 수행능력의 중요성 느꼈다.* *· 학습자 상담 관련 일이 매우 어려운 일 임을 느꼈다.* *· 배워보고 싶었던 프로그램을 참관함으로 학습자 요구를 파악의 중요성을 절실하게 느꼈다*
평생교육사로써 자신의 비젼	*· 프로그램에 참관하면서 프로그램 기획 및 개발에 좀 더 능력을 키워 나만의 프로그램 기획* *· 프로그램 운영 시 보조강사를 참여하면서 평생교육사로서 교수영역에 많은 관심을 갖게 되었으며 나의 진로에 대한 구체적 계획준비*
비전을 실현하기 위한 계획	*· 컴퓨터 활용능력 향상하기* *· 성인학습자에 대한 기본적인 이해를 돕기 위해 성인학습이론과 관련한 학습의 계획 세우기* *· 학습자의 요구에 맞는 상담 및 서비스를 제공하기 위해 상담 관련 기초지식 쌓기*

[참고자료] 행복을 찾아주는 평생교육 전문가

평생교육사는 국민의 행복을 찾아주는 평생교육전문가이다. 지역에서 평생교육을 실천하고 있는 평생교육사들의 목소리를 담아, 평생교육사들의 고용형태를 모색하고, 새로운 평생교육의 전환을 짚어보는 기획을 마련했다.

지역의 한 협회는 2011년 36명의 발기인으로 출발, 협회 설립 추진을 시작으로 2020년 지금에 이르기까지 내·외적으로 눈부신 성장을 했다. 매년 평생교육인의 날 행사, 토론회, 평생교육사 역량 강화를 위한 프로그램 등을 지속적으로 추진하며 협회의 존재를 알리고, 지역 내 평생교육사들의 권익향상과 고용강화를 위한 제도개선을 위해 평생교육진흥원과 지자체와도 끊임없는 소통을 이어가고 있다.

시대가 변화하며 평생교육의 시대는 도래했으나, 평생교육사들의 열악한 처우개선, 평생교육 정책 등을 고민하며 협회 설립의 필요성을 절감했다.

지역의 협회장은 '평생교육은 삶 그 자체이다', '삶을 윤택하게 하는 것이 평생교육이다'라고 말하며 평생교육사로서 삶을 온전히 평생교육과 함께 걸어가고 있다.

출처 : 한국시민기자협회 뉴스포털, 2020.3월

03

평생교육기관

03 평생교육기관

1. 평생교육기관의 개념

「평생교육법」은 평생교육을"학교의 정규교육과정을 제외한 학력보완 교육, 성인 문자 해득 교육, 직업능력 향상교육, 인문교양교육, 문화예술교육, 시민참여교육 등을 포함하는 모든 형태의 조직적인 교육 활동"으로 정의한다.

「평생교육법」 제2조 1항에서는 이러한 평생교육을 시행하는 기관을 다음의 세 가지 조건 중 어느 하나에 해당하는 시설 · 법인 또는 단체로 규정하고 있다.

첫째, 「평생교육법」에 따라 인가 · 등록 · 신고된 시설 · 법인 또는 단체,

둘째, 「학원의 설립 · 운영 및 과외교습에 관한 법률」에 따른 학원 중 학교교과교습학원을 제외한 평생 직업교육을 실시하는 학원,

셋째, 그 밖에 다른 법령에 따라 평생교육을 주된 목적으로 하는 시설 · 법인 또는 단체이다.

국가평생교육전담지원기구를 중심으로 심의 · 협의기구 및 행정조직을 구조화하면 아래의 [그림 3-1]과 같다.

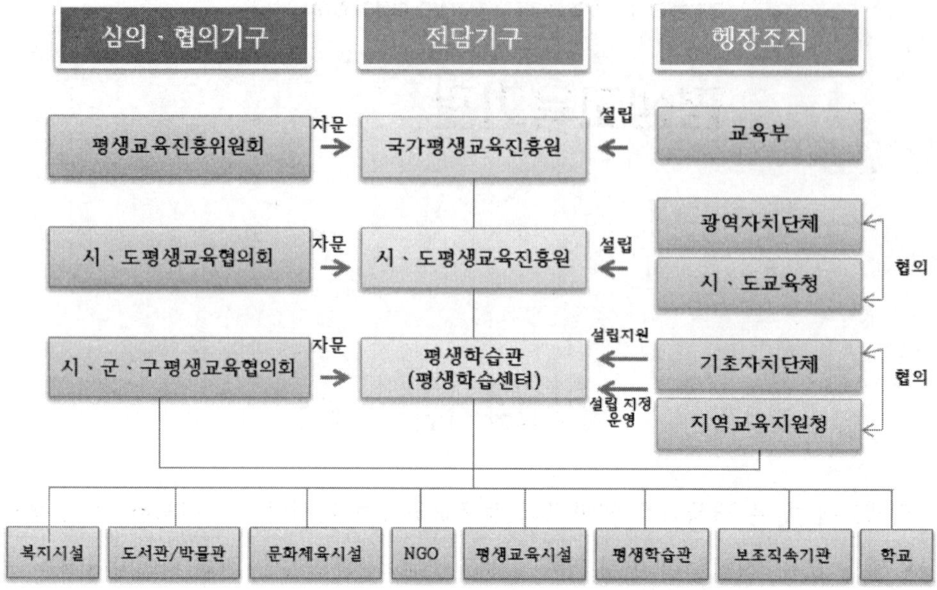

[그림 3-1] **한국의 평생교육 추진체제**

평생교육 기능수행 정도에 따라 평생교육기관을 4가지로 분류하고 있다. 즉 평생교육 수행이 주된 기능이냐 아니면 부수적 기능이야 하는 정도에 따라 분류하면 다음과 같다.

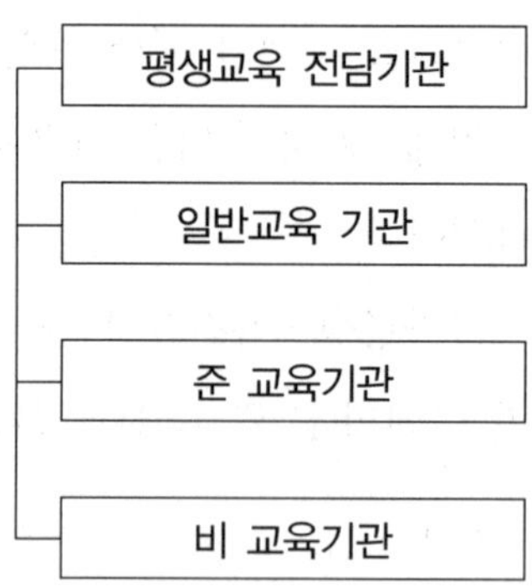

① 평생교육 전담기관: 기관의 주된 기능이 평생교육을 실시하는 기관으로, 교육 프로그램 공급을 해당 기관의 1차 목적으로 삼는 전문기관들을 말하며, 비 전담기관 프로그램이란 미술관이나 도서관, 혹은 복지관처럼 원래의 기능이 별도로 있으면서 동시에 교육 프로그램을 부분적으로 공급하는 기관들이다

ex) 지역평생교육센터, 평생교육 전담기구, 성인을 위한 특수대학, 독립적으로 운영되는 연수원

② 일반교육기관: 일차적 목표가 아동 및 청소년 대상 정규학교교육 실시하면서 이차적으로 평생교육을 실시한다.

ex) 일반 초, 중, 고등학교에서 실시되는 평생교육, 대학부설 평생교육센터

③ 준 교육기관: 교육적 요구와 교육 이외의 요구충족 기능을 동시에 수행하는 기관을 말한다.

ex) 문화시설, 대중매체, 문화원 여성회관 노인회관 청소년 회관, 종교시설 및 유관단체, 사회복지시설

④ 비 교육기관 : 기관의 일차적 기능은 교육이 아니지만, 부차적 또는 제3의 기능으로 특정 목적의 달성을 위해 평생교육 실시한다.

ex) 병원, 노동조합, 교도소, 군대, 정부기관, 산업체 등

2. 「평생교육법」상의 유형별 평생교육기관

1) 국가 평생교육 전담 지원기구(1유형)

기관유형		예 시
① 유형	국가평생교육진흥원	국가평생교육진흥원
	시 · 도 평생교육진흥원	17개 지역의 시도평생교육진흥원
	시 · 군 · 구 평생학습관	평생학습관, 평생학습센터(행복학습센터), 공공도서관, 문화원, 연수원 · 수련원, 박물관, 복지관 등

(1) 국가평생교육진흥원

국가평생교육진흥원은 「평생교육법」 제19조 제1항(국가는 평생교육진흥 관련 업무를 지원하기 위하여 평생교육진흥원을 설립합니다), 「교육기본법」 제3조(모든 국민은 평생에 걸쳐 학습하고, 능력과 적성에 따라 교육받을 권리를 가진다), 「헌법」 제31조 제5항(국가는 평생교육을 진흥하여야 합니다)에 근거하여 2008년 2월 15일 설립된 국가 단위 평생교육 추진 전담기구이다. 이 기구는 「평생교육법」 제19조에 따른 평생교육진흥과 관련된 업무를 효율적으로 수행함으로써 국민의 평생교육 활성화에 기여함을 목적으로 한다. 국가평생교육진흥원의 업무는 「평생교육법」 제19조 제4항에 따라 평생교육 진흥을 위한 지원 및 조사, 평생교육진흥 위원회가 심의하

는 기본계획 수립의 지원, 평생교육프로그램개발의 지원, 평생교육사를 포함한 평생교육 종사자의 양성 및 연수, 평생교육기관 간 연계체제의 구축, 시도 평생교육진흥원 지원, 평생교육 종합시스템 구축 및 운영, 학점 또는 학력인 정에 관한 사항, 학습계좌의 통합 관리 및 운영, 문해 교육의 관리 및 운영, 법령에 따라 위탁받은 업무 등으로 구체화되어 있다.

주요 사업은 「평생교육법」에 따른 국가의 평생교육진흥 업무 지원 및 관련 기능이다. 이를 위해 구체적인 사업을 16개로 명시하고 있는데 아래와 같다.

① 지역 평생교육 활성화, ② 매치업(Match業) 프로그램, ③ 평생교육 바우처 지원, ④ 대학의 평생교육 체제 지원, ⑤ 평생교육사 자격제도 운영, ⑥ 국가 평생학습 포털'늘 배움', ⑦ 평생학습계좌제, ⑧ 학점은행제, ⑨ 독학 학위제, ⑩ 한국형 온라인 공개강좌(K-MOOC), ⑪ 성인문해교육 지원, ⑫ 검정고시 프로그램 운영 지원, ⑬ 학부모 자녀교육 역량 강화,⑭ 다문화 교육 활성화 지원, ⑮ 장애 대학생 교육 활동 지원, ⑯ 학교협동조합 중앙지원센터이다.

국가평생교육진흥원의 엠블럼은 3개의 곡선으로 이루어진 정사각형 형태의 도형으로 구성되어 있다. 이것이 의미하는 것은 사회 무형자본으로서 튼실한 주춧돌이 될 국가평생교육진흥원의 굳은 의지를 상징하며, 각각의 곡선은 평생학습사회를 지탱하는 3대축 즉 자아실현, 고용능력 증진, 사회통합이며 3대 비전 즉 배우는 즐거움, 일구어가는 미래, 함께 살아가는 평생학습사회 구현을 의미한다. 이러한 요소간의 원활한 흐름을 통하여 평생학습사회를 만들어가고자 하는 진흥원의 의지를 표현한다. 국가평생교육진흥원에서 추구하는 정책의 비전과 전략을 아래의 그림에서 살펴볼 수 있다.

(2) 시 · 도 평생교육진흥원

시도 평생교육진흥원은 광역자치단체의 평생교육 진흥 업무를 지원하기 위한 전담기구이다. 「평생교육법」 제20조에 따라 시 · 도지사는 시도 평생교육진흥원을 설치하거나 지정 · 운영할 수 있다. 「평생교육법」 제20조 제2항에 따라 시도 평생교육진흥원은 행정기구의 평생교육 임무 수행을 지원하기 위해 평생교육기회 및 정보의 제공, 평생교육 상담, 평생교육프로그램 운영, 장애인 대상 평생교육 프로그램 운영, 평생교육기관 간 연계체제 구축 등의 업무를 수행한다. 기존 지정 · 운영되었던 지역 평생교육 정보센터의 확대 · 개편 방안 등을 통해 광역단위 평생교육 참여 확대, 기관 간 네트워킹 강화 등을 목적으로 설치되었다. 현재 시 · 도 평생교육진흥원은 2022. 3월 현재 17개의 지자체에 설치되어 있다.

시도 평생교육진흥원의 주요업무로는 아래와 같다.

- 해당 지역의 평생교육 기회 및 정보의 제공
- 평생교육 상담
- 평생교육 프로그램 운영
- 해당 지역의 평생교육 기관 간 연계체제구축
- 기타 평생교육진흥을 위한 업무

시 · 도 평생교육진흥원 종사자 중 평생교육사 자격소지 현황을 아래의 표에서 살펴보면, 「평생교육법」 제26조(평생교육사의 배치 및 채용) 제3항 및 제4항의 배치기준에 의거하여 전국 17개 시도 평생교육진흥원에는 2021년 01월 기준 총인원 447명 중 192명이 평생교육사 자격증을 소지하고 있으며, 57.13%의 배치율이다.

〈표 3-1〉 시 · 도 평생교육진흥원 종사자 중 평생교육사 자격소지현황

기관	종사자(평생교육사)현황								
	계	평생교육사 비율(%)	원장	본부장/국장/사무장	실,팀장	직원, 연구원	파견 공무원	기간제 근로자	기타
서울	66(30)	45.5	1	2(1)	8(6)	55(23)	-	2	-
부산	22(15)	68.2	1	-	5(1)	16(14)	-	3	-
대구	10(6)	60.0	1	1	2(2)	4(4)	2	-	-
인천	16(7)	43.8	1	1	1(1)	11(6)	2	1	-
광주	11(6)	54.5	-	1	3(3)	7(3)		2	1
대전	58(37)	63.8	1	2	6(5)	49(32)	2	-	-

기관	종사자(평생교육사)현황								
	계	평생교육사 비율(%)	원장	본부장/국장/사무장	실,팀장	직원, 연구원	파견 공무원	기간제 근로자	기타
울산	11(6)	54.5	1		-	10(6)		3	-
세종	10(7)	70.0	1	-	4(3)	5(4)	2	1	-
경기	151(24)	15.9	1	3	11(4)	136(20)	2	48	-
강원	8(5)	62.5	1		1(1)	4(4)	2	-	-
충북	7(6)	85.7	1	1(1)	2(1)	3(3)	2	-	-
충남	17(16)	94.1	1(1)	-	4(4)	12(11)	2	4	-
전북	11(4)	36.4	1	-	1	8(4)	1	-	-
전남	17(5)	29.4	-	1	2	10(5)	4	1	-
경북	11(7)	63.9	-	1	2(2)	7(5)	1	2	-
경남	6(5)	83.3	1	-	2(2)	3(3)	-	-	-
제주	15(6)	40.0	1		4(1)	9(5)	1	1	-
계	447(192)	57.13	14(1)	13(2)	58(36)	349(152)		68	1

출처: 전국시 · 도평생교육진흥원협의회(2021)

(3) 시 · 군 · 구 평생학습관

시 · 군 · 구 평생학습관은 「평생교육법」 제21조와 지방자치단체의 조례에 근거하여 지역주민을 대상으로 평생교육 프로그램 운영과 평생교육에 대한 정보수집기능을 위해 지정된 기초자치단체 차원의 평생교육 사업기관이다.

시 · 군 · 구나 읍 · 면 · 동 단위에 설치된 평생학습관, 시 · 군 · 구민회관, 문화원 등 기존의 평생교육시설을 활용하여 운영되고 있으며, 그밖에 대학, 문화원, 주민자치센터, 초 · 중등학교, 학생회관 등의 기관들이 지정되어 운영되고 있다.

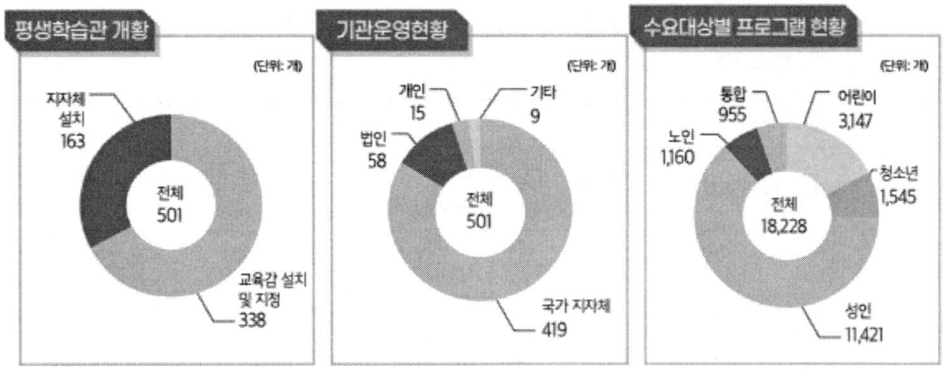

[그림 3-2] **평생학습관 운영현황, 한국평생교육백서**(2021)

시 · 군 · 구 평생학습관은 중앙 차원의 평생교육 진흥원, 시 · 도차원의 시 · 도 평생교육진흥원과 연계하여 주민 대상의 평생교육 계획수립, 정보제공, 상담 및 네트워크를 추진하고, 주요 평생교육 프로그램 운영과 평생교육 기회를 제공하는 업무를 담당하며, 전체 501개 기관 중 397개 기관에 평생교육사가 배치되어 83.6%의 배치율이다.

평생학습관은 다음 업무를 수행한다.

- 평생학습프로그램의 기획 운영
- 평생학습 종합정보의 제공 · 홍보 및 학습 상담
- 평생학습기관 종사자 등의 연수 및 교육 지원
- 평생학습 동아리 및 자원봉사 육성 · 활성화 지원
- 그 밖에 평생학습 진흥을 위하여 시장이 필요하다고 인정하는 사업

※ 국가 평생교육 전담지원기구(1유형) 내에서의 현장실습 특징.

- 일반 평생교육 기관들이 실시하지 못하는 평생교육 전문가 및 담당자를 위한 전문화 교육을 운영하므로 평생교육 관계자를 대상으로 실시하는 교육개발 및 운영을 체험할 수 있다.
- 전문인력과 조직이 잘 갖추어 있어 전문적인 프로그램 개발 운영 체험 가능.
- 국가 또는 지역 전체의 평생교육 기관 간 네트워크 구축 관련 체험 가능.

2) 장애인 평생교육시설(2유형)

기관유형		예 시
② 유형	장애인 평생교육시설	국가·지자체, 시·도교육청 등이 설치 또는 지정하거나 교육청에 등록된 형태의 장애인 평생교육시설

2016년 5월에 개정된 「평생교육법」 제5조에 따라 장애인 평생교육 정책 수립·시행의 지속적인 추진을 위하여 2018년에 교육부에'장애 학생 진로 평생교육팀'을 국립특수교육원에는'국가장애인 평생교육 진흥센터'를 설치하였다. 장애인 평생 교육 정책은 다른 장애인 지원 관련 국가 주도의 중장기 계획과 연계하여 정책을 추진함으로써 국가 차원의 장애인 평생교육 지원사업의 상승효과를 도모할 수 있다. 또한, 장애인 평생교육 사업은 장애인 평생교육 지원에 대한 국가 책무성을 강화함으로써 장애인의 사회참여와 삶의 질을 향상하고자 하는데 목적을 두고 있다.

2019년에는 장애인 평생교육 운영 기반을 조성하고, 장애 유형과 정도를 고려한 다양한 평생교육 프로그램을 개발·보급하며, 장애인 당사자와 보호자 요구에 기반한 현장 중심의 지원에 주력하고 있으며, 학령기 의무교육 단계에서 교육기회를 놓친 장애인의 교육지원을 확대하고 생애주기별 맞춤형 평생교육 추진 체계를 마련하고자 한다.

2019년 「평생교육법」을 개정하여 장애인 평생교육과 관련 협조체계 구축 및 종사자 교육 관련 조항을 개정·신설하였다.

〈표 3-2〉「평생교육법」 일부 개정

날짜	개정종류	개정이유	주요내용
2019. 4. 23	일부 개정	장애인평생교육을 위한 국가와 자방자치단체의 유기적인 협조체계 구축 및 장애인평생교육 종사자 교육등의 현행제도 미비점 개선·보완	• 제5조 제3항을 제4항으로 변경 및 제3항 신설 • 제19조의2 제2항제4호 개정 • 제19조의3 신설 • 제20조제2항제3호의2 신설

㈜한국갤럽조사연구소를 통해 2019년 9월 2일부터 11월 1일까지 인터넷 조사로 장애인의 현황조사를 실시 하였으며, 주요 결과는 다음과 같다. 전체 기관 897개 기관에서 장애인 관련 프로그램이 5042개가 개설되어 있었고 총 62,159명의 학습자가 참여하고 있었다.

〈표 3-3〉 장애인 평생교육 프로그램 운영기관 수, 프로그램 수, 학습자 수

구분	기관수	프로그램 수	학습자 수	
			계	여
전체	**897**	**5,042**	**62,159**	**30,055**
기관유형				
장애인 평생교육기관	71071	680	2,761	1,174
일반 평생교육기관	291	1,655	24,371	11,710
장애인 복지시설	524	2,682	34,864	17,110
특수교육기관	11	25	163	61

출처: 한국평생교육백서, 2021

〈표 3-4〉 기관유형에 따른 주제별 프로그램 수

구분	전체	주제							
		학력 보완 교육	성인 기초/ 문자 해득 교육	직업 능력 향상 교육	인문 교양 교육	문화 예술 교육	시민 참여 교육	자립 생활 교육	기타
전체	**5,042**								
기관유형									
장애인 평생교육기관	680	96	99	63	215	62	35	60	50
일반 평생교육기관	1,655	-	-	-	-	-	-	-	-
장애인 복지시설	2,682	162	93	251	1,049	216	99	430	382
특수교육기관	25	-	-	-	-	-	-	-	-

출처: 한국평생교육백서, 2021

※ 장애인 평생교육시설(2유형) 내 현장실습 특징.

- 일반 평생교육기관들이 실시하지 못하는 장애인시설에 특화된 체험 가능.
- 장애인 평생교육시설의 특성 분석 및 파악 가능.
- 장애인시설에 적합한 프로그램 운영 체험 가능.

3) 문자해득교육 관련기관(3유형)

기관유형		예 시
③ 유형	문자해득교육 프로그램 지정기관	문자해득교육 프로그램 설치 · 지정 기관
	성인 문해 교육 지원사업 선정기관	당해연도 성인 문해 교육 지원사업 선정기관

'문해 능력'은 읽기, 쓰기, 셈하기에서 나아가 인간의 존엄성과 직결된 역량으로 한 개인이 사회 구성원으로 참여하기 위한 기본적인 전제이다. 2017년 국가평생교육진흥원에서 실시한'성인 문해 능력 조사'에 따르면 18세 이상 성인 중 일상생활에 필요한 기본적인 읽기, 쓰기, 셈하기가 불가능한 비문해 인구는 약 200만 명으로, 이는 전체 성인의 약 4.5%에 해당한다(국가평생교육진흥원, 2020). 20세 이상 성인 중 의무교육에 해당하는 중학 학력 미만의 저학력 인구는 약 517만 명으로 전체 성인의 13.1%가 문해 교육 대상자라고 할 수 있다(통계청, 2017).

「2021년 성인 문해 교육 지원사업」 프로그램 개설 현황을 살펴보면, 전국 426개 문해 교육기관에서 1,578개 프로그램이 개설되었으며, 19,315명의 학습자가 참여하였다. 지역별 프로그램 개설은 경기가 총 73개 문해 교육기관에서 250개 프로그램을 개설하여 14.2%로 가장 많았으며, 참여 학습자는 서울이 3,571명으로 전체의 15.8%를 차지하고 있다.

'문해 교육 프로그램 지원'은 저학력 · 비문해 학습자에게 제2의 교육기회를 제공하기 위하여 교 강사비, 교재비 등 프로그램 운영비를 지원한다.

'특성화 프로그램 지원'은 문해 학습자 맞춤형 생활 문해 교육 프로그램 발굴 및 우수 문해 교육 사례 확산을 위해 「성인 문해 교육 지원사업」에 5회 이상 참여한 기관을 대상으로 지원(기관당 최대 500만 원)하며,'문해 교육 프로그램'과 중복 선정이 가능하다.

'문해 교육 특성화 프로그램'은 인문학, 생활 문해 교육, 문화예술, 교수-학습자료 개발 등 다양한 영역에서 기관의 특성을 반영한 사업 성과물을 산출해 냄으로써, 전국 단위의 문해 교육 우수 성과 확산에 기여하고 있다.

'가정방문형 문해교실 지원'의 경우 2019년에 시범으로 도입하였으며, 건강, 지리적 여건 등으로 교육기관 방문이 어려운 개인 학습자를 위해 문해 교사가 직접 가정을 찾아가 교육을 제공하는 프로그램이다.

'성인 문해교육지원사업'의 주요 추진체제는 교육부, 국가평생교육진흥원, 광역 및 기초자치단체, 문해 교육기관으로 구분할 수 있다. 교육부는 사업 기본계획을 수립하며, 국가평생교육진흥원은 세부사업을 운영 · 지원한다. 광역자치단체(시도 평생교육진흥원 및 시도교육청)는 시도 단위 문해 교육 활성화 사업을 추진하고, 기초자치단체는 지역 내 문해 교육기관에 대한 지도 · 점검을 수행한다.

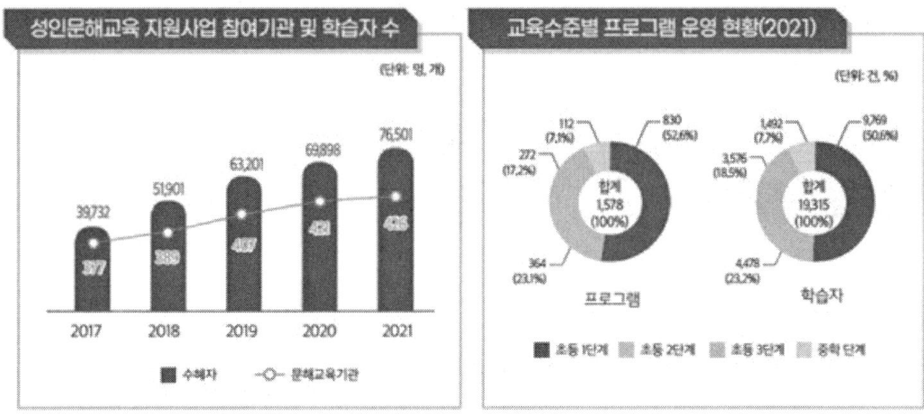

[그림 3-3] **성인 문해교육지원사업 참여 기관 및 학습자 수, 한국평생교육백서**(2021)

※ 문자해득교육 관련 기관(3유형)에서의 현장실습 특징

- 비문해자를 위한 단계별 교육과정과 학력인정 프로그램 체험 가능
- 교육소외 성인 학습자들을 대상으로 실질적 교육기회를 제공할 수 있는 기회체

험 가능

- 교육소외 성인 학습자들의 학습에 대한 중요성 인식과 관련한 체험 가능
- 보조교사를 참여하여 교수자로서 개인의 적성 및 전로와 관련하여 점검

4) 평생학습도시 및 지자체 추진기구(4유형)

기관유형		예 시
④ 유형	평생학습도시	시 · 군 · 구 평생학습센터 또는 평생교육 전담부서 등
	국가 · 지자체 평생학습 추진기구	광역시도청/시 · 군구청/시도교육청/지역교육청 내 평생학습센터 또는 평생교육 업무 담당 부서 등

(1) 평생학습도시

평생학습도시는 기초자치단체장을 중심으로 해당 지역의 평생학습 기반 구축을 통해 지역사회의 평생교육 활성화를 위하여 지정된 도시이다. 더불어 개인의 자아실현, 사회적 통합증진, 경제적 경쟁력을 높이어 궁극적으로 개인의 삶의 질과 도시 전체의 경쟁력을 향상할 수 있도록 학습공동체 건설을 도모하는 총체적 도시 재구조화 운동이라 설명할 수 있다.

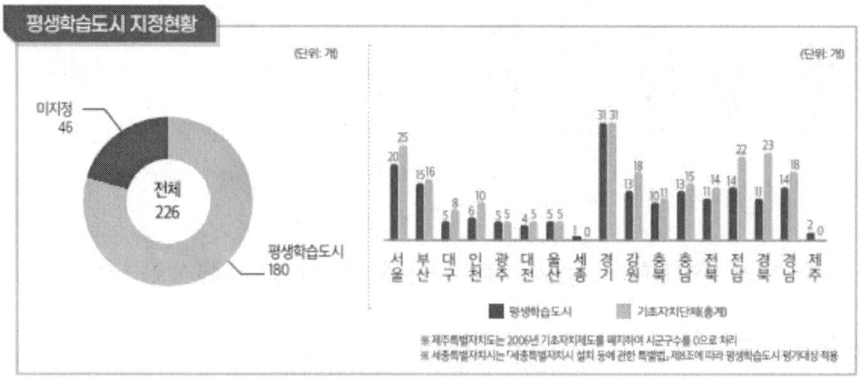

[그림 3-4] 평생학습도시 지정현황, 한국평생교육백서(2021)

평생학습도시는 지역사회의 모든 교육자원을 기관 간, 지역사회 간, 국가 간 연계시킴으로써 지역인재육성과 주민고용능력개발 등의 학습공동체를 형성하며 2021년 12월 말 현재 180개의 평생학습도시가 지정되어 있다. 지정 가능한 행정구역 중 약 79.6%가 평생학습도시 조성에 참여하고 있다. 평생학습도시로 선정된 지자체는 선정 이듬해부터'평생학습도시 특성화 지원'에 대한 공모를 통해 특성화 프로그램 운영을 위한 국고지원이 가능하다. 평생학습도시 특성화 지원은 지자체 평생교육사업을 추진할 수 있는 인프라를 갖춘 지자체가 학습형 일자리 창출, 학습-고용-복지연계, 학습공동체 육성, 청소년을 위한 진로,체험활동 등 지역현안 해결과 국가시책 등과의 연계와 관련하여 지역특성에 맞는 특성화 프로그램을 발굴하는 데 역점을 두고 있다.

평생학습도시 지정 및 지원을 통해 얻은 주요 성과는 다음과 같다.

첫째, 지역 단위의 평생교육 추진체제를 마련하여 평생학습사회 실현을 위한 기반을 확장하였다. 둘째, 읍면동 평생학습센터 운영을 독려하여 더욱 촘촘한 지역 평생교육 인프라를 갖추었다. 특히 평생학습도시 특성화 지원을 통하여 경력단절 여성, 은퇴자 등을 위한 제2의 경력창출 지원, 시・군구 단위 학습공동체 형성, 학습형 일자리 확대에 이바지하였다. 셋째, 자원봉사 등 시민사회 참여의 동기를 마련하여 평생교육이 단순한 여가 교육을 넘어 사회적 실천으로 이어지도록 하였다. 이 사업을 통하여 총 28,341명이 평생교육 프로그램을 이수하였으며, 그 중 사회환원 활동 참여자는 총 3,562명으로 교육 이수자의 사회환원 활동 참여율은 약 12.57% 수준이다. 특히 특성화 지원사업의 경우 사회환원 활동 참여율이 약 21.3% 수준으로 평생교육체계 정비와 평생학습기회 확대에 주안점을 두는 신규지정 지역보다 참여율이 다소 높게 나타났다.

(2) 국가 지자체 평생학습 추진기구

「평생교육법」 근거하여 국가 및 지방자치단체는 모든 국민에게 평생교육 기회가 부여될 수 있도록 평생교육진흥 정책을 수립・추진하며, 그 소관에 속하는 단체・시설・사업장 등의 설치자에 대하여 평생교육의 실시를 적극적으로 권장하고 있다.

광역시도청/시・군구청/시도교육청/지역교육청 내 평생학습센터 또는 평생교육 업무 담당 부서 등이 여기에 속한다.「평생교육법」에서는 지방자치단체에 대하여 지역평생교육 계획수립. 수행의 임무를 부과시킴으로써 광역자치단체는 평생 교육 행정조직을 구축하고, 지역 평생학습의 업무를 수행해야 한다고 명시하고 있다. 또한「평생교육법」에 따르면 시・도지사는 교육부 장관이 5년마다 수립하는'평생교육진흥 기본계획'에 따라 광역 지방자치단체의'연도별 평생교육진흥 시행계획을 수립・시행'하며,「평생교육법 시행령」에 따라 매년 평생교육 진흥 시행계획을 수립하여 교육부 장관에게 제출하여야 한다고 강제함으로써 광역단위 지방자치단체에 대한 평생교육의 책무성을 강조하고 있다.

시・도교육청의 평생교육에 관한 중요한 업무는 평생교육시설 인가 및 등록과 관련된 사항이다. 평생교육시설에 대해서 교육감은 설치인가 또는 등록을 취소할 수 있는 강력한 권한을 부여받고 있다. 교육청이 직접 실시하고 있는 평생교육진흥 사업으로는 문자해득교육이 있으며, 교육감은 시・도 평생교육진흥원과 사실상 동일한 기능을 수행하는 지역 평생교육 정보센터를 지정. 운영할 수 있다.

※ 평생학습도시 및 지자체 추진기구(4유형) 내 현장실습 특징

- 지역사회 학습공동체의 유형과 운영현황을 체험
- 공공기관 프로그램 운영 및 특징 등에 대한 정보를 습득 가능.
- 지역사회 내 구축된 학습 네트워크 체제를 체험 가능
- 지역사회의 특성 및 평생교육 프로그램 등의 특성을 파악

5) 평생교육 관련 사업 수행학교(5유형)

기관유형		예 시
⑤ 유형	평생교육 관련사업 수행학교	대학 평생 교육활성화지원사업, 학교 평생교육 사업(지역과 함께하는 학교사업, 방과후학교 사업 등) 수행

초 · 중등학교 및 대학교의 평생교육 실시는 학교를 중심으로 공동체성 및 지역문화개발에 기여하여 평생교육의 이념을 구현하는 데 목적을 두고 있다. 학교에서 실시하는 평생교육과 관련된 대표적인 사업으로'평생학습 중심대학 사업'과 '지역과 함께하는 학교사업'이다.

(1) 평생학습중심대학 지원사업

2008년부터 시행되었으며 인생 100세 시대에 평생 학습자들이 인생 재도약 · 재설계를 할 수 있도록 학령기 중심의 대학 학사 시스템을 평생 학습자 친화적으로 개편하여 다양한 후 진학 지원체제를 확충하고 생애 단계별 맞춤형 교육서비스를 제공하는 사업이다. 평생학습 중심대학 지원사업은 지역 단위 평생교육을 지원하고 학과 단위 개편을 지원하고, 정원외 전형인 재직자 특별전형을 활용하여 학교가 자율적인 정원 활용이 가능하도록 한다. 이 사업의 프로그램으로는 직업능력 개발중심의 성인 학습 프로그램, 지역특화산업과 연계한 취업 지원 프로그램, 학점 및 자격인증 프로그램, 직무능력 향상 프로그램 등이 운영되고 있다.

(2) 지역과 함께하는 학교사업

지역과 소통하는 울타리 없는 학교 만들기를 목표로 학교와 지역의 인적 · 물적 자원을 연계하여 지역주민에게 다양한 학습기회 제공이 목적이다. 주로 아동의 부모를 대상으로 하는 학부모 교육이 다수를 차지하며, 전문교육과정 등도 운영되고 있다.

※ 평생교육 관련 사업 수행학교(5유형) 내 현장실습 특징

- 정규교육 과정을 담당해오던 초 · 중등학교 및 대학교에서의 평생교육 운영 방법 및 특성에 대해 체험 가능
- 지역에서의 대학 역할에 대해 관찰 가능.
- 지역 활성화를 위한 네트워크와 지역 특성을 반영한 프로그램 등을 체험
- 평생학습 중심대학이 지자체에 미치는 영향에 대해 관찰 가능

6) 평생교육 법상 평생교육시설 신고, 인가기관(6유형)

기관유형		예 시
⑥ 유형	평생교육시설 신고・인가 기관	유・초중등・대학부설/ 학교형태/ 원격형태/ 사내대학형태/사업장부설/시민사회단체 부설/언론기관부설/지식・인력개발 관련 평생교육시설

(1) 학교부설 평생교육시설

학교부설 평생교육시설은 「평생교육법」 제30조에 근거하여 초・중등학교 부설 평생교육시설과 대학(교) 부설 평생교육시설로 구분할 수 있다. 초・중등학교 부설 평생교육시설은 학부모와 지역주민을 주된 교육대상으로, 초・중등학교에 평생교육원 설치・운영이 가능하며 전국 15개 시・도교육청에서 평생교육 시범학교로 초등학교, 중학교, 고등학교, 특수학교 등을 지정하여 운영하고 있다. 대학(교)부설 평생교육시설은 대학생 또는 대학생 외의 자를 대상으로 자격취득을 위한 직업교육 과정 등 다양한 평생교육 과정을 운영하는 기관이며, 대학(교)부설 평생교육원, 산업교육원, 사회교육원 등이 있다. 학교부설 평생교육시설은 학교의 인적・물적 자원을 활용하기 위하여 초・중등학교 또는 대학부설로 평생교육시설 설치하였다. 초・중등학교 부설 평생교육시설의 교육대상은 지역주민과 학부모이며, 컴퓨터활용능력, 꽃꽂이, 요리 등 직업 및 교양프로그램을 운영하고 있다. 대학부설 평생교육시설에서는 대학의 특성에 맞추어 자율적으로 독립적인 평생교육 전담기구를 부설 운영하고 있으며, 주로 전문특화교육 프로그램 및 외국어프로그램, 교양프로그램, 학력인정 프로그램 등이 운영되고 있다.

※ 학교부설 평생교육기관 내 현장실습 특징

- 다수의 대학에서 부설 평생교육시설을 운영하고 있으므로 실습기관 선정 용이
- 자격증 과정, 학력인정 과정 등 전문성 있는 교육 프로그램에 대한 실습 체험 가능

• 지자체와 대학의 특징을 전제한 행정업무 및 프로그램 운영 관련 실습 체험 가능
• 대학 특성에 맞추어 자율적으로 독립적인 평생교육 전담기구 운영과 관련한 체험 가능

(2) 학교형태의 평생교육시설

학교형태의 평생교육시설은 「평생교육법」 제31조에 근거하여 교육과정 및 시설 설비 등이 초 · 중 · 고등학교와 유사한 시설이다. 이 시설은 학력인정과 학력 미인정으로 구분한다. 학력인정은 정규 학교 교육과 동등한 학력이 인정되는 초 · 중 · 고등학교/대학형태의 평생교육시설이며, 학력 미인정은 일정 기준 이하의 요건을 갖춘 경우 학력 미인정 평생교육시설로 교육감에 등록할 수 있다.

학교형태의 평생교육시설은 경제적인 이유 등 개인 사정으로 초 · 중 · 고등학교에 진학하지 못한 근로 청소년, 성인들을 대상으로 하는 평생교육시설로서, 정규교육을 받지 못한 학교 외 청소년과 성인들을 위해 각급 학교에 준하는 교육을 제공하고 학력을 부여하는 학교교육의 보완기능과 평생교육 기능을 수행하고 있다.

학교형태의 평생교육시설의 유형을 살펴보면 공민학교, 고등기술학교, 방송통신고등학교(대학), 산업체 부설학교, 산업대학 및 기술대학, 소년원학교, 특수학교 등이다.

※ 학교형태의 평생교육시설 내 현장실습 특징

• 학교교육의 보완 기능과 평생교육 기능을 함께 수행하는 기관의 특성을 체험
• 평생교육시설로서 학교의 역할과 정규교육과정 이외에 제공되는 교육 프로그램 등에 대한 기관운영 사항과 관련한 체험 가능

(3) 원격형태의 평생교육시설

원격교육이란 정보통신기술(컴퓨터, 통신, 위성통신 등)을 활용한 사이버 공간을 주 학습장으로 하여 교수자와 학습자가 시간적 · 공간적 제약을 받지 않고 원하는 교육을 생활과 함께하는 교육으로 가상교육 또는 사이버교육과 실질적으로 동일한 개념이다. 「평생교육법」에서는 정보통신매체를 통해 불특정 다수인에게 누구든지

원격교육을 실시하거나 다양한 정보를 제공하는 등의 평생교육을 실시할 수 있다고 규정하고 있으며, 「평생교육법」 제33조에서 원격교육의 개념 정의, 신고대상 및 학습비의 범위 · 신고절차에 관하여 규정하고 있다. 또한 「평생교육법」에 따라 2001년 전문대학 또는 대학 졸업자와 동등한 학력, 학위를 인정하여 주는 원격대학 형태의 평생교육시설이 설립되었으며, 구체적으로는 9개의 원격대학(학사과정 7개교, 전문학사과정 2개교)이 설립된 바 있다. 하지만 2008년 「고등교육법」을 개정하여 원격대학을 「평생교육법」이 아닌 「고등교육법」에 따라 설립하는 것이 가능해지면서 기존의 원격대학 중 11개 대학이 전환 인가를 받았고, 1곳이 신규로 설립 인가를 받았다. 2010년에는 사이버대학에 대학원을 설치할 수 있게 되어 한양사이버대학교에 사이버대학원이 설치되었다. 설립된 사이버대학은 대부분 「고등교육법」의 사이버대학으로 전환했으나, 아직까지 전환하지 않은 곳도 일부 남아 있다. 2021년에는 4년제 18개 대학, 전문대학 3개 대학 총 21개의 원격대학이 운영되고 있다.

〈표 3-5〉 **원격형태 평생교육시설의 유형 비교**

학력인정여부	시설 유형(명칭)	설치요건	구별기준
학력미인정	원격교육형태 평생교육시설 (「평생교육법」 제33조 제2항)	신고대상 (교육감)	• 불특정 다수인을 대상 • 학습비를 받고 원격교육 실시 • 10명 이상, 교육과정 30시간 이상
학력인정	원격대학형태 평생교육시설 (「평생교육법」제33조 제3항)	인가대상 (교육부 장관)	• 원격교육으로 전문대, 대학졸업과 동등한 학력 학위인정 • 일정한 시설, 설비를 갖춘 후 교육부장관의 인가필요 • 전문학사학위 및 학사학위과정

출처: 한국평생교육백서(2021)

〈표 3-6〉 **연도별 「평생교육법」에 의한 원격대학 학생 수 및 교원 수**(2012~2021년)

구분	2012년	2013년	2014년	2015년	2016년	2017년	2018년	2019년	2020년	2021년
학생수	3,547	3,273	3,163	3,2750	3,224	2,911	2,772	2,382	2,172	2,486
교원수	24	26	25	27	25	23	22	19	20	18

출처: 한국평생교육백서(2021)

원격교육 형태의 평생교육시설의 대표적인 유형으로 사이버학원 및 사이버교육원 등이 있으며 공무원, 경찰시험, 고시 등의 전문특화교육 프로그램, 직업기술교육 프로그램, 학력인정 관련 과정, 외국어 교육 프로그램 등을 운영한다. 시・공간의 제약이 적은 장점 때문에 원격형태 평생교육기관의 기관 수와 학습자 수가 가장 많다(교육부・한국교육개발원, 2021).

※ 원격형태의 평생교육 기관실습의 특징

- 일반적인 교수 방식과는 달리 원격교육이라는 특수한 방식의 교육 프로그램의 기획. 운영. 평가 등을 체험 가능.
- 현장에서 운영되고 있는 원격교육의 교수매체, 학습자의 특성 등을 파악 가능
- 원격형태의 평생교육전문가의 역할 및 직무 간접체험 가능

(4) 사업장부설 평생교육시설

「평생교육법 시행령」에 따라 종업원이 100명 이상인 사업장에서는 고객 등을 대상으로 평생교육시설을 설치하고 운영할 수 있다. 백화점 등을 포함한 많은 유통업체와 산업체 등에서 문화센터와 같은 평생교육시설 운영하고 있으며, 기관유형 중 프로그램 수가 가장 많은 유형이다. (교육부・한국교육개발원, 2021). 사업장부설 평생교육시설은 영리 기관인 만큼 일반 평생교육 기관에 비하여 시설 면에서나 운영하는 재정 면에서 좋은 조건을 가지고 있다.

사업장부설 평생교육시설에서 제공하는 프로그램의 목적은 여가선용, 개인의 소질계발, 지역주민의 생활문화 향상, 여성들의 평생교육과 자아실현, 고객 이미지 강화 및 홍보, 기업이익의 사회 환원 등이다.

※ 사업장부설 평생교육시설 현장실습의 특징

- 다양한 학습자들을 대상으로 여러 유형의 교육프로그램을 체험 가능
- 다양한 학습자들의 요구에 맞는 프로그램 개설을 위한 개발 및 홍보전략 학습 가능

• 영리 기관에서 운영하는 프로그램 등의 특성 및 학습자의 특성 평생교육사들의 역할 등을 체험 학습 가능

(5) 시민사회단체 부설 평생교육시설

「평생교육법」의 하면 시민사회단체는 해당 단체의 목적에 부합하는 평생교육 과정을 운영하도록 노력할 의무를 진다. 「평생교육법 시행령」에 따라 평생교육 프로그램 운영을 전담하는 인력을 5명 확보하고 있으면서 ① 법인인 시민사회단체, ② 법령에 따라 주무관청에 등록된 시민사회단체, ③ 회원이 300명 이상인 시민사회단체 중 하나에 속하는 단체는 평생교육시설을 설치 · 운영할 수 있다. 또한, 소속 회원 외에 일반 시민을 대상으로 평생교육시설을 설치 운영도 가능하다.

시민사회단체 부설 평생교육 기관의 주된 교육프로그램 운영은

첫째, 일반 시민을 대상으로 시민의식 함양을 위한 교육

둘째, 단체이념과 관련된 내용을 중심으로 보다 체계적으로 심도 있는 프로그램 운영

셋째, 전문적으로 일하고 도울 사람을 위한 심화된 전문과정 교육프로그램으로서 회원을 중심으로 자발적으로 운영되는 교육 활동이 되도록 운영

※ 시민사회단체 부설 평생교육시설 현장실습의 특징

• 일반적으로 기관의 설립 취지에 맞는 프로그램을 체험함으로써 기관의 특성 파악하는 능력을 확장 가능
• 다른 평생교육기관에 비하여 차별화된 전문적인 프로그램에 대해 체험 가능.
• 시민사회단체 부설 평생교육시설에 소속되어 있는 평생교육사의 직무 및 역할 체험 가능

123 한국에서 가장 오래된 시민단체

※ 한국에서 가장 오래된 시민사회단체(상위 10)
- 서울YMCA(1903),
- 대한적십자사(1905),
- 대한변호사협회(1905),
- 한국불교청년회(1911),
- 흥사단(1913),
- 한국YMCA전국연맹(1914),
- 대구YMCA(1918),
- 대한광업회(1918),
- 대한상공회의소 청주(1919), 천도교 청년회(1919)

(6) 언론기관부설 평생교육시설

언론기관부설 평생교육시설은 「평생교육법」 제37조에 근거하여 신문 · 방송 등 언론기관을 경영하는 자는 해당 언론매체를 통하여 다양한 평생교육프로그램을 방영하는 등 국민의 평생교육진흥에 기여하여야 한다. 또한, 대통령령으로 정하는 언론기관을 경영하는 자는 일반 국민을 대상으로 교양의 증진과 능력향상을 위한 평생교육시설을 설치 · 운영할 수 있다. 따라서 언론기관 부설 평생교육시설을 설치하고자 하는 자는 대통령령으로 정하는 바에 따라 교육감에게 신고하여야 한다. 대통령령으로 정하는 언론기관은 아래 사항 중 어느 하나에 해당하는 기관을 말한다.

- 문화체육관광부 장관 또는 시 · 도지사에게 등록된 일간신문 · 주간신문 또는 월간잡지인 정기간행물 및 인터넷신문을 발행하는 자
- 방송법. 제2조 제1호에 따른 방송을 하는 법인
- 뉴스 · 통신 진흥에 관한 법률. 제8조에 따라 등록한 뉴스 통신사업을 경영하는 법인이다.

언론기관부설 평생교육시설은 일반 국민을 대상으로 교양 증진과 능력향상을 위해 신문 · 방송 등 언론기관이 언론매체를 통하여 평생교육진흥에 기여해야 하는 임무를 부담 수행한다. 이 시설에서 운영하는 평생교육 프로그램의 특성은 첫째, 기관의 특성을 반영하여 언론 관련 프로그램을 주요한 프로그램으로 배치하며, 둘째, 생활 교양, 취미 중심의 여성을 대상으로 하는 프로그램이 많다. 셋째, 오프라인 교육

이외에 온라인을 통한 프로그램도 함께 제공하고 있다.

※ 언론기관부설 평생교육시설 실습의 특징

- 기관의 특성을 반영한 언론 관련 프로그램을 자세히 체험 가능.
- 평생교육을 위한 언론기관의 인적, 물적 자원의 효율적 활용방법 학습 가능.
- 일부 원격교육을 병행하는 언론기관에서의 실습을 통해 오프라인 및 원격교육의 시스템을 모두 체험 가능

(7) 지식 · 인력개발 관련 평생교육시설

「평생교육법」은 국가 및 지방자치단체에서 지식 · 인력개발사업을 진흥 · 육성해야 함을 밝힌다. 「평생교육법 시행령」에 따라 ① 지식정보의 제공사업, 교육 훈련 및 연구용역사업, 교육 위탁사업, 교육 훈련기관의 경영진단 및 평가사업, 교육자문 및 상담사업, 교수 · 학습프로그램의 개발 및 공급사업 등을 1년 이상 경영한 실적이 있으며, ② 자본금 또는 자산이 3억 원 이상이고, ③ 평생교육 프로그램 운영을 전담하는 전문인력을 5명 이상 확보하고 있는 법인이 지식 · 인력개발사업 관련 평생교육시설을 설치 · 운영할 수 있다.

지식 · 인력개발사업의 범위로는 다음과 같다.
첫째, 지식정보의 제공사업,
둘째, 교육 훈련 및 연구 용역 사업,
셋째, 교육 위탁사업,
넷째, 교육 훈련기관의 경영진단 및 평가사업,
다섯째, 교육자문 및 상담사업,
여섯째, 교수 학습프로그램 개발 및 공급사업 등

지식 · 인력개발 관련 평생교육시설의 유형은 한국능률협회, 한국생산성본부, 한국표준협회 등과 같은 산업교육 기관 형태와 학교실습 기관 등이다. 프로그램의 성향을 살펴보면, 재취업 산업교육과 관련된 전문과정, 교양과정, 자격증 과정, 학점은

행제 표준교육과정을 운영한다

※ 지식 · 인력개발 관련 평생교육시설 현장실습 특징

- 학습프로그램 개발 및 공급과 관련된 업무 실습 가능
- 지식정보의 제공과 인력개발과 관련된 교육 운영 실질적인 현장학습 가능

(8) 사내대학 형태의 평생교육시설

사내대학은 「상법」 또는 「특별법」에 의해 설립된 법인인 사업장이 설립주체이고 개별기업이 설립할 수 있으며, 설립 인가기관은 교육부이다. 「평생교육법」에 따라 기업과 같은 일정 규모 이상의 사업장에서는 전문대학 혹은 대학 졸업자와 동등한 학력 · 학위가 인정되는 평생교육시설을 설치하고 운영할 수 있다. 사내대학 형태의 평생교육시설의 대상은 ① 해당 사업장에 고용되었거나, ② 해당 사업장에서 일하는 다른 업체의 직원이거나, ③ 해당 사업장과 협력관계에 있는 업체의 근로자이다. 사내대학에서 교육에 필요한 비용은 대상자를 고용한 고용주가 부담하는 것을 원칙으로 삼아 많은 이들이 경제적 부담 없이 학력인정이 되는 평생교육 기회를 누릴 수 있도록 장려한다.

결론적으로 시간적 · 경제적 여유가 없어 대학에 가지 못한 근로자들을 위하여 학교법인 설립 없이 일정 기간 사내교육을 이수하면 학력 · 학위가 인정되는 평생교육 차원의 고등교육기관이며, 설립 인가 과정에서 사내대학은 설치심사위원회의 심의를 받아야 하고, 학교 폐지의 경우, 신고로 폐지가 가능하다. 2021년 기준 사내대학 학생 수는 340명, 교원 수는 4명으로 2015년을 기점으로 점차 감소하고 있다.

〈표 3-7〉 **사내대학 설치 · 운영현황**

학위	대학명	개교연월	설치자	소재지	학과명	입학자격
학사	삼성전자 공과대학교	2005년 3월	삼성전자	경기 용인시	반도체 공학	사업장 재직자
	LH 토지주택대학교	2013년 3월	한국토지 주택공사	대전시 유성구	건설경영, 건설기술	사업장 재직자

학위	대학명	개교연월	설치자	소재지	학과명	입학자격
	KDB 금융대	2013년 3월	KDB 그룹 (계열사 6개)	서울시 영등포구	금융학	사업장 재직자
전문 학사	상성중공업 공과대학	2007년 3월	삼성중공업	경남 거제시	조선해양	사업장 재직자
	SPC 식품과학대	2011년 3월	SPC그룹 (계열사 4개)	서울 강남구	베이커리	사업장 재직자
	대우조선 해양공과대	2013년 3월	대우 조선해양	경남 거제시	조선해양학	사업장 재직자
	현대중공업 공과대학	2013년 3월	현대중공업	울샩시 동구	조선해양학, 기계전기학	사업장 재직자
	포스코기술대학	2014년 3월	㈜포스코	포항시 전남광양시	철강 융합학	사업장 재직자

출처: 한국평생교육백서(2021)

※ 사내대학형태의 평생교육시설 실습의 특징

- 시설의 수가 소수에 불과하여 현장실습 선정에 어려움
- 사내 근로자를 대상으로 실시되는 전문화된 교육 운영의 형태를 경험 가능
- 기업 내에서의 평생교육의 중요성 인식 가능

3. 「평생교육법」 외 다른 법상의 평생교육기관

그 밖에 다른 법령에 따라 평생교육을 주된 목적으로 하는 기관도 평생교육 현장실습이 가능하다.

1) 평생직업교육학원(7유형)

기관유형		예 시
⑦ 유형	평생직업교육학원	학원설립 운영 등록증 상 평생직업교육학원 형태 등록 여부 확인(학교 교과 교습 학원 형태는 인정 불가)

평생직업교육학원은 「학원의 설립 · 운영 및 과외교습에 관한 법률」 제2조에 의한 학원 중 학교 교과 교습 학원을 제외한 평생교육이나 직업교육을 목적으로 하는 학원을 말한다. 평생직업교육학원의 주 교육대상은 성인이며, 교습 과정은 직업기술, 국제화, 인문사회, 기예, 학교 교과 교습 과정에 속하지 않는 독서실 등 5개 분야, 12 계열, 93개 과정으로 세분화되어 있다. 평생직업교육학원은 다른 법령에 따라 평생교육을 주된 목적으로 하는 시설, 법인 또는 단체이며, 교육내용은 직업기술, 국제화, 인문사회, 회계, 통계, 디자인, 간호조무사, 국악, 바둑, 부동산 등을 주 컨탠츠로 하고 있다.

※ 평생직업교육학원 실습의 특징

- 취업이나 진학을 위한 학습자의 특성과 그에 맞는 프로그램 기획. 운영에 대한 사항에 대해 경험 가능.
- 다른 평생교육 기관과 비교하면 보다 전문화된 교육 프로그램에 대해 경험 가능
- 성인들의 직업과 관련 관심 사항에 대해 체험 가능
- 직업교육학원의 구체적인 행정업무 체험 가능
- 직업교육학원에 재직하고 있는 평생교육사의 직무 및 역할 체험 가능

2) 기관형 교육기관(8유형)

기관유형		예 시
기관형 교육기관	주민자치기관	시 · 군 · 구민회관, 주민자치센터 등
	문화시설기관	도서관, 박물관, 미술관 등
	아동 관련 시설	아동복지관, 지역아동센터 등
	여성 관련 시설	여성 인력개발센터, 여성발전센터, 여성회관 등
	청소년 관련 시설	청소년 육성전담기구, 청소년 수련 시설 등
	노인 관련 시설	노인 교실, 노인복지회관 등
	사회복지시설	종합사회복지관 등

(1) 주민자치기관

주민자치센터는 지역 문제를 풀어가는 주민자치 기능수행의 구심체로서 지역주민들이 주인의식과 연대의식을 갖고 자발적 참여와 역할 분담으로 지역사회의 모든 문제를 해결해갈 수 있도록 활동을 수행하는 장소이다. 운영 주체는 지역사회 주민자치조직이 주체가 되며, 직접 참여하고, 자체적인 운영 재원을 확보하는 등 자율적인 운영제체가 바람직하다. 주민자치센터가 수행하는 중요한 기능은 문화여가 기능, 시민교육 기능, 정보교류 기능, 협동경제기능, 지역사회 교류기능, 주민자치 기능 등으로 분류할 수 있다. 문화여가 기능은 문화예술과 취미생활, 생활체육과 레크리에이션 등의 활동을 통해 풍요로운 삶을 누릴 수 있게 하고 그 과정에서 사람들이 서로 교류하고 지역사회 공동체에 대한 관심을 높일 수 있다. 시민교육 기능은 교양프로그램, 외국어 교육, 인터넷교육, 취업관련 기술교육 프로그램 등 일상적인 교육 기회 제공을 의미하며, 지역사회 평생교육 실현의 장으로 이용된다.

주민자치센터는 평생학습 실현을 위한 촉진자로써 지역사회의 평생학습을 사회화하는 데 주도적인 역할을 담당한다. 또한, 지역사회의 학습활동을 활성화 시키는 장이며 더불어 살아가는 지역공동체를 만드는 지역 평생교육의 구심체가 되도록 노력하여야 한다.

※ 주민자치기관 내 실습의 특징

- 지역주민 대상의 여가교육, 교양문화 교육 프로그램 등에 대해 실습 가능.
- 지자체의 평생교육 프로그램의 특성을 체험 가능
- 지역공동체의 특성 관련 체험 가능
- 지역 동아리운영 실태와 관련 체험 가능

(2) 문화시설기관

문화시설은 크게 공연시설, 전시시설, 도서시설, 지역문화복지시설, 문화보급 전수시설 등으로 나뉜다. 국민의 삶의 질 향상과 교육기회 확대를 위하여 문화시설의 특징을 살린 다양한 평생교육 프로그램을 진행하는 문화시설로는 도서관, 박물관 , 미술관이 있다.

「도서관」법에 의한 도서관은 국립중앙도서관, 지역대표도서관, 공공도서관, 대학도서관, 학교도서관, 전문도서관으로 구분되며, 지역주민을 대상으로 문화, 교양, 취미 중심의 평생교육 프로그램을 진행한다.「평생교육법」 시행 이후 많은 공공도서관이 평생학습관으로 지정되어 해당 지역의 평생학습 중심으로서 기능하고 있다. 공공도서관의 프로그램을 대상에 따라 살펴보면 어린이를 위한 프로그램(독서교육, 종이접기 등), 청소년을 위한 프로그램(청소년 공부방 운영, 진로, 이성관계 등의 상담), 성인을 위한 프로그램(꽃꽂이, 요가, 외국어 등), 노인을 위한 프로그램등이 있다.

「박물관 및 미술관 진흥법」에 근거한 박물관과 미술관은 문화. 예술의 발전과 일반 공중의 문화향유와 관련된 자료수집. 관리, 보존, 조사, 연구, 전시, 교육하는 시설을 말한다. 주요 프로그램으로는 자녀와 부모를 대상으로 하는 가족 어린이 프로그램, 성인을 대상으로 하는 명사특강, 전통염색 교실 등의 성인 프로그램, 외국인 노동자 프로그램, 자원봉사자 교육 등이 운영되고 있다.

※ 문화시설기관 내 실습의 특징

- 문화시설기관의 특성에 맞는 교육활동의 기획 운영 관련 구체적인 체험 가능.
- 도서관, 박물관 및 미술관의 주요업무 중 평생교육사의 직무와 관련된 업무 체험 가능
- 각 기관의 특성화된 프로그램 운영과 관련하여 체험 가능

(3) 아동 관련 시설

아동 관련 시설 중 평생교육시설은 지역아동센터, 아동직업훈련시설, 아동복지관 등이 있다. 지역아동센터는 지역 아동의 놀이 및 오락 제공, 지역 아동의 보호·교육 등 아동의 건전한 육성을 위하여 전반적인 아동복지 서비스를 제공한다. 아동복지관은 아동의 건강 유지와 복지증진에 필요한 서비스를 제공하는 것이 목적이다. 아동직업훈련시설은 생활이 어려운 가정의 아동과 만15세 이상의 아동에 대하여 자활에 필요한 지식과 기능을 습득시키는 것을 목적으로 하는 시설이다.

※ 아동 관련 시설 내 현장실습의 특징

- 아동을 대상으로 운영되는 기관에서의 평생교육 프로그램에 대한 전문성 체험 가능
- 아동복지관을 실습 기관으로 선정할 경우 기관에서 운영하는 평생프로그램 관련 업무와 관련된 직무영역 체험 및 학습 가능
- 아동 관련 시설에서 재직하고 있는 평생교육사의 직무 및 역할 학습 및 체험 가능

(4) 여성 관련 시설

평생교육에서 교육적 비 수혜 집단인 여성을 대상으로 하는 평생교육시설이 만들어졌으며, 다양한 프로그램 개설되어 운영되고 있다. 정부는 여성의 경제활동 참여율을 높이고 의사결정과정에서의 여성 참여를 확대하기 위해서 여성의 대표성 제고와 경력단절 여성의 취업 지원 등에 초점을 둔 정책을 강화하고 있다. 이를 지원하는 사업으로 여성 관리자 역량 강화를 위한 교육과 경력 유지 및 고용촉진을 위한 직업훈련 교육을 실시하고 있다. 여성 평생교육을 전담하는 평생교육기관의 대표적인 형태로 근로 여성을 대상으로 하는'여성 인력개발센터'와 일반여성을 대상으로 하는 '여성발전센터'가 있다.

여성 인력개발센터는 여성의 직업능력개발 및 취업 알선을 통해 여성의 사회경제적 지위의 향상 기회를 제공하기 위한 직업훈련기관이다.

여성발전센터는 여성의 능력개발 및 건전한 사회참여를 유도하기 위해 직업교육, 생활문화교실, 취업 및 부업 상담 활동 등 여성의 사회활동을 돕고 직업능력을 향상시키기 위한 다양한 사업을 시행한다.

※ 여성 관련 시설 내 현장실습의 특징

- 여성을 대상으로 운영되는 평생교육프로그램에 대한 전문성 체험 가능
- 여성의 취업이나 창업을 적극적으로 지원하고 컨설팅하는 전문성 체험 가능
- 여성 관련 시설에서 재직하고 있는 평생교육사의 직무 및 역할에 대해 체험 및 학습 가능

(5) 청소년 관련 시설

학교제도의 문제점들이 지적되면서 이를 해결하기 위한 대안으로서 학교 밖의 청소년교육이 강조되기 시작하였다. 청소년 평생교육은 가정교육과 학교의 정규교육과정 외의 조직적인 교육 활동을 의미하며 그것을 위해 만들어진 교육 시설이 청소년 평생교육시설이다. 청소년 관련 평생교육시설에는 청소년 육성 전담기구, 청소년 수련 시설, 청소년 문화의 집 등을 포함한다. 교육대상은 청소년이며, 수련, 교류, 문화 활동 등 청소년 활동 교육과 여가 및 취미교육을 실시하고 있다.

청소년시설 수련을 하는 데 사용되는 교육 프로그램을 **'수련거리'**라고 하는데 수련거리의 특징은 체험적 활동을 전제로 하고 집단적 활동을 가정하며 덕성 함양에 중점을 둔다. 특성화된 수련 활동 프로그램(수련거리)는 「청소년기본법」에 명시된 6개 덕목 ① 문화적 감성, ② 과학 능력과 정보 마인드, ③ 봉사와 협력 정신, ④ 모험과 개척정신, ⑤ 전문적 직업능력, ⑥ 국제 감각으로 구분하여 개발되었다.

※ 청소년 관련 시설 내 현장실습 특징

- 청소년을 대상으로 운영되는 평생교육 프로그램에 대한 전문성을 습득 가능
- 청소년과 관련된 정책 및 정보를 체험 가능
- 청소년의 특성 및 심리적인 상담관 관련하여 관찰 체험 가능
- 청소년 관련 시설에서 재직하고 있는 평생교육사의 직무 및 역할 전문성에 대해 체험 가능

(6) 노인 관련 시설

노인 관련 시설은 노인교육만을 목적으로 운영되는 **'노인 교실'**과 노인교육만을 목적으로 하는 기관은 아니지만, 노인에게 실질적 교육기회를 제공하는 기능을 가진 **'노인복지회관'**으로 이루어진다.

노인 교실은 「노인복지법」상의 명칭일 뿐 실제 현장에서는 노인 교실이 사라지면서 이 명칭이 더이상 사용되지 않고 있다. 실제로는 노인대학, 노인학교, 장수대학, 실버대학 등 다양한 명칭의 기관들이 법적 노인 교실에 해당하며, 해당 지방자치단

체에 노인 교실로 등록을 한 경우에만 지방자치단체로부터 재정 지원을 받을 수 있다. 2021년 말 기준으로 전국에 1,291개소가 노인 교실이 등록되어 있지만(보건복지부, 2021), 이는 각 지방자치단체에 등록된 시설만을 취합한 숫자일 뿐 실제로 몇 개의 노인 교실이 존재하는지는 파악하기 어렵다. 노인 교실의 운영 주체는 크게 대한노인회, 종교단체, 기타법인단체, 개인 등인데, 종교단체에서 운영하는 노인 교실이 가장 많고, 대한노인회에서 운영하는 노인 교실이 그다음으로 많다. 노인 교실에서 가장 많은 비중을 차지하는 프로그램은 취미・여가, 건강, 교양프로그램 등의 순이며, 노년기의 적극적인 사회참여를 위한 교육에는 소극적인 편이다(손의성, 한정란, 전수경, 2018). 대한노인회나 일부 종교연합회 외에는 산재해 있는 영세한 노인 교실들을 관리할 수 있는 주체가 없는 것도 문제로 지적되는데, 현재 노인 교실 연합회를 갖춘 곳은 천주교의 서울, 부산, 대전, 인천, 수원 등 일부 교구의 노인대학연합회와 개신교 중 장로교와 감리교의 노인학교연합회 정도에 그치고 있다.

노인복지관은 「노인복지법」에 규정된 '노인여가복지시설'로서 '노인의 교양・취미생활 및 사회참여 활동 등에 대한 각종 정보와 서비스를 제공하고, 건강증진 및 예방과 소득보장・재가복지 그 밖의 노인의 복지증진에 필요한 서비스를 제공함을 목적으로 하는 기관이다. 노인 대상 평생교육은 노인복지관의 여러 사업 중에서도 상대적으로 매우 중요한 비중을 차지하는 기본 사업 중 하나로, 2018년부터 '노년사회화 교육사업'으로 명칭을 바꾸어 운영되고 있다. 노년사회화 교육사업에는 평생교육지원(노인 역량 강화교육, 정보화 교육, 사회화 교육, 시민사회교육, 한글 교실, 외국어 교실, 교양 교실, 인문학교육, 은퇴 준비, 경제교육, 웰다잉교육 등)과 취미・여가 지원(예능활동, 문화 활동, 취미활동, 체육활동, 동아리 활동 등)이 있다(보건복지부, 2021). 노인복지관 프로그램 중 절반 이상이 평생교육 프로그램임에도 불구하고 평생교육사 배치에 관한 규정은 없는 상태이다. 이처럼 노인복지관의 노인 평생교육 프로그램들은 대부분 평생교육보다는 사회복지의 관점에서 기획, 개발, 운영되고 있다.

〈표 3-8〉 **연도별 노인교육 관련 시설**

종류	2013년 시설 수	2021년 시설 수
노인복지관	319	398
노인 교실	1,413	1,291
계	1,732	1,689

출처: 보건복지부(2021). www.mw.go.kr

※ 노인 관련 시설 내 현장실습의 특징

- 노인을 대상으로 운영되는 평생교육 프로그램에 대한 전문성 체험 가능.
- 노인복지관의 경우 복지와 관련된 전반적인 업무가 아닌 교육 관련 업무 체험 가능
- 노인 관련 시설에 재직하고 있는 평생교육사의 역할 및 직무 전문성 학습 및 체험 가능

(7) 다문화가족 관련 시설

「2020 지방자치단체 외국인주민 현황」에 따르면, 우리나라에 거주하는 외국인 주민의 수는 약 215만 명으로, 총인구 대비 4.1%에 이르는 것으로 나타났다. 2019년에 비교해 외국인 근로자, 유학생의 감소 폭이 큰 점은 코로나19로 입국이 줄어든 것이 주요 원인으로 분석된다(행정안전부, 2021).

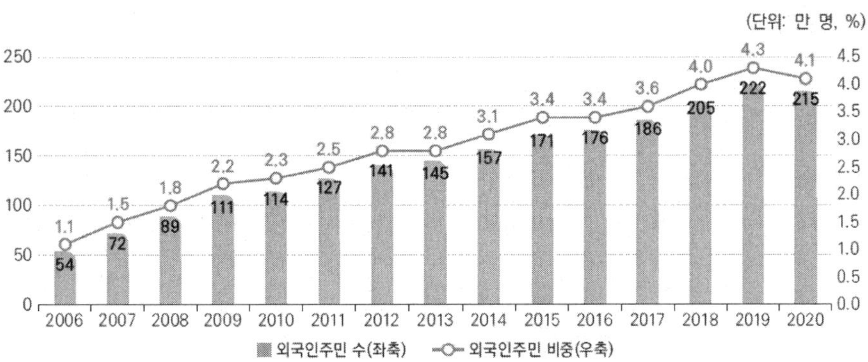

[그림 3-5] **국내 거주 외국인주민 증가 추이**

출처: 행정안전부(2021). 2020년 지방자치단체 외국인주민 현황

국내 거주 외국인 주민수의 증가는 학교교육의 현장에서도 동일하게 나타나고 있다. 최근 5년간 초·중등학교 다문화 학생수는 매년 평균 1만 명 이상 증가 하였는데, 2021년 기준 다문화 학생수는 160,056명, 다문화 학생 비율은 3%로 전년 대비 0.25%p 상승하였다(한국교육개발원, 2021).

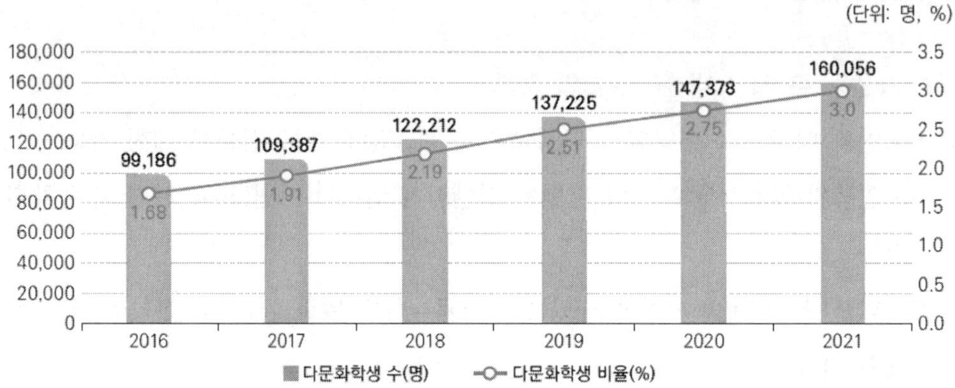

[그림 3-6] **다문화학생 현황**

출처: 교육부(2022). 2022년 다문화교육 지원계획.

이에 따라 국내 학교에 재학하는 학생들의 언어, 인종, 문화적 배경 등은 더욱 다양해지고 학교현장의 변화도 가속화될 전망이다. 즉 국민 모두가 전 생애에 걸친 학습을 보장받고, 다문화 사회 구성원으로서의 덕목과 역할에 따른 역량을 함양해야 한다는 점에서 다문화 교육은 평생교육의 관점에서 접근할 필요가 있다. 이러한 측면에서 볼 때, 다문화 학생을 포함한 모든 학생 및 교사를 대상으로 한 다문화 교육이 필요하며, 더 나아가 학부모를 포함한 지역사회 주민을 대상으로 다문화 수용성 제고를 위한 평생교육 등을 강화할 필요가 있다. 교육부에서 추진하고 있는 「2021년 다문화교육 지원계획」을 중심으로 살펴보면, 다문화·외국인 가정 자녀 증가에 대응하여 모든 학생의 교육기회 보장을 전제로 한 포용국가 교육정책을 추진하고 있으며, 구체적으로는 '다양한 문화가 공존하는 성숙한 교육환경 구축'과 '다문화 학생 교육기회 보장 및 교육격차 해소'를 목표로 하고 있다. 추진 과제로는 ① 다문화학생 맞춤형 교육 지원 ② 다문화 친화적 학교 및 지역 환경 조성 ③ 다문화교육 지원체계 및 성과관리를 제시하고 있다. 첫 번째 추진과제는 '다문화 학생 맞춤형 교육 지원'이다. 다문화 학생의 실질적인 교육권을 보장하기 위한 제도개선과 공교육 진입절차 지원이 주된 내용이다. 두 번째 추진과제는 '다문화 친화적 학교 및 지역환경 조성'이다. 다양한 문화가 공존하는 성숙한 교육환경 조성을 위한 선도모델을 마련하고, 언어발달·한국어교육 등 다문화학생 특성을 고려한 맞춤형 지원을 제공하는 '다문화교육 정책학교'를 지원한다.

세 번째 추진과제는 '다문화교육 지원체계 및 성과관리'이다. 학교 현장의 문화학생 지원이 원활하게 이루어질 수 있도록 내실 있는 지원체계를 마련하고자 다문화학생 밀집 지역을 지원하고, 학교의 다문화 교육활동 지원을 강화하였다. 지역별 추천을 통해 정책학교 활동 경험이 풍부한 교원들로 '다문화교육 중앙지원단'을 구성하여 선도인력 교류 및 협력을 구축하였다. 다음으로 중앙다문화교육센터를 지정·운영하여 효과적인 정책 추진 및 성과를 확산하고, 중앙다문화교육센터-지역다문화교육지원센터의 협력체계 강화 및 정책 효과성 등 연구 분석을 통해 학교현장을 지원하였다.

※ 다문화가족 관련 시설 내 현장실습 특징

- 다문화 관련 평생교육 프로그램에 대한 전문성을 체험가능
- 다문화가족센터만의 특수성을 관찰학습 가능
- 평생교육영역에서 다문화가족센터의 역할 학습가능.
- 다문화가족 관련 시설에서 재직하고 있는 평생교육사의 직무, 역할 실습가능

3) 훈련 · 연수형 교육기관(9유형)

기관유형		예 시
훈련 · 연수형 교육기관	직업훈련기관	공공직업훈련시설, 지정직업훈련기관 등
	연수기관	공무원 연수기관, 일반연수 기관 등

(1) 직업훈련기관

국가 · 지방자치단체 및 대통령령으로 정하는 공공단체가 직업능력개발 훈련을 위하여 노동부 장관과 협의하거나 승인을 받아 설치한 시설인 공공직업훈련시설과 직업능력개발훈련을 위하여 설립 · 설치된 직업훈련원 · 직업전문학교 등의 노동부 장관이 지정한 시설인 직업훈련기관으로 구분한다. 직업훈련기관에서는 대부분 직업 · 기술교육 프로그램으로 취업 · 창업 관련 교육과 자격증 취득과정 등을 운영하고 있으며, 평생직업 능력개발에 대한 수요가 증가함에 따라 정부의 재정투자도 점차 증가하고 있다(고용노동부, 2020).

직업능력개발훈련기관은 공공훈련기관과 민간훈련기관으로 구분한다. 2019년 기준 공공훈련기관은 한국폴리텍대학(37개소), 한국기술교육대학교(1개소), 한국 장애인 공단(5개소), 관계 부처 등(42개소)으로 2016년 이후 동일한 85개소이다.

공공훈련은 다기능기술자양성훈련, 전문기술(기능사)양성훈련, 기능장, 하이테크, 신중년, 학위전공 심화, 베이비부머, 여성재취업, 소규모사업장훈련, 재직자훈련을 포함한다.

민간훈련기관은 사업주단체, 평생교육시설, 고용노동부 지정시설, 고용노동부 훈련법인 등 6,633개소로 2018년의 7,228개소, 2017년의 7,588개소보다 감소하였다(고용노동부, 2020). 민간훈련은 대상에 따라 사업주, 개인, 기타로 구분된다. 첫째, 사업주 대상은 사업주 직업훈련지원, 국가인적자원개발 컨소시엄, 지역 · 산업 맞춤형 훈련, 일 학습 병행을, 둘째, 개인 대상은 국민 내일배움카드, 고용보험 미적용자 등에 대한 능력개발 지원을, 셋째, 기타대상은 미래유망분야 고졸 인력양성, 직업훈련 생계비 대부사업을 포함한다(고용노동부, 2020).

직업능력개발 훈련기관에 대해서는 훈련기관 인증평가를 실시하여 질 관리를 하고 있다. 훈련기관 인증평가는 기관의 건전성, 훈련성과 및 역량 등을 종합적으로 평가해 일정 기준을 충족한 경우 국비(고용노동부) 직업훈련사업의 참여자격을 부여하는 제도로서 2015년에 최초로 도입되었다(한국 기술교육대학교 직업능력심사평가원, 2020). 정부는 재직자와 실업자를 대상으로 직업능력개발사업을 운영하는 것에서 나아가 산업 현장의 직무 수요를 체계적으로 분석 · 제시하여 교육 · 훈련과 자격이 현장(일)에 맞게 운영되도록 하는 연결 기제인 NCS의 개발과 활용을 본격화하였다.

스위스·독일의 도제제도, 영국 및 호주의 견습제 등의 일터 기반학습을 우리나라의 현실에 맞게 설계한 일 학습 병행은 2013년 10월 51개의 시범기업으로 시작하였다. 이후 2015년부터 재직자 위주에서 고등학교 단계인 산학 일체형 도제학교, 고교 · 전문대 통합교육(Uni-Tech), 전문대 재학생 단계 및 후 학습 단계인 P-Tech, 대학 단계인 IPP형 일 학습 병행등 정규 재학생 단계로 확대하였다(고용노동부, 2020).

2017년부터는 도제학교 졸업생의 직무능력 심화를 위한 일 학습 병행인 P-Tech을 6개 한국폴리텍 대학에서 시범실시 하였고, 2019년부터는 한국폴리텍대학 외에 23개 전문대학까지 확대하여 운영하고 있다(고용노동부, 2020).

직업능력개발사업 체계는 크게 재직자훈련(기업지원, 개인 지원, 공동훈련)과 실업자훈련(민간훈련, 공공훈련)으로 구분한다.

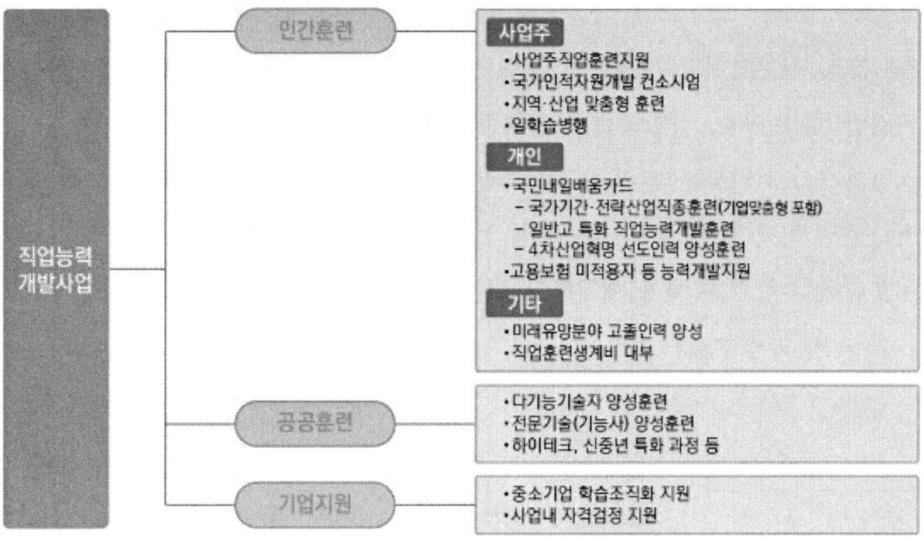

[그림 3-7] **직업능력개발사업체계, 한국평생교육백서**(2021)

(2) 연수기관

연수기관 형태의 평생교육 관련 기관은 대상에 따라 공무원 연수기관과 일반연수기관으로 구분할 수 있다.「공무원 교육훈련법」에 근거한 공무원 연수기관[1]은 공무원 개인의 태도 가치관 직무수행능력 향상에 초점을 맞추어 다양한 활동을 제공한다. 공무원 연수기관은 국가공무원 대상의 국가공무원연수원과 시 · 도 지방공무원 대상의 지방기관이 있다. 연수기관은 기관의 특성에 따라 일반 공무원 교육 훈련을 제공하는 일반교육과 기관특성에 따른 전문적인 내용의 교육 훈련을 제공하고 있다.

일반연수 기관은「평생교육법」이 아닌 타 법령에 근거하여 설립된 기업체, 금융투자업 등이 여기에 해당한다. 연수기관에서는 자사 종업원 및 협력회사 종업원을 대상으로 직무능력을 향상시키고, 기업문화 및 조직개발을 통한 생산성 향상과 이익 극대화를 위하여 자체적으로 교육 훈련기관을 설립하여 운영하는 경우이다. 인력개발원, 인재개발원, 교육원 등이 있으며 대부분 기업교육 과정을 운영하고 있다.

※ 훈련 연수형 기관 내 현장실습의 특징

- 비교적 전문적이고 체계적인 훈련 · 연수 관련 프로그램에 대해 학습 가능.
- 직업 · 취업교육, 기업교육과 관련된 직무 체험 가능
- 국가에서 지원하는 훈련프로그램의 특성 체험 가능
- 노동부 정책 관련 행정업무 체험 가능
- 훈련 연수형 기관에서 재직하고 있는 평생교육사의 직무 전문성 역할에 대해 관찰 및 학습 가능

---

1) 중앙공무원교육원, 감사교육원, 자치인력개발원, 국세공무원교육원, 중앙소방학교, 건설교통인재개발원, 통계교육원, 중앙경찰학교, 경찰대학, 법무연수원, 정보통신공무원교육원, 교육인적자원연수원, 국제지식재산연수원, 철도인력개발원, 농업연수원, 전자정부 지원센터 정보화교육과, 외교안보연구원 교수부, 국립중앙도서관 사서 능력발전과, 병무청 교육담당관실, 국립산림과학원 임업 연수부, 국립수산과학원 연수부, 국립환경연구원 환경연수부, 기상청 기상교육과, 한국농업전문학교 기술연수과, 국회사무처 연수국, 비상기획위원회 비상관리국

4) 시민사회 단체형 교육기관(10유형)

기관유형		예 시
시민사회단체형 교육기관	비영리민간단체	전국문해 · 성인교육학회, 한국평생교육학회 등
	비영리사(재)단법인	한국평생교육사협회, 한국문해교육협회 등
	청소년단체	한국청소년연맹, 청소년단체협의회 등
	여성단체	여성회, 여성단체협의회 등
	노인단체	대한노인회, 전국노인평생교육, 단체연협회
	시민단체	NGO, YMCA, YWCA, 환경운동연합 등

시민사회단체 형태의 평생교육기관은 영리를 목적으로 하는 기관이 아니며, 기관의 설립이 대부분 정의사회 실현과 시민의식 고취 등으로 정의할 수 있다. 시민단체는 일반인들의 인식이 실제 상황과 동떨어진 너무 이상주의적인 집단으로 여기기도 하지만, 학습자들이 부담 없이 참여할 수 있는 프로그램을 개설함으로써 단체에 대한 이미지 제고에도 긍정적인 역할을 한다. 시민사회단체 기관유형은 크게 「비영리민간단체 지원법」에 근거한'비영리민간단체', 「청소년기본법」에 근거한 '청소년단체', 「여성발전기본법」 상의'여성단체', 「노인복지법」 상의 '노인단체', 사(재)단법인의'시민단체'로 구분한다.

비영리민간단체는 「비영리민간단체 지원법」에 근거하여 영리가 아닌 공익활동 위주의 평생교육을 주된 목적으로 하는 민간단체이다. 평생교육실천협의회, 전국문해 · 성인기초교육협의회, 한국평생교육학회등이 있다. 비영리 사단법인은 평생교육을 주된 목적으로 하는 비영리 사(재)단법인을 의미하며, 한국평생교육총연합회, 한국평생교육사협회, 한국 문해 교육협회 등이 있다.

청소년단체는 「청소년기본법」에 근거하여 청소년 활동, 청소년복지 또는 청소년 보호를 주요 사업으로 하는 단체를 말한다. 한국청소년연맹, 청소년단체협의회 등이 있다.

여성단체는 「여성발전기본법」에 근거하여 남녀평등의 촉진, 여성의 사회참여 확대 및 복지 증진을 주된 목적으로 설립된 법인 또는 대통령령으로 정하는 단체를 말하며, 여성회, 여성단체협의회 등이 있다.

노인 관련 단체는 「노인복지법」에 근거하여 노인의 사회참여 확대를 위하여 노인의 지역봉사 활동기회를 넓히고 노인에게 적합한 직종의 개발과 그 보급을 위한 시책을 강구하며 근로 능력 있는 노인에게 일할 기회를 제공함을 목적으로 하는 기관을 말하며, 대한노인회, 전국노인평생교육, 단체연합회 등이 있다.

시민 관련 단체는 경제, 노동, 인권, 환경, 교육, 소비자, 여성, 평화 등 다양한 사회 영역에 걸쳐 활동하고 있는 시민성 함양단체를 말하며, NGO, YMCA, YWCA 환경운동연합 등이 있다.

시민사회단체형 시설에서는 주로 민주시민교육과 관련된 교육 프로그램을 운영하면서 평생교육의 깊이를 확대하는 데 기여하고 있으며 나아가 참여적인 민주시민을 육성함으로써 시민사회 구축에도 큰 힘이 되고 있다. 우리나라에서 성인들을 위한 시민교육을 전문적으로 실시하는 기관은 크게 국가의 공공단체와 시민사회단체로 나누어 볼 수 있다.(심익섭, 2001)

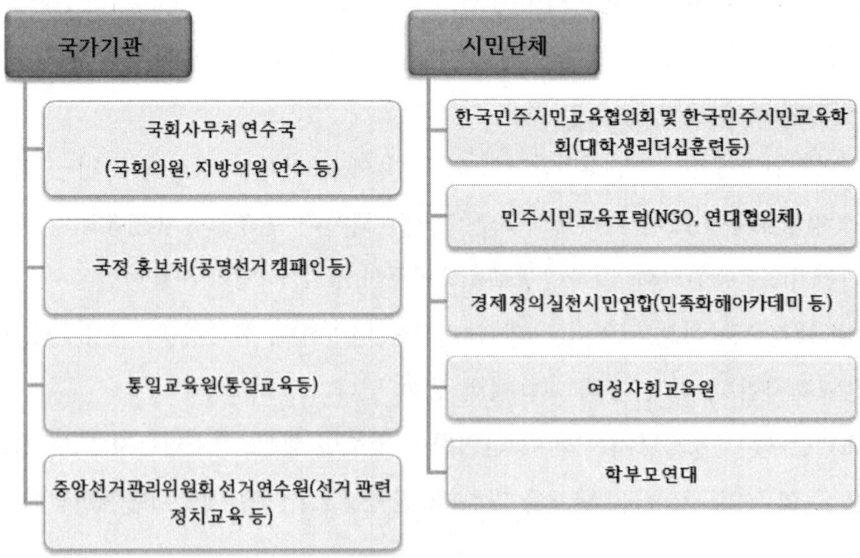

[그림 3-8] **시민사회단체 구분**

시민사회단체 평생교육 프로그램 내용은 단체의 성격과 분야에 따라 다양하고 그 전문성도 상당한 수준에 이르고 있다. 즉 교양 분야의 프로그램을 가장 많이 하고 있으며, 그 외에 환경, 정치, 교육, 경제, 문화, 지방자치, 민주시민, 언론, 여성, 청소년, 장애인, 통일 등 각 분야의 특성화된 프로그램도 실시하고 있다. 따라서 프로그램의 주요내용이 일상생활과 사회문제의 해결을 위한 주제들을 중심으로 이루어지고 있음을 알수 있다. 시민사회단체 평생교육 프로그램을 구성할 시 이러한 사항을 철저한 분석하여 좀 더 전문적이고 효과적인 평생교육이 이루어질 수 있도록 해야 할 것이다.

시민참여교육은 시민성 함양 방식에 따라 크게 세 가지로 분류할 수 있다.

첫째, 정당, 선거관리위원회, 지자체, 시민단체 그리고 평생교육기관 등이 지역주민들을 대상으로 시민성 함양 프로그램을 직접 운영하는 경우이다. 이 프로그램에서는 민주주의, 선거, 대화와 타협, 소수자의 인권, 환경, 평화 등의 주제를 주로 다룬다.

둘째, 지역주민의 사회참여 활동이 일차적 목표이나, 이와 더불어 시민성을 자연스럽게 학습하는 경우이다. 지역주민들은 학습동아리나 시민사회단체 혹은 봉사활동 등에 참여하면서, 주민자치나 마을 만들기, 협동조합 운동이나 지역개발 반대 운동 등에 참여하면서, 혹은 그 밖의 다양한 집회나 시위 등에 참여하면서 시민성을 무형식 적으로 함양한다.

셋째, 학습자들이 어떤 교육 프로그램을 이수하면서 그 연장선상에서 시민성을 학습하는 경우도 있다. 문해교육, 인문교양교육, 문화예술교육, 직업능력개발, 종교교육 등의 성과로서 시민성 함양이 이루어진다.

〈표 3-9〉 **시민참여교육의 유형**

구분	시민성 함양 방식	사례
범주 1	시민성 함양을 일차2적 목표로 삼는 교육 프로그램	헌법교육, 인권교육, 환경교육 등
범주 2	사회참여활동의 결과로서 시민성 함양하기	동아리, 시민사회단체, 집회 및 시위, 마을공동체 만들기 등에 참여
범주 3	다른 교육활동의 연장선상에서 시민성 함양하기	문해교육, 종교교육, 인문학강좌 등

시민성 함양을 위한 체계적인 시민참여교육은 다양한 기관 및 단체에서 진행되었다. 한국교육개발원이 「평생교육법」에 따라 등록한 7개 평생교육시설을 조사한 결과 2020년 5월 1일 현재 전국적으로 237개 시민참여교육 프로그램에 459,235명이 참가하였다. 통계청(2020)에 따르면, 지난 1년간 사회단체에 참여하여 활동한 적이 있는 인구의 비율이 2019년 기준 66.1%이다. 1999년 15세 이상 참여율이 23.1%인 것에 비해 세 배 가까이 크게 늘었다. 하지만 대부분 친목 및 사교단체나 취미, 스포츠 및 여가활용 단체의 참여가 많고,'시민사회단체'참여는 상대적으로 적다.

※ 시민사회단체 교육기관 내 현장실습의 특징

- 시민사회 단체기관 설립 취지와 연관한 프로그램 체험 가능
- 차별화된 전문적인 시민교육 프로그램 체험 가능
- 청소년, 여성, 노인 등 사회단체들의 역동성을 체험 가능.
- 시민사회 단체기관에서 재직하고 있는 평생교육사의 역할 및 직무, 전문성 학습 및 체험 가능

[참고자료] 국가평생교육진흥원, 초록우산어린이재단과 아동 이슈 해결을 위한 업무협약 체결

초록우산어린이재단은 국가평생교육진흥원과 아동 이슈 해결을 위한 업무협약을 체결했다고 17일 밝혔다. 이번 업무협약은 인성 함양 등 아동 이슈 해결과 아동복지 사각지대 해소를 위해 마련됐다. 협약을 통해 초록우산어린이재단과 국가평생교육진흥원은 ▲'제7회 전국 감사편지 공모전' 후원 및 홍보, ▲소외계층 다문화가정을 위한 모금 공동 캠페인, ▲부모교육 프로그램 공동 주최 등 양 기관의 다양한 사업을 연계할 계획이다. 초록우산어린이재단 이제훈 회장은 "양질의 교육 콘텐츠 제공과 공동 캠페인 진행을 바탕으로 우리 아동들의 권리를 지켜나가겠다"라며 "코로나 19로 계층 간 격차가 심화하고 있는 상황에서 국가평생교육진흥원과 함께 우리 아이들의 복지 사각지대를 메꾸기 위해 힘을 모으기로 했다"고 전했다.

국가평생교육진흥원 강대중 원장은 "국가평생교육진흥원은 누구도 소외 받지 않고 학습기회를 얻을 수 있도록 사업을 펼치고 있다"라며, "우리 아이들이 풍부한 교육 및 적절한 지원을 통해 바르게 성장할 수 있도록 최선을 다하겠다"고 밝혔다.

출처 : DS TV, 22.2월

04

평생교육사의 행정실무

chapter 04

평생교육사의 행정실무

평생교육기관은 행정시스템 기반으로 운영한다. 기관 입장에서는 평생교육사는 현장전문가이기는 하지만 조직 구성원의 한 사람이기도 하다. 그러므로 평생교육사의 역량에 대해 가장 먼저 평가받는 부분이 행정실무 능력이다.

행정실무는 평생교육 활동을 성과로 보여 주는 도구이다. 그러므로 평생교육사는 평생교육 활동을 행정의 틀 속에 보기 좋게 담아 조직원들이나 고객들의 관심을 유도하는 것은 중요한 역량이다. 이 장에서는 각 기관 의사소통의 기본이 되는 공문서, 예산집행을 위한 품의서 및 지출결의서, 행사를 알리는 보도자료 등 평생교육사가 각 기관에서 공통적으로 사용하게 되는 행정문서를 중심으로 다루고자 한다.

1. 공문서

문서는 작성 주체 및 유통대상에 따라 구분할 수 있다. 작성 주체에 따른 구분으로는 공문서와 사문서가 있고, 유통대상에 따라 분류하면 내부결재문서, 대내 문서, 외부용 문서로 나눌 수 있다.

작성 주체에 따른 분류 중 하나인 공문서(公文書)는 사문서(私文書)에 대응되는 말로서 일반적으로 각 기관에서 공적 업무수행을 목적으로 직무상 작성하는 모든 문서를 말한다. 여기에는 도면, 사진, 디스크 테이프, 필름, 슬라이드, 전자문서 같은 특수매체 기록이 포함된다. 사문서는 개인이 사적인 목적을 위하여 작성한 문서를 말한다. 그러나 사문서도 각종 신청서 등과 같이 행정기관에 제출하여 접수된 것은 사문서가 아니고 공문서로 된다. 따라서 공문서에 관한 새 규정에 따라 취급되며 그 문서를 제출한 사람도 문서를 임의로 회수할 수 없다.

유통대상에 따른 문서는 발신 명의 · 형식 · 결재방법 및 처리절차 등에 따라 구분한다. 첫째, 내부결재문서이다. 행정기관 내부적으로 계획을 수립하거나 처리방침을 받거나 보고 또는 검토하기 위하여 결재를 받는 문서를 말한다. 내부적으로 결재를 받는 문서이므로 발신하지 않는다.

둘째, 대내 문서이다. 해당 기관 내부에서 보조 기관 또는 보좌 기관 상호 간 협조를 하거나 보고 또는 통지를 위하여 수발하는 문서를 말한다. 셋째, 대외문서이다. 국민이나 단체 또는 행정기관 간(소속기관 포함)에 수발하는 문서를 말한다.

1) 공문서 작성

공문서는 각 기관에서 공적 업무수행을 목적으로 직무상 작성하는 모든 문서이며, 업무에 대한 책임의식을 가지고 수신자와의 관계를 고려하여 작성하여야 한다. 또한, 공문서는 발신기관장이 수신기관장에게 보내는 형식을 취하고 있기 때문에 기관의 얼굴이라 말할 수 있다. 그러므로 문서 작성시에는 한글맞춤법, 표준어 규정, 외래어 표기법, 국어의 로마자표기법 등 어문규범 지켜야 한다.

공문서를 작성하는 목적에는 다음과 같다.

- 업무상 지시, 협조
- 고시, 공고, 회람 등의 업무 연락
- 보고, 건의, 제안 등의 업무 진행
- 법령이나 각종 규정 등의 근거에 의하여 필요한 경우

공문서의 기능을 살펴보면, 첫째, 의사를 구체적으로 표현하는 기능을 갖는다. 사람이 가지고 있는 주관적인 의사는 문자 · 숫자 · 기호 등을 활용하여 종이나 다른 매체에 표시하여 문서화함으로써 그 내용이 구체화된다. 이 기능은 문서의 기안에서부터 결재까지 문서가 성립하는 과정에서 나타나는 것이다. 둘째, 자기의 의사를 타인에게 전달하는 기능을 갖는다. 문서에 의한 의사전달은 전화나 구두로 전달하는

것보다 좀 더 정확하고 변함없는 내용을 전달할 수 있다. 이것은 의사를 공간적으로 확산하는 기능으로서 문서의 발송 · 도달 등 유통과정에서 나타난다. 셋째, 의사를 오랫동안 보존하는 기능을 갖는다. 문서로써 전달된 의사는 지속적으로 보존할 수 있고 의사 자료로서 가치를 갖기도 한다. 이는 의사표시를 시간적으로 확산시키는 역할을 한다. 넷째, 자료 제공기능이다. 보관 · 보존된 문서는 필요한 경우 언제든 참고자료 내지 증거자료로 제공되어 행정 활동을 지원 · 촉진시킨다. 다섯째, 사무의 연결 · 조정기능이다. 문서의 기안 · 결재 및 협조 과정을 통해 조직 내외의 사무처리 및 정보순환이 이루어져 업무의 연결 · 조정기능을 수행하게 된다.

(1) 공문서 작성원칙

공문서 작성은 정확하고 간결하며 내용을 알기 쉽게 기술하여 수신자가 쉽게 이해할 수 있도록 작성해야 하며 공문서 작성시 6하 원칙(언제, 어디서, 누가, 무엇을, 어떻게, 왜)을 염두에 두고 작성하여야 한다.

정확성	문서의 내용, 기록, 설명이 틀리지 않도록 하며, 문장부호를 정확하게 쓰며, '이상', '초과' 등의 용어를 정확하게 사용한다.
용이성	누구나 알기 쉽게 작성하며 가급적 전문 용어나 어려운 한자는 피하도록 한다. 문서 1건의 내용은 가급적 1매로 작성한다.
간결성	문장을 나열하기보다는 꼭 필요한 항목을 구분하여 구성한다.
경제성	문서 용지의 크기, 종이의 질, 문서의 양식을 통일한다.
논리성	문서작성의 주체가 일관성이 유지되어야 한다.
신속성	문장을 짧게 끊어서 개조식으로 작성하며, 가급적 결론을 먼저 내고 이유는 뒤에서 설명. 한 문장, 한 뜻의 짧은 글로 표현한다.
명확성	6하 원칙에 따라 정확하게 작성하며, 구체적이며 개별적인 표현을 쓰며, 적극적인 표현이 좋고 애매한 표현이나 과장된 표현을 피한다.

공문서 작성 시 주의할 사항으로는 첫째, 작성한 기관의 작성목적이 명확하게 나타나야 하며, 내용에 따라 처리기간 및 방법이 다를 수 있으나 당일처리가 바람직하다. 둘째, 위법, 부당하거나 시행 불가능한 사항이 없도록 작성해야 하며, 셋째, 권한 내의 사항에서 작성되어야 하며, 넷째, 규정절차에 의한 형식을 취해야 한다. 다섯째,

법인의 인감을 날인하여 발송하는 과정이 공문 발송 대장에 의하여 체계적으로 관리되어야 한다.

(2) 공문서 작성의 일반사항

① 문안

문서는 「국어기본법」 제3조 제3호에 따른 어문규범에 맞게 한글로 작성하되 뜻을 정확하게 전달하는 데 필요한 경우에는 괄호 안에 한자나 그 밖의 외국어를 함께 적을 수 있으며 특별한 사유가 없으면 가로로 쓴다(규정 제10조 제 1항).

※ 어문규범: 한글맞춤법, 표준어 규정, 외래어 표기법, 로마자표기법 등 국어의 올바른 사용법에 대하여 문화체육관광부 장관이 정하는 규범

② 숫자와 날짜

문서에 쓰는 숫자는 특별한 사유가 없으면 아라비아 숫자를 쓰.(규정 제10조 제2항) 문서에 쓴 날짜는 숫자로 표기하되 연·월·일의 글자는 생략하고 그 자리에 온점을 찍어 표시한다(규정 제10조 제 3항). **<예시> 2021. 12. 15.**

③ 시간과 금액

시·분표기는 24시각제에 따라 숫자로 표기하되 시·분의 글자는 생략하고 그 사이에 쌍점(:)을 찍어 구분한다. 다만 특별한 사유가 있으면 다른 방법으로 표시할 수 있다(규정 제10조 제 3항). 문서 및 유가증권에 금액을 표시하는 때에는 아라비아 숫자로 쓰되 숫자 다음에 괄호를 하고 한글로 기재한다(규칙 제8조제5항)

<예시> 오후 3시 20분 → 15:20 <예시> 금15,790원(금일만오천칠백구십원)

※ 다른 법령에 표시방법이 따로 있는 경우 그 법령에 따름.

예시-부적절한 표기와 올바른 표기

구분	표기의 원칙	부적절한 표기	올바른 표기
언어	한글사용원칙 부득이 영문병기시( )안에 병기	LMS	학습관리시스템(LMS)
숫자	아라비아 숫자로 표기	삼십명	30명
날짜	월일은 생략하고 마침표 표기	2016년 1월 29일(금)	2016.1.29(금)
시분	24시각제 표기, 시분은 :로 구분	2016년 1월 19일(금) 오후 3시 30분	2016.1.29(토) 15:30
금액	우측참조	17,560원	금17,560 (금일만칠천오백육십원)

④ 용지 및 글자의 색깔

문서의 용지는 특별한 사유가 있는 경우를 제외하고는 흰색으로 한다(규칙 제4조1항). 글자색깔은 검은색 또는 푸른색으로 한다. 단 도표작성, 내용수정 또는 주의환기 등 특별한 표시가 필요한 때에는 다른 색깔로 할 수 있다.(규칙 제4조3항)

전자문서에서의 글자체 및 글자 크기

① 공문서를 작성할 때는 글자 크기 12point, 굴림(체)로 작성한다.
② 글자체와 글꼴 및 글자 속성 등은 공문서 작성 후 반드시 편집하고 확인하다.
③ 특히 전자문서시스템에서 표를 만들면 표 안의 글꼴이 본문과 다른데 반드시 본문의 글꼴과 동일하게 바꾸어 주어 문서의 통일성을 기한다.

⑤ 문서의 항목

문서의 내용을 둘 이상 항목으로 구분하여 작성할 때 다음과 같이 한다.

첫째	1. 2. 3. 4......	다섯째	(1) (2) (3).....
둘째	가. 나. 다......	여섯째	(가) (나) (다).....
셋째	1) 2) 3).....	일곱째	① ② ③.....
넷째	가) 나) 다).....	여덟째	㉮ ㉯ ㉰.....

• 각 항목의 표시 위치 및 띄우기

㉮ 첫째 항목 부호는 제목의 첫 글자와 같은 위치에서 시작

㉯ 첫째 항목 다음 항목부터는 바로 앞 항목의 위치로부터 1자(2타)씩 오른쪽에서 시작

㉰ 항목 부호와 그 항목의 내용 사이에는 1타를 띄움

<예시> 수신자×○○○회장(○○○팀장)
제목×문서 작성요령

1.*첫째 항목 ○○○○○○
×가.*둘째 항목 ○○○○○○
××1)*셋째 항목 ○○○○○○
×××가)*넷째 항목 ○○○○○○
××××(1)*다섯째 항목 ○○○○○○
×××××(가)*여섯째 항목 ○○○○○○

[×표시는 한글 1자(2타), *표시는 숫자 1자(1타)를 띄움]

• 하나의 본문 아래 항목 구분

<예시>
수신자×○○○회장(○○○팀장)
제목×문서관리교육 실시

×××문서관리교육을 다음과 같이 실시하오니 참석하여 주시기 바랍니다.
×××1.*일시 : ○○○○○○
×××2.*장소 : ○○○○○○
×××3.*참석대상 : ○○○○○○.×끝.

• 붙임물의 표시

㉮ 본문이 끝난 다음 줄에 붙임의 표시

㉯ 붙임물이 두 가지 이상인 때에는 항목을 구분하여 표시

<예시>
(본문) 하시기 바랍니다.
붙임×1.*○○○계획서 1부.
2.*○○○서류 1부.×끝.

(3) 공문서의 구성

문서작성은 행정업무의 효율적 운영에 관한 법칙 제7조, 제8조, 행정업무의 효율적 운영에 관한 규정 시행규칙 제2조 내지 제4조에 의해 작성되는 것으로, 기안문의 종류로는 기안문서(전자문서로 함이 원칙)와 간이 기안문(내부결재문서용으로 보고서, 계획서, 검토서 등)이 있다. 기안문서는 어떤 사항의 문제해결을 위한 방안을 공문서로 작성하여 결재권자에게 의사결정을 요청하는 문서라 할 수 있다. 기관에서는 주로 자신의 업무를 진행하거나 제안하기 위한 발안, 접수한 문서의 처리, 상급자의 지시사항 처리, 규정의 변경 등을 제안할 때 이용한다. 해당 업무를 담당하는 사람은 직급 등에 관계없이 기안처리를 할 수 있으며, 의사결정이 필요한 분야라면 언제든지 기안문 작성이 가능하다.

기안문 작성시 고려사항으로는 첫째, 기안자는 안건에 관련된 문제를 파악하고 관계규정 및 과거 행정 선례를 숙지해야 한다. 둘째, 기안하는 목적과 필요성을 파악하고 자료를 수집 분석하며 필요한 경우에는 설문 실태조사 회의 등을 통하여 의견을 청취한다. 셋째, 복잡한 기안의 경우에는 초안을 작성하여 논리의 일관성을 해치는 내용이나 빠지는 사항이 없도록 검토한 다음 작성한다. 넷째, 기안자는 담당 업무에 대한 책임의식을 가져야 하며 해당 기관과 수신자와의 관계 및 입장 등을 고려하여 기안하여야 한다.

공문서의 구성은 크게 두문(행정기관명, 수신자), 본문(제목, 내용, 붙임), 결문(발신명의, 기안자, 검토자, 결재권자의 직급 또는 서명, 생산등록번호와 시행 일자, 접수등록번호와 접수 일자, 행정기관의 우편번호, 주소, 누리집, 전화번호, 모사전송번호, 전자우편주소)으로 구성되어 있다.

행정기관명

수 신 :
(경 유)
제 목 : ______________________

발신 명의[인]

기안자(직위/직급) 서명 검토자(직위/직급) 서명 결재권자 (직위/직급) 서명
시행처리과명-일련번호 (시행 일자) 접수처리과명-일련번호 (접수 일자)
우 000-000 주 소 / 학교 홈페이지 주소
전화 ( ) 전 송 ( ) 00기관 공식 전자우편주소 공개구분

두문
- 행정기관명
- 수신자

본문
- 제목
- 내용
- 붙임

결문
- 발신 명의
- 기안자, 검토자, 결재권자의 직위 직급 및 서명
- 시행처리과명 - 일련번호 및 시행 일자
- 접수처리과명 - 일련번호 및 접수 일자
- 행정기관의 우편번호 주소 홈페이지 주소
- 기관 공식 전자우편주소 및 공개구분

- 두문 작성법

수신자란에 수신자명, 또는 수신자 기호를 먼저 쓰고 처리할 자의 직위를 쓴다. 수신자가 많으면 아래와 같이 수신자 참조라고 쓰고 결문의 발신 명의 밑의 왼쪽 기본선에 맞추어 수신자란을 추가하여 수신자명이나 수신자 기호를 표시한다.

행정기관명
•문서를 기안한 부서가 속한 행정기관명 기재

○○○○기관(행정기관명)

수식 00교육정보과학원(교육정보과학실장)
(경유)

수신자
. 수신자명 수신자기호를 먼저씀
. 처리할 자(보조기관, 보좌기관)의 직위를 쓴다

• 본문작성법

제목은 간단하고 명확하게 기재하고 내용은 쉬운말로 간략하게 작성하고 항목의 구분은 1., 가., 1), (1), (가)...과 같이 표시하며 "끝"은 "∨"와 같이 구별하여 사용한다.

제목 간단하고 명확하게 기재

제목 : 교수학습지원센터 활용 연수를 위한 강사지원 요청

본 기관 직원을 대상으로 00교수학습지원센터 및 00e스쿨 활용에 대한 연수를 실시하고자 하오니 아래와 같이 강사 지원을 요청합니다.

1. 일시 : 2008. 3. 27.(목) 15:00~16:30
2. 장소 : 다목적실
3. 연수대상 : ○○○원 직원 26명
4. [illegible] 활용
5. 초빙강사 : ○○○○ 교육정보과학원 연구사 홍길동. 끝.

내용 표현하려는 뜻을 쉬운 말고 간략하게 작성

항목 구분 숫자 1, 2, 3으로 항목구분

끝 표시

• 결문작성법

(가) 발신명의: 발신명의는 행정기관자의 명의를 기재한다.

(나) 기안자: 직위를 온전하게 쓰고 직위가 없는 경우 직급을 정확하게 기재한다

(다) 시행처리과명등: 시행일자와 접수일자는 연월일을 각각 온점을 찍어 숫자로 기재한다.

담당자 원장

협조자

연월일은 각각 온점(.)을 찍어 숫자로 기재

시행처리과명 일련번호

접수과명-일련번호

시행 ○○○원-939 (2018.03.24.) 접수 교육정보관리실-636 (2008.03.25.)
우 565-813 00도 00군 ○○○ ○○○리 123 / http://www.lifelong.ms.kr
전화 (02)222-0000 전송 (02)222-0000 / / 공개

(라) 우편번호, 주소: 시행처리과명 등 아래에 우편주소를 기재할 때 우편번호를 먼저 쓰고 그 옆에 행정기관이 있는 도로명과 건물번호를 쓴 다음 상세주소를 괄호 안에 쓰고 그 옆에 사무실이 있는 층수와 호수를 괄호 안에 쓴다.

담당자　　　　부장　　　　원장

협조자

• 행정기관이 있는 도로명과 건물번호 다음에 주소를 ( )안에 기재

• 우편번호 기재

-939 (2018.03.24.)　　접수 교육정보관리실-636 (2008.03.25.)

우 565-813 00도 00군 ○○○ ○○○리 123 / http://www.lifelong.ms.kr

전화 (02)222-0000 전송 (02)222-0000 / / 공개

• 행정기관에서 담당자에게 부여한 전자우편주소 기재

• 전화번호와 모사전송번호를 각각 기재하되 괄호안에 지역번호 기재
•기관 내 문서의 경우 구내번호 기재

(마) 누리집 주소(홈페이지), 전화, 전송번호, 전자우편주소

(바) 공개 : 공개구분은 공문서의 특성에 따라 공개, 비공개, 부분공개로 구분하여 표시한다. 부분공개 또는 비공개인 경우 해당시행규칙에 따라 부분공개() 또는 비공개()로 표시하고 괄호 안에는 관련 법률에서 정한 번호를 적는다.

※ 기안문 작성요령

① 슬로건: 발신기관에서 채택한 슬로건을 쓴다(필수항목은 아님).

② 행정기관명: 문서를 기안한 부서가 속한 행정기관명을 기재한다.

③ 수신자( ): 수신기관장을 쓰고 ( )안에는 처리할 자의 직위(대개 부서장/과장)를 쓴다. 처리할 자의 직위가 불분명할 경우에는 ○○업무담당과장 등으로 쓰며, 수신자가 많을 경우에는 '수신자 참조'라고 쓰고, 결문의 발신 명의 밑의 왼쪽 기본 선에 맞추어 수신자란을 설치하여 수신자명을 표시한다.

④ (경유): 경유문서인 경우 (경유)란에 "이 문서는 경유기관의 장은 ○○○이고, 최종 수신기관의 장은 ○○○입니다."라고 표시하고, 경유기관의 장은 제목란

에 "경유문서의 이송"이라고 표시하여 순차적으로 이송하여야 한다.

⑤ 제목: 문서의 내용을 쉽게 알 수 있도록 간단하고 명확하게 기재한다.

⑥ 인사말: 기관 대 기관으로 인사말을 쓴다.

⑦ 끝: 표시의 기본은 본문의 마지막 문장 뒤 한 자(2타) 띄고 '끝'자를 쓰고 마침표를 찍는다. 본문 마지막이 표이거나 마지막 문장이 다음 줄로 넘어갈 때에는 다음 줄 기본 선으로부터 한자를 띄우고 '끝'자를 쓴다. 붙임 서류가 있을 때에는 본문 뒤가 아닌 마지막 붙임 서류 끝에 '끝'자를 쓴다.

⑧ 발신명의: 행정기관(단체)의 장의 명의를 기재한다.

⑨ 기안자, 검토자, 협조자, 결재권자의 직위/직급: 직위가 있는 경우에는 직위를 온전하게 쓰고, 직위가 없는 경우에는 직급을 온전하게 쓴다. 다만 기관장과 부기관장의 직위는 간략하게 쓴다.

⑩ 시행처리과명-일련번호(시행일자), 접수처리과명-일련번호(접수일자): 처리과명 처리과가 없는 행정기관은 10자 이내의 행정기관명의 약칭을 기재하고, 일련번호는 연도별 일련번호를 기재하며, 시행일자와 접수처리란에는 연월일을 각각 온점(.)을 찍어 숫자로 기재한다. 다만 민원문서로서 필요한 경우에는 시행일자와 접수일자란에 시・분까지 기재한다.

⑪ 주소: 우편번호를 기재한 다음, 행정기관이 위치한 도로명 및 건물번호 다음에 괄호하여 주소를 기재하며, 사무실이 위치한 층수와 호수를 괄호 안에 기재한다. 행정기관의 홈페이지 주소도 기재한다.

⑫ 전화번호와 메일주소: 전화번호와 모사전송을 각각 기재하며, 메일 주소는 기안자 메일을 쓰되 기관에서 부여한 메일주소를 기재한다.

⑬ 공개구분: 공개, 부분공개, 비공개로 구분하여 표시한다. 부분공개, 비공개인 경우에는 「공공기관의 기록물 관리에 관한 법률 시행규칙」 제16조의 규정에 의한 공개 여부 구분번호를 선택하여 (　　)안에 표시한다.

※ 공문서 작성 실제(1)

기관의 슬로건

①기 관 명

② 수신 : 경기도 ○○교육지원청교육장 (○○과장)

③ (경 유)

④ 제목 : 공문서 작성법

1. 제목의 첫 글자와 같은 위치에서 문서 작성 시작.

∨∨가. 항목 구분은 1, 가, 1), 가), (1), (가), ①, ㉮의 순서로 사용

∨∨1) 앞 항목 위치에서 2타를 띄우고 다음 항목 시작

∨∨가) 날짜는 2013.9.1.로 작성

∨∨(1) 문서의 마지막 글자에서 한 글자(2칸)를 띄우고 "끝" 표시.∨∨끝.

[또는]

표 작성시		

∨∨끝.

○ ○ ○ 학 교 장⑤발신명의

⑥기안자(직위/직급) 서명 검토자(직위/직급) 서명 결재권자 (직위/직급) 서명

⑦시행 처리과명-일련번호 (시행일자) 접수 처리과명-일련번호 (접수일자)

⑧우 000-000 주소 ⑨ / 학교 홈페이지 주소

⑩전화 ( ) 전 송 ( ) ⑪ 공무원의 공식 전자우편주소 ⑫공개구분

※ 공문서 작성 실제(2)

000**교육청 제** 000**호**

0000**평생교육기관**

수신자 각 기관장
(경유) 행정 및 총무부(상담 및 교육 담당자
제목 ○○○○ 평생교육기관 교육과정 안내문

귀 기관의 무궁한 발전을 기원합니다.
본 평생교육 기관은 **고용노동부 직업능력개발 훈련 교육과정 및 일반교육과정**으로 다양한 평생교육프로그램을 개설 · 운영하고 있습니다.
귀 기관의 많은 참여와 관심 부탁드립니다.

-- 다　　음 --

1. 행 사 명 : 서울특별시교육청 '학부모교육프로그램' 운영
2. 행사일자 : 2022년 00월 00일 오전 00시~ 오후 00시
3. 장　　소 : 0000 Hotel
4. 행사내용 : 부모교육, 진로교육, 정신건강교육 학습자료 및 심리검사,
심리상담 교육과정 안내
5. 의뢰내용 : 00구 00교육지원청장님 축사

붙임 1. 세미나일정표 1부.
　　2. 참석자 명단 1부.　　끝.

0000 **평생교육기관**　　직인

담 당 자 : 최00　　　　기관장 : 000평생교육원장
시　　행 : 교육협력과-5000(2009.12.01) 접수
전　　화 : 031-200-0000 / se00n@gbbg.go.kr/　　　　팩　스 : 031- 0000-0000
주　　소 : 우4002-7001 경기도 00시 00구 00로 0가 0번지
홈페이지 : http://www.gggg.co.kr/

2. 품의서

기안서가 검토를 바라는 서류라면 품의서는 허락을 구하는 서류로써 어떠한 내용을 수행하기에 앞서 허락/승인 등을 구상하기 위한 것이 품의서이다. 품의서는 수행하고자 하는 사업계획과 추진 일정에 따라 지출이 예상되는 금액과 항목의 지출에 대한 결재를 받기 위하여 작성하는 문서로 소요예산에 대한 산출내역을 구체적으로 명시하여 비용이 지출되는 활동에 대해 결재권자가 궁금한 사항이 없도록 기술해야 한다.

1) 품의서의 필요성

일반적으로 기관의 경비를 집행하기 이전에 기관의 승인을 얻어야 한다. 작은 규모의 기관이라 모든 집행의 결정이 신속히 이루어진다면 집행 전에 사전허가를 얻을 필요가 없는 경우도 있지만, 대규모의 기관이라면 크고 작은 경비가 집행되기 때문에 결정권자 혼자서 집행의 결정을 다 수행하기는 어렵다. 따라서 사전에 지출품의서를 작성하여 집행에 대한 승인을 얻은 후 지출결의서를 통해 집행을 진행 후 결과사항을 다시 결재를 받는 과정을 거치게 된다.

2) 품의서 구성 내용

구분	내용
제목	집행 목적을 나타낼 수 있도록 정확하게 표기해야 한다. 제목만 보아도 무엇을 결재받기 위한 문서인지 알 수 있도록 사용 목적을 분명히 작성한다.
내용	품의서의 내용은 명확하고 간결하게 작성 한다. 품의서는 상사나 협조부서에 사전 결재나 승인을 받기 위한 문서이므로 근거가 명확해야 한다. 또한 품의 목적과 필요금액 등을 기재하고 내역이 많으면 별지로 작성한다.
참조	교부처를 작성하고 예산과목은 상세하게 기재하도록 한다. 집행의 내용에 따라 관련 부서의 협조를 구할 수 있다.

3) 품의서 작성 요령

구분	작성요령
품의 내용	• 목적과 내용을 요약하여 간결하게 작성한다. • 상사나 협조부서에 사전 결제나 승인을 얻기 위해 작성되는 문서로서 제시하는 근거가 설득력이 있어야 한다. • 품의의 목적과 필요금액 등을 기재하고 내역이 많을 경우 별지로 작성하여 첨부한다.
문서번호	• 문서의 체계적인 관리를 위해 문서의 고유번호 또는 문서 코드를 정해 문서를 분류하여 보관한다. • 체계적인 문서관리 분류는 해당 문서를 관리하거나 다시 찾을 때 업무효과가 효율적이다.
결재	• 전결의 경우 위임전결 실행기준표가 어느 규정에 의거하였는지 명시하고 전결자의 직책과 성명을 기재한다.
품의 부서	• 해당 품의서를 작성하여 제출하는 부서를 기입한다.
협조부서	• 업무상 상호 협조가 필요한 부서의 결재를 받고 부서 간 원활한 협조가 이루어지도록 한다.
제목	• 간결하면서 제목만을 통해 품의하고자 하는 내용을 한눈에 알 수 있도록 한다.
처리 기간	• 품의서 처리 기간을 명시하여 품의서가 신속히 처리될 수 있게 한다.

품의서의 작성절차

작성 전		작성 시		작성 후
• 작성목적파악 • 관련 정보수집 · 선택 • 품의의 목적에 따라 검토 • 초안 작성 · 검토	⇨	• 논점의 정리 · 명확화 • 주요 내용 구성 • 이해하기 쉽도록 간결화	⇨	• 쉽게 이해되는 내용 • 작성목적에 부합한 지 • 잘못된 부분이 없는지 수정하고 검수

※ 품의서 작성예시

한국 ○○○○ 연구소(단체명)

우431-840/ 00도 00시 00구 001동 000 전화031)457-0000
소장 000 교육본부이사 000 (one***@naver.com)

문서번호 21-01-02
시행일자 2021. 02. 01
(경유)
받음
참조

보존기간	2021.01.02~2021.01.31	소장	
공개여부	비공개	000	
부소장			
교육본부이사			
기안자			협조
심사자		심사일	

제목 : 행복 flourish 세미나 개최비용 지출계획

2021년 1차 '행복 flourish'세미나 개최와 관련하여 아래와 같이 비용을 지출코자 합니다.

1. 세미나 개요
   가. 일시/장소: 21. 2.15.(월) 14:00~17:00/** 호텔
   나. 참석인원: 연구소 직원 외 가입회원 250명
   다. 주 제: PERAM/S확장 및 구축

2. 지출계획
   가. 추정금액: 12,500,000원 (보조금 10,000,000원/자부담 10,000원x250명)
   나. 지출내역

재원 구분	비목	적요	추정금액(원)	산출내역	비고
계			12,500,000		VAT포함

붙임: 세미나 계획표 및 일정표 1부. 끝.

한국 ○○○○ 연구소

3. 지출결의서

품의서가 허락을 구하는 서류라면 지출결의서는 지출발생시 회사 내부 관리상 지출을 사전 승인을 요청하는 관리서류이다. 지출결의서는 기관의 자금을 지출할 때 기관 결정권자의 결재를 받아 지출하는 것이 일반적이며, 작은 규모의 기관이라면 집행 결정이 신속이 이루어지기 쉽지만, 규모가 큰 조직이라면 비용지출이 수시로 이루어지기 때문에 결정권자 혼자서 모든 결정을 내리기 어렵다. 따라서 사전에 지출(품의)결의서를 통해 자금에 대한 결재를 받고 자금 집행의 결과로 지출 일자, 지출금액, 관련 영수증 등을 첨부하여 결과 사항을 결재받게 된다.

지출결의서 내용에는 지출의 현황, 어느 부서에서 필요한 물품인지, 언제 대금이 지출되어야 하는지, 결제조건은 무엇인지 등의 여부를 기재하여 결재하는 부서에서 올바른 판단을 하기 위한 기초자료가 될 수 있도록 작성한다. 같은 날짜에 여러 건을 지출하는 경우에는 한 장의 지출결의서에 여러 건의 비목에 대한 일괄지출결의도 가능하다.‘발의 및 원인행위일’은 지출계획을 수립한 날짜 또는 품의한 날짜를 기재하며,‘지출부 기재일’은 통장에서 자금을 인출한 날짜(회계장부-지출부에 등재한 날짜)를 기재하며,‘증빙자료’는 각 비목별로 지출에 필요한 품의, 청구, 증빙자료를 기재하고 해당 자료를 별첨한다. 지출결의서 작성은 올바른 회계 처리를 위한 기초자료임과 동시에 대표자나 경영진이 올바른 자금 집행을 하기 위한 중요한 자료가 된다. 지출결의서 작성 시 주의사항에는 원칙적으로 기관 운영자는 사업상 지출되는 경비에 대해 그 증빙을 반드시 수취 보관하고 있어야 하므로 일정 금액 이상의 경비를 지출할 때에는 세금계산서 및 신용카드 매출전표만이 그 정규증빙을 인정한다. 또한 일정 금액 미만의 경비지출 시에도 원칙적으로 간이영수증 수령해야 한다. 단 현실적으로 영수증을 수취할 수 없는 경우 사용자 기재하고 해당 부서장이 확인한 지출결의서를 꼭 작성한다.

지출결의서 유형에는 입금결의서, 지출결의서, 대체결의서가 있다. 입금결의서는 현장에서 발행하는 제 수입 사항 및 기타 입금사항의 경우 사용한다. 지출결의서는 지출 발생 시 조직 내부 관리상 지출의 사전 승인요청을 할 경우에 사용하며, 대체결의서는 미지금 계정 설정시 사용한다. 현장에서는 입금결의서, 지출결의서, 대체결의서 작성의 편의를 위하여 지출(입금, 출금, 대체) 결의서로 통합하여 사용하기도 한다.

지출결의서 작성요령은 아래와 같다.

결재	발의부서나 임직원이 자금지원을 요청하였을 때 이에 대한 자금이 적재적소에 지출될 것인지를 판단하여 지출승인을 확인하는 것으로 자금 집행의 최종결정권자인 경리책임자 및 임원이나 대표자가 자금 결재를 한다.
부서	자금을 사용하는 부서 즉 타부서에서 부장의 승인을 받아 지출승인을 경리부에 요청할 때 작성하는 곳으로 '부서란'을 보면 어느 부서에서 누가 어떤 용도로 자금을 요청하여 사용하였는지 여부를 알 수 있다.
지출금액	자금을 지출한 내역을 한글로 적고 괄호 안에 숫자로 적는다.
제목	지출 및 대체되는 대표적인 거래내용을 기재한다.
내역	자금을 지출하려는 용도를 간단히 기술하는 곳이다.
적요	자금이 지출된 내역을 간단히 기술하는 곳으로 경리부서에서 지출 결의서를 작성할 때 금액 다음으로 가장 중요한 사항이 '적요'란이다.
비고	지출결의서의 내용에 대해 참조할 사항이나 특이사항이 있는 경우 비고란에 기재함으로서 자금집행자가 올바른 판단을 할 수 있도록 돕는다.

사업비 정산시 유의사항

- 정산확인방법; 정산총괄표, 세부사업별 집행내역서, 사업비집행내역 간 보조금 및 자부담의 총계는 상호 일치하여야 한다.
- 모든 영수증은 유리알카드영수증, 신용카드 매출전표, 세금계산서, 현금영수증, 무통장입금증, 인터넷뱅킹(이체확인증)을 원칙으로 한다.
- 인쇄비는 정부 인쇄기준요금에 근거한 원가계산서(단가산출표)를 제출
- 강사료, 인건비, 원고료 등 각종 개인 사례금 지급(25만원이상)사항은 원천징수 후 증빙서류(납부영수증) 원본 또는 사본(원본대조필 확인서)제출.

※ 지출결의서 예시

지 출 결 의 서

□재원구분 □보조금 □자부담	담당자	교육본부장	부소장	소장	결재

지출금액 일금 팔십이만 원정 ₩820,000

발의 및 원인해위일	2021. 1. 2	지출부 기재일	2021. 2. 26

내 역

지출결의번호	지출내역			채주(지급처)		지급방법
	비목	적요	금액(원)	상호(소속)	성명(대표)	
A-21-1-01	도서인쇄비	세미나 자료집	250,000	00인쇄사	김창성	농협 123-456-789
A-21-1-02	식비	회의시 식비	70,000	00식당	홍길동	국민 477-600-0000
A-21-1-03	다과비	세미나 다과	150,000	00마켓	다나와	우리 404-80-0006
A-21-1-04	인쇄비	현수막	100,000	00출력소	행복함	농협123-456-890
A-21-1-05	사무용품비	명찰 및 볼펜등	250,000	00문구	나행복	외한 478-500-0000
A-21-1-06	회의비	회의진행비	180,000	00점	너행복	우리405-455-0000
	합계		**1,000,000**			
증빙자료	1. 품의서/자료집 배포계획서 1부/인쇄비 견적서 1부/세금계산서 1부 2. 품의서/료 지급내역서 1부 3. 품의서/영수증 1부					

위 금액을 인출하여 지급코자 합니다.

2021. 2. 26

단체명**연합회** 회계담당자 ○○○(인)

※ 지출결의서 집행내역서

* 집행내역(실제 지출일을 기준으로 작성-내역은100%기재)

통 장 지출 일자	지출액	지 출 내 역		지 출 결의서 번 호	영수증 번 호	지 출 일 자
		비목 및 내역	지출액			
계	1,000,000		1,000,000			
2021. 2. 1	250,000	교육자료(12,500×20부)	250,000	① - 1	① - 2	2. 1
2021. 2. 1	70,000	회의시 식비(7,000×10명)	70,000	② - 1	② - 2	2. 1
2021. 2. 2	150,000	다과비(3,000×50인)	150,000	③ - 1	③ - 2	2. 2
2021. 2. 2	100,000	현수막(100,000×1개)	100,000	④ - 1	④ - 2	2. 2
2021. 2. 2	250,000	사무용품구입비(명찰,볼펜등)	250,000	⑤ - 1	⑤ - 1	2. 2
2021. 2. 7	180,000	회의비(30,000×6명)	180,000	⑥ - 1	⑥ - 1	2. 7

※ 집행영수증

자부담 집행 영수증

○ 집행내역 :

○ 집행일자 : .　.　.

○ 집행금액 :　　　　　　원

○ 집행영수증

< 영수증 붙이는곳 >

※ 영수증은 유리알카드영수증, 신용카드 매출전표, 세금계산서, 은행무통장 입금증 등 가능함

※ 개인 사례에 한하여 참여확인서를 별첨해야함

별첨 : 참여확인서첨부(성명, 주민등록번호, 주소, 연락처 등)

4. 보고서 개념 및 작성

보고서는 사업 시행을 승인 받고자 할 때 또는 시행 후 결과를 보고하기 위해 작성되는 문서이다. 보고서를 제출함으로써 업무의 진행상황을 파악할 수 있고 보고자에게 적절한 지시나 조언을 해 줄 수 있다. 문서화된 보고서는 업무 진행 및 사후 상황에 있어 지속적인 자료로 활용된다. 보고서의 기능으로 몇 가지가 있다. 첫째, 정책·전략·계획 수립을 위하여 활용, 둘째, 사업지원 및 결과평가를 위하여 활용, 셋째, 사실 확인을 위하여 활용, 넷째, 업무의 독려 및 촉구를 위하여 활용, 다섯째, 단순참고를 위하여 활용 등이다.

보고서를 작성하는 원칙은 보고를 받는 사람에게 유용한 정보를 제때 정확히 전달하여야 한다. 기본 원칙은 다음과 같다.

- 필요성의 원칙: 용도를 분명하게 제시하여 불필요한 보고를 억제하고 이용목적에 적합한 보고서 작성이다.
- 완전성의 원칙: 철저한 자료 수집을 통하여 관련된 사실을 완전하게 정리하고 작성자의 책임을 명확히 한다.
- 적시성의 원칙: 보고 시기의 합리적인 선택, 외부정보의 신속한 수집, 사실 발생 후의 신속한 보고 중요하다.
- 경제성의 원칙: 보고서의 효과가 작성에 소요되는 시간, 인력, 비용보다 커야함
- 간결성의 원칙: 내용을 간결한 형식으로 요약하고 이해하기 쉬운 방법으로 표현하고, 어려운 용어나 불필요한 사항 배제한다.

보고서의 종류로는 사업 시행 전에서 주로 00계획서 형태로 작성되며, 사업 시행 후에는 00 결과보고서 형태로 작성된다. 평생교육 실무에서 빈번하게 작성되는 행사계획보고서, 행사결과보고서, 출장보고서 등이 해당된다.

- 행사계획보고서: 행사 전 결재권자 및 관계자들에게 행사에 대하여 승인을 받거나 안내를 하고자 작성한다. 이 보고서는 어떤 행사를, 어떻게, 왜 하고자 하는

지 간결하면서도 정확하게 작성해야 한다.

- 행사결과보고서: 행사결과보고서는 행사를 치른 후 당초 계획한 대로 성과가 있었는지, 참석자들은 어떤 의견을 제시하였는지, 특이사항은 없었는지 등을 기록, 정리하여 보고한다. 사진 자료도 첨부하고, 행사와 관련 향후 계획도 언급하는 것이 좋다.
- 출장보고서는 국내 또는 해외로 출장을 다녀온 후 결과를 결재권자에게 보고할 때 작성한다. 출장자의 소속 및 직위 등을 기재하고 출장목적을 명확히 기재, 출장 기간과 목적지, 업무수행 내용을 간결하게 기재, 출장자의 견해 및 소감을 덧붙이면 좋다.
- 쪽지 보고서는 정식으로 기안문을 작성하기 전에 구두보고 형식보다는 형식을 갖추어 보고하는 형태로, 어떤 사안에 대하여 결재권자에게 일차 의견을 검토받고자 할 때 작성하는 문서이며 실무현장에서는 빈번하게 사용되는 문서 중 하나이다.

※ 결과보고서 사례(쪽지 보고서)

평생학습과				작성일자	
업 무 보 고				담당부서	
과장	원장	부시장	시장	담당자	
				작성자	

" 학습동아리 매니저 양성과정 " 개강

■ 개　요

- 행사 명 : 학습동아리 매니저 양성과정
- 개강일시 : 20　. 00월 00일(00:00)
- 교육기간 : 20　. 00월 00일(매주 수금 10:00-13:00)
- 장　소 : 0000 청소년 수련관 3층 강의실
- 접수인원 : 총 25명

■ 세부일정

일정		내용	강사
1	4/6	인생 100세시대 생존전략'학습동아리'	00000000000000
2	4/8	평생교육과 학습도시정책 및 지자체 정책 공유	00000000000000
3	4/13	학습동아리 이해, 우수동아리 사례 학습	00000000000000
4	4/15	학습동아리 매니저 역할과 비전	00000000000000
5	4/20	경청 및 코칭 스킬 업(I)	00000000000000
6	4/22	경청 및 코칭 스킬 업(II)	00000000000000
7	4/27	상담 및 컨설팅 기법(조직운영 질문기법)	00000000000000
8	4/29	상담 및 컨설팅 기법(학습활동 탐색기법)	00000000000000
9	5/4	상담 및 컨설팅 기법(실천활동 탐색기법)	00000000000000
10	5/6	상담기법 및 전략(강점과 잠재력 극대화)	00000000000000
11	5/11	학습동아리 비전 수립, 간담회, 수료식	00000000000000

위와 같이 운영 예산에 대한 결산 내역을 보고합니다.

20 년 월 일

보고자 : ____________(인)

※ 프로그램 시행 후 결과보고서(사례)

평생교육 실습자가 160시간 실습 기간 동안 개인의 프로그램을 개발하여 학습자를 대상으로 3주 계획 중 1회 실행 후 작성한 보고서이다.

결과보고서

사 업 명 : 신나게 만들고 예쁘게 활용하는 종이작품 만들기

목　　적 - 종이접기를 통하여 소근육 발달 돕는다
- 종이평면 조각을 접어 입체작품으로 만드는 과정에서 도형을 이해한다.
- 작품의 완성도를 통해 성취감을 이루고 실생활에 이용함으로서 만족감을 느끼게 해준다.

대　　상 : 파주시 초등학교 3 - 5학년 10명

기　　간 : 2022년 4월 9일, 16일, 23일(매주 토요일 오후 3시

■ 세부결과 보고서

프로그램명	날짜	세부내용	참가인원	장소
1 회기 다트놀이도 하면서 내 방을 화사하게 코디해요~~	4/9	• 방석접기와 겹겹이를 하여 팔각형의 평면도형을 구성함 • 그 위에 다트판을 붙이고 추를 달아 완성함	10명	북카페 1층 배움터

■ 소요예산 세부내역

항목	세부내역	금액(합계)	비고
1 회 프로그램 재료비	**2,000 * 10 = 20,000**	**20,000**	

■ 프로그램 기대효과

초등학생들에게 종기 1장을 가지고도 여러 가지 모양이 나올 수 있다는 것을 체험하게 하여 창의력과 사고력 향상을 키워주는 효과를 기대한다.

■ 프로그램 평가

프로그램 평가로 설문지법을 계획하였으나 아이들에게 설문지법은 어려움이 있다는 실습지도자의 말씀에 생략하기로 했다

20　년　월　일

보고자 : ______________(인)

5. 보도자료 개념 및 작성

보도자료는 신문이나 방송 매체를 통하여 알리고자 하는 내용을 핵심적으로 요약해서 기사체로 만든 글이며, 보도자료의 가치를 확보하는 것이 중요하다.

보도자료로서의 가치란 시의성('언제' 보도될)자료인지), 적절성(보도에 적합한지, '이슈'가 될 만한 내용인지), 완성도(정보의 충실성, 객관성)가 적절하게 포함되어 있느냐가 중요하다.

평생교육 기관에서 신문이나 방송 매체를 통한 보도는 새로운 사업이나 프로그램을 계획하고 시민이나 학습자의 참여를 유도할 때, 또는 사업 종료 후 그 성과나 의미를 공유하고자 할 때 활용한다. 따라서 평생교육사는 보도자료 작성요령을 익힐 필요가 있다. 보도자료가 기사로서 보도되기 위해서는 기자들에게 매력적으로 다가가는 보도자료를 작성해야 한다. 따라서 보도자료는 기자들이 크게 손질하지 않아도 바로 기사로 쓸 수 있도록 쉽고 간결하면서도 정확하게 쓰는 것이 관건이라 할 수 있다.

1) 보도자료 구성

보도자료는 제목(헤드라인), 전문(리드문), 본문의 3부분으로 구성한다.

- 헤드라인(제목)은 보도자료에서 매우 중요하다. 기사를 다 읽지 않아도 제목만으로 기사의 내용을 알 수 있어야 한다.또한 명료하면서도 보도자료 전체의 내용이 요약되어 있어야 하며, 키워드를 포함하고 있어야 한다. 헤드라인(제목)자체에서 보도자료의 분위기를 느낄 수 있게 작성되어야 하며, 짧고, 명확하게, 호기심까지 자극 할 수 있다면 더욱 좋다.
- 리드(전문)은 보도자료의 첫줄을 말한다. 첫 줄이 중요한 이유는 첫 줄에서 전달하고자 하는 핵심내용을 군더더기 없는 간결한 문장으로 최대한 많은 정보를 전달해야 한다. 리드(전문)는 본문의 요약이자 핵심이다. 본문에서 가장 중요한

정보를 요약하고 덜 중요한 것은 본문으로 처리한다. 기자나 편집국이 보도자료에 관심을 가질 수 있도록 호기심을 자극해야 한다. 가급적 부정적이거나 불확실한 내용은 피하는 것이 좋다.

- 본문은 문장 전체가 짧고 간결해야 독자들의 가독성을 높일 수 있다. 보도자료의 본문은 A4용지 1~2장을 넘지 않으며, 개인적 느낌과 감정을 배제하고 객관적으로 작성해야 한다. 본문에서 보도의 전체 내용을 담아야 하기에 내용이 바뀔 때마다 단락을 바꾸어 작성하는 것이 효과적이며, 외래어, 전문용어보다는 일상언어를 사용한다. 보도자료에 이미지나 동영상이 추가되면 기사의 내용을 이해하는데 도움을 주며, 보다 전문적인 느낌을 받을 수 있다

2) 보도자료가 갖추어야 할 기본적인 요건은 다음과 같다.

① 가치 있는 내용이다. 무엇이 새로운 사실이고, 보도할 가치가 있는 내용인지를 명확하게 알 수 있어야 한다.

② 정확성이다. 보도자료의 절대 요건은 객관성과 신뢰성인데, 이를 한마디로 표현하면 정확성이다.

③ 간결함이다. 신문은 공간, 방송은 시간의 제약이 있으므로 분명히 알려야 할 사실만을 간결하게 정리하여야 한다. 보도자료의 본문은 A4 용지 1~2장을 넘지 않는 것이 좋다

④ 바른 문장이다. 문법이나 맞춤법에 맞게 바르게 써야 한다.

3) 보도자료 작성 10계명

① 보도자료는 내가 읽는 것이 아니라 기자와 시민들이 읽는 것이다.

② 보도자료의 기본사항을 명기한다.

③ 전달할 내용의 핵심을 부각시킨다.

④ 정확하고 간단명료하게 표현한다.

⑤ 문장이 짧아야 한다.

⑥ 전문용어를 가급적 피해야 한다.

⑦ 보도 가능한 것만 내보내야 한다(관심 사항, 핵심사항만).

⑧ 무리하게 기사화할 것을 요구하거나 기사의 크기를 묻지 않는다.

⑨ 가능하면 한날한시에 각 매체가 보도할 수 있어야 한다.

⑩ 사진이나 그래픽, 영상자료를 제공하면 보도 가능성이 더욱 커진다.

4) 보도자료 작성 시 금기사항

① 새로운 사실이 없는 단순한 기업이나 기관을 소개하는 정보

② 공공의 목적 없이 제3자를 비방하거나 프라이버시를 침해해 재산과 명예를 손상시킬 가능성이 있는 보도자료 및 정보

③ 과장 또는 왜곡되었다고 판단되는 보도자료 및 정보.

④ 타인의 지적재산권등 기타권리를 침해하는 보도자료 및 정보

⑤ 해상도가 낮거나 사진이 언론매체가 쓰기에는 품질이 떨어진다고 판단되는 사진영상

⑥ 이미 언론에 배포돼 발표 시점이 지난 보도자료 및 정보

※ 보도자료 작성사례(양천구청)

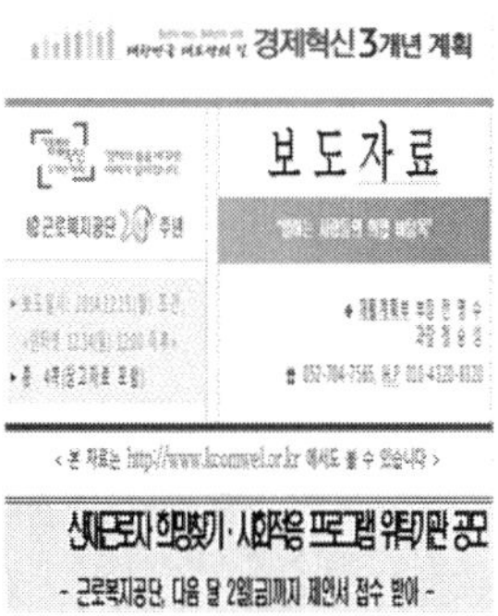
경제혁신 3개년 계획

보도자료

< 본 자료는 http://www.kcomwel.or.kr 에서도 볼 수 있습니다 >

산재근로자 희망찾기·사회적응 프로그램 위탁기관 공모

- 근로복지공단, 다음 달 2일(금)까지 제안서 접수 받아 -

• 공모에 참여할 수 있는 기관은 사회복지기관, 장애인 복지관, 전문상담센터, 산재지정 의료기관, 대학의 사회교육기관 등이며 제안서 공모는 다음 달 2일(금)까지다.

• 000이사장은 '공단은 산재근로자의 특성을 반영한 다양한 재활 프로그램 운영으로, 산재근로자의 심리안정과 사회복귀에 실질적인 도움이 되는 서비스를 지속적으로 제공할 것이다'고 말했다.

• 기타 자세한 내용은 공단 재활계획부 (052-704-000)로 문의하거나 공단누리집을 통해 확인할 수 있다.

[참고자료] 공공기관(지방자치단체)의 평생교육사

평생교육사라는 직업은 여전히 낯설게 느껴지고 있는 가운데 포항시 평생학습 관계자들이 하나같이 칭찬하는 사람이 있다. 노00 주무관은 대구 출신으로 대학원에서 평생교육을 전공하고 지난 2009년 포항시 평생교육사로 채용돼 포항과 인연을 맺게 되었다.

2012년 교육부 평생학습도시 지정을 비롯해 전국 최초 해병대 군(軍) 관사 내 평생학습센터를 설치·운영해 군 장병과 가족들의 평생학습 참여에 대한 기회를 제공했을 뿐만 아니라 한글을 몰라 불편함을 겪는 시민들에게 경북도 최초로 초등학력 인정 문해교육 프로그램을 운영했다. 또한 제3회 경북도 평생학습박람회 개최, 지역대학의 평생학습 기능 강화를 위한 성인학습자 취·창업 지원 교육과정 등 다양한 사업들을 추진했다. 특히, 포항시 평생교육지도자 양성과정을 운영, 배출된 594명의 회원이 활동하는 포항시 평생교육지도자 협의회를 지원하고 민·관 협력의 모델을 통해 대한민국 평생학습 대전에서 '포항시 마을평생교육 활성화 사업'으로 포항시가 교육부 장관상을 수상하는데 실무자로서 큰 역할을 했다. 게다가 교육 소외계층 해소를 위해 찾아가는 동네 경로당 대학, 찾아가는 재능기부 강좌, 장애인 평생학습 지원 등 누구나, 언제, 어디서나 평생학습에 참여할 수 있도록 다양한 아이디어를 통해 평생학습 사다리를 놓는 평생학습 전도사 역할을 톡톡히 하고 있다. 이로 인해 경북도 내 시·군의 벤치마킹이 이어질 정도로 모범적인 사례로 평가받고 있다. 평생학습팀장은 "늘 솔선수범하는 자세로 전문적인 지식과 경험을 동료들에게 보다 쉽게 설명하는 성품 좋은 능력이 탁월한 공무원이다" 라고 귀띔했다.

출처: 경북신문, 2022.1월

05

요구분석 및 사업(프로그램)기획

chapter 05 요구분석 및 사업(프로그램)기획

1. 요구분석

모든 평생교육활동은 사업과 프로그램 형태로 구현된다. 그만큼 프로그램 기획은 평생교육사에게 큰 비중을 차지하는 임무이다. 평생교육 사업이나 프로그램 기획은 매우 다양하고 복잡한 현장의 모습 즉 삶의 모습을 담고 있어야 하며 그 현장의 문제를 해결할 수 있는 솔루션이 되어야 한다.

사업(프로그램)기획에서 요구란 사업의 목적을 달성하기 위해 현 상태와 바람직한 상태간의 격차를 규명하는 것으로 사업(프로그램)을 기획하는 것에 있어 요구분석은 프로그램의 목적을 실현하는데 중요한 요소로 사업(프로그램)의 성패를 좌우한다. 요구분석은 프로그램 개발의 핵심으로 평생교육을 기획하는 평생교육사는 프로그램을 기획하기에 앞서 학습에 참여하는 학습자의 객관적 요구를 정확하게 진단해야 한다. 진행 과정은 프로그램의 참여집단의 특성을 나열하고 둘째, 목표 집단의 특성에 맞는 요구조사기법을 선정해야 한다. 본 장에서는 요구조사에서 많이 활용되어지고 SWOT분석, 지역 자원분석, 학습자분석 등을 살펴보고자 한다.

1) 평생교육 SWOT 분석

지역의 환경이나 기관의 상황을 분석할 때 가장 일반적으로 쓰는 방법이 SWOT 분석기법이다. 평생교육 사업을 기획할 때 또는 마케팅 전략을 수립할 때도 일반적으로 사용하는 방법이다.

SWOT는 강점(Strength), 약점(Weakness), 기회(Opportunity), 위협(Threat)의 약자이다. 기관의 내부 환경을 분석하여 강점과 약점을 발견하고, 외부환경을 분석하여 기회요인과 위협요인을 파악한 후 강점은 살리고 약점은 보완하며, 기회는 활용하고 위협은 억제하는 전략을 수립하는 것이다. SWOT 분석의 목적은 잠재적인 시장에서 시장의 세분화와 특성을 파악하여 우선순위를 정하고 현재의 위치와 최적의 자원 활용에 도달할 수 있는 정보를 제공하는 것. 즉 프로그램을 기획하기 전에 현재의 위치에서 성취해야 할 목표를 파악할 수 있다.

SWOT 분석에서는 보다 명료하게 전체를 살펴보기 위하여 매트릭스표를 활용한다.

• SWOT의 4요소

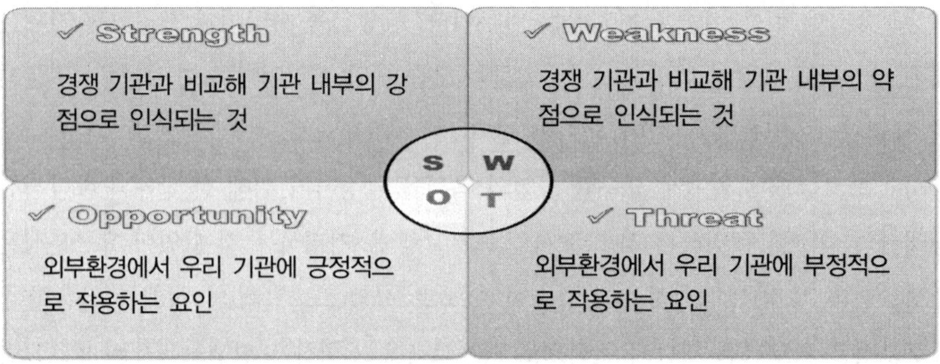

• SWOT 분석의 전략

내부요인 / 외부요인	강점요인	약점요인
기회요인	SO전략: 미래의 대응강화전략 시장의 기회를 활용하기 위해 강점을 사용하는 전략	WO전략: 약점 보완 전략 약점을 극복하기 위해 시장의 기회를 활용하는 전략
위협요인	ST전략: 시너지 창출전략 시장의 위협을 회피하기 위하여 강점을 활용하는 전략	WT전략: 위협 최소화전략 시장의 위협을 회피하고 약점을 최소화하는 전략

• 지자체의 평생교육기관

✓ Strength

- 평생학습과 마을공동체 관련 구성원들의 전문성과 노하우 확보
- 단체 활동 사회적 차원 인정(2013 대한민국평생 학습 대상수상)
- 구성원들의 지속적인 성장 시스템 구축
- 구성원들의 헌신과 자부심

✓ Weakness

- 인건비 및 운영비 자체수급에 대한 부담
- 회원들의 참여 저조로 비영리단체 정체성 유지에 대한 부담
- 현장실천연구 활동 기록정리 취약
- 단체 활동에 대한 홍보, 마케팅 소홀
- 전국최초 평생학습마을 주관단체라는 명성으로 인한 자만심 및 착각

S W O T

✓ Opportunity

- 지자체의 마을 공동체에 대한 관심 확대
- 지속적인 평생학습도시 증가로 위탁사업 확대
- 단체에 대한 지역사회의 긍정적 이미지 형성
- 단체운영 콘텐츠에 대한 지자체들의 전문성 인정
- 지속적인 마을 활동으로 주민활동가들과의 신뢰 형성

✓ Threat

- 평생교육과 관련된 유사 경쟁단체 증가
- 지방정부의 공정지원에 따른 민간영역의 생태계 파괴위험
- 마을공동체 활동의 이해관계 관점에서 평가하는 주민들과의 갈등으로 인한 에너지 소진
- 평생교육 전문가들의 모임이라는 사회적 기대에서 오는 부담

2) 지역자원 조사 및 분석

지역사회특성에 맞는 사업이나 프로그램개발은 지역사회에 대한 이해를 바탕으로 한다. 평생교육 사업은 지역사회의 자원이 최대한 활용될 수 있도록 기획될 때 성공할 확률이 높아지고 그 의미도 커진다. 지역사회에 어떤 자원들이 존재하고 있는지를 발굴하는 작업과 함께 기존 자원에 대한 새로운 해석, 즉 무의미하게 존재하고 있던 자원들에 대하여 교육적 의미를 부여하는 것이 필요하다.'평생학습마을 만들기','주민자치활동'과 같이 지역과 긴밀한 연계가 요구되는 평생교육활동에서는 지역에 대한 구체적인 이해가 더욱 강조된다. 지역을 이해하기 위해서는 일반적인 자원을 조사 분석하는 과정이 필요하며, 이는 지역에서 평생교육 활동을 수행하는 데 풍성한 아이디어를 제공해 줄 수 있다.

평생교육 지역자원 분석이 중요한 이유를 살펴보면 평생학습 기관 및 사업의 방향을 설정할 수 있으며, 사업의 타당성을 확보하고 사업수행의 필요성을 설득력 있게 제시할 수 있고, 지속적인 프로그램의 방향 제시 및 지역 평생학습 협의체에서의 논의 사항으로써 객관화된 데이터를 통해 네트워크의 실마리를 찾을 수 있다.

〈표 5-1〉 일반자원 조사분류표

구분		자원 항목
자연	산지	국·공립공원: 국립, 도립, 구립 등
		환경 관련 지구: 자연생태보전지역, 조수보호구역 등
	해양	해상공원지정, 갯벌, 항, 포구, 해양수질등급 등
	하천	하천분포 : 지방하천 이상 등
		어류 분포 : 보호종, 희귀성 어류 등 분포현황
	지질/기상자원	동굴, 특이지질 및 기상(암상, 현상)등
	마을숲/정자목	마을숲, 정자목, 보호수 등
생활	전통구조물	전통가옥(농가), 우물, 빨래터 등 전통생활시설
	교육자원	폐교, 대안학교, 생태학습장, 전문화 교육시설 등
	인구 및 가구	연령별, 직업별, 원주민 및 귀농인 등
	환경	소음, 대기오염, 악취 등
관광	관광지	관광지 지정, 관광특구, 자연휴양림, 갯벌체험장, 생태습지,역사유원지,종교성지 등
역사문화	역사자원	마을역사유래, 유적, 예술, 인물, 법정(유, 무형)문화재, 전통풍습, 향토음식 등
사회	마을조직	~회, ~계 등
	도농교류	결연단체, 교류프로그램, 주말농장, 문화행사, 홈페이지 등

평생교육자원 조사란 지역의 특성을 반영한 평생교육사업 및 프로그램 개발을 위하여 사업 및 프로그램 운영에 활용할 수 있는 유용한 지역의 인적, 물적,·재정, ·정보자원을 수집·발굴하여 목록화 하는 것을 말한다. NCS 에서는 평생교육자원을 인적자원, 물적자원, 재정자원, 정보자원의 네 가지 분류하고 있다. 평생교육자원 조사업무를 진행할 때 평생교육사 역할을 살펴보면 아래의 표에서 제시한 역할로 설명할 수 있다.

〈표 5-2〉 평생교육 자원별 평생교육사 역할

주요업무	책임 및 역할
인적자원 조사하기	• 구축된 인적자원을 조사하여 정리 • 프로그램과 관련된 인적자원을 추가적으로 조사하여 목록작성

주요업무	책임 및 역할
	• 조사한 인적자원 DB를 체계적으로 관리 • 지역사회 인적자원 지도 작성
물적자원 조사하기	• 구축된 물적 자원을 조사 정리 • 프로그램과 관련된 물적자원을 추가적으로 조사하여 목록작성 • 조사한 물적 자원 DB를 체계적으로 관리 • 지역사회 물적자원 지도 작성
재정자원 조사하기	• 평생교육기관의 예산서를 이해하고 필요예산서를 작성 • 정부의 각종 보조금 지원사업을 고려한 예산 확보방안을 기술 • 기업의 사회공헌활동과 연계된 재정자원을 파악하여 활용방안 정리 • 평생교육프로그램 운영기금 마련을 위한 다양한 모금방법 활용
정보자원 조사하기	• 구축된 인적자원을 조사하여 정리 • 프로그램과 관련된 인적자원을 추가적으로 조사하여 목록작성 • 조사한 인적자원 DB를 체계적으로 관리 • 지역사회 인적자원 지도 작성

인적자원은 평생교육사업 및 프로그램을 기획 운영할 때 직접 참여 또는 지지 및 후원이 가능한 인적자원을 말한다.

〈표 5-3〉 **평생교육 인적자원**

구분	조사항목	
인적자원	정치인	대통령, 국회의원, 시장, 전 현직 시도의원 등
	경제인	CEO, 사장, 재력가, 경제전문가 등
	법조인	법관, 회계사, 법무사, 노무사 등
	행정인	공무원 및 준 공무원
	예술인	연예인. 스포츠 선수, 인간문화제 등
	교육인	교수, 교장, 교사, 교육청 관계자, 강사, 평생교육사 등
	지도자	지민자치위원장, 마을지도자, 조직의 장 등
	종교인	기독교, 불교, 천주교 등
	의료인	병원장, 약사, 의사 등
	시설/단체장	사회단체 및 시설의 장
	생활의 달인	직업별 달인, 지역의 명사
	지역의 어른	지역에서 꼭 소개되어야 할 사람

물적자원은 사업이나 프로그램의 내용을 구성함에 있어 직접적인 아이디어를 제공해 줄 수도 있고 사업이나 프로그램 운영 시 시설, 환경, 기자재 등 활용 가능한 자원을 말한다.

〈표 5-4〉 **평생교육 물적자원**

<table>
<tr><th>구분</th><th colspan="2">조사항목</th></tr>
<tr><td rowspan="6">물적
자원</td><td rowspan="4">자연
환경</td><td>공원, 자연휴양림, 산림수목원, 등산로, 산책로, 오래된 길 등</td></tr>
<tr><td>하천, 저수지, 낚시터, 온천, 생태습지, 연못 등</td></tr>
<tr><td>정자목, 보호수, 보호동식물, 환경 관련 지구 등</td></tr>
<tr><td>경작지, 목장, 과수원 등</td></tr>
<tr><td rowspan="2">인위적
환경</td><td>전통가옥, 폐교, 농장, 과수원, 도예, 교회, 마을회관, 창고 등</td></tr>
<tr><td>생태학습장, 학교 및 교육시설, 기업, 교량, 유원지, 골프장, 유원지등</td></tr>
</table>

재정자원은 평생교육사업이나 프로그램 운영을 위한 재원으로 정부의 보조금을 비롯한 공적자금, 각종 기금 및 후원금, 모금활동 등 다양한 형태로 확보할 수 있는 예산을 의미한다.

정보자원은 사업이나 프로그램의 내용을 구성함에 있어 지역의 정체성을 드러낼 수 있는 중요한 콘텐츠를 말한다. 지방자치가 중시되는 상황에서 지역특성화 사업이나 특화 프로그램을 개발 운영하기 위해서는 반드시 고려할 사항이다.

〈표 5-5〉 **평생교육 정보자원**

<table>
<tr><th>구분</th><th colspan="2">조사항목</th></tr>
<tr><td rowspan="4">정보
자원</td><td>문화재(유・무형)</td><td>역사적 위인, 유적・유물, 전통풍습, 전래놀이, 사찰, 종교성지, 기념품, 전통구조물 등</td></tr>
<tr><td>지역 콘텐츠</td><td>지역축제, 각종 마을 만들기 성과, 특산물, 향토음식, 주말농장, 공통행사 등</td></tr>
<tr><td>민간단체</td><td>NGO, NPO, 마을조직(~회, ~계) 등</td></tr>
<tr><td>무형지역자원</td><td>지명유래, 지역역사, 지역이미지, 어메니티, 지역(마을)이야기, 마을설화 등</td></tr>
</table>

3) 학습자의 강점 찾기

평생교육은 다양한 학습자를 대상으로 하는 교육 활동이다. 학습자들은 각각 다른 참여 동기와 요구를 가지고 있으며, 학습한 결과를 실생활에 접목하려는 강한 요구도 가지고 있다. 프로그램 기획자는 프로그램개발 전 단계에서 학습자 맞춤형 프로그램을 개발하기 위한 다양한 노력을 기울여야 한다. 학습자 맞춤형 프로그램을 개발하기 위해 학습자의 결핍에 초점이 맞추어진 요구조사 방법을 주로 사용해 왔다. 하지만 최근에는 개인의 강점에 초점을 두는 '강점기반' 요구조사 방법이 관심을 받고 있다. '강점기반'요구조사방법은 이미 가지고 있는 강점을 강화시키는 전략으로, 이는'요구기반'접근방식의 한계를 보완해주는 전략으로 평가받고 있다.

(1) 존 맥나이트와 존 크레츠만(John L. Mcnight & John P. Kretzmann) ABCD모델

개인의 강점, 재능 등을 계발하는 데 초점을 두는 것이 요구문제에 초점을 두는 것보다 변화를 위한 긍정적인 행동을 유발시키기 쉽다는 것에 핵심이 있다. ABCD 모델은 지역과 개인에 대한 관점전환에 기반한 요구분석 기법이다.

평생교육은 개인이나 지역의 결핍이나 요구를 해결하는데 초점을 두게 되는데 이를 해결하는 데는 외부자원을 투입하는 경우와 내부자원을 활용하는 방법이 있을 수 있다. ABCD 이론은 개인이 소유하고 있는 내부자원을 활용하여 결핍과 요구를 해소하는 접근법이다. 예를 들어 컵에 물이 절반이나 채워졌다고 보는 것은 절반밖에 남지 않았다는 당면한 현실의 문제를 부정하는 것이 아니라 반이나 채워져 있는 부분을 계발하는 데 초점을 둠으로써 요구를 약화시킬 뿐만 아니라 요구를 해결할 수도 있다는 것이다. 강점을 강화시키는 것이기 때문에 결핍을 해결할 때에 비하여 훨씬 더 많은 에너지가 생성된다고 본다.

〈ABCD 모델 : Asset Based Community Development〉

⑵ 데이비드 쿠퍼라이더

ABCD 모델을 구현하기 위한 수단으로'AI(Appreciative Inquiry)'전략을 강조하고 있다. AI 전략은 긍정적인 질문을 통하여 개인의 잠재능력과 가치를 새롭게 발견하고 그것을 바탕으로 미래를 설계할 수 있도록 안내하는 방법이다. 일명'4D사이클'이라 한다. 즉 Discover→Dream→Design→Destiny 단계를 거쳐야 방법이다.

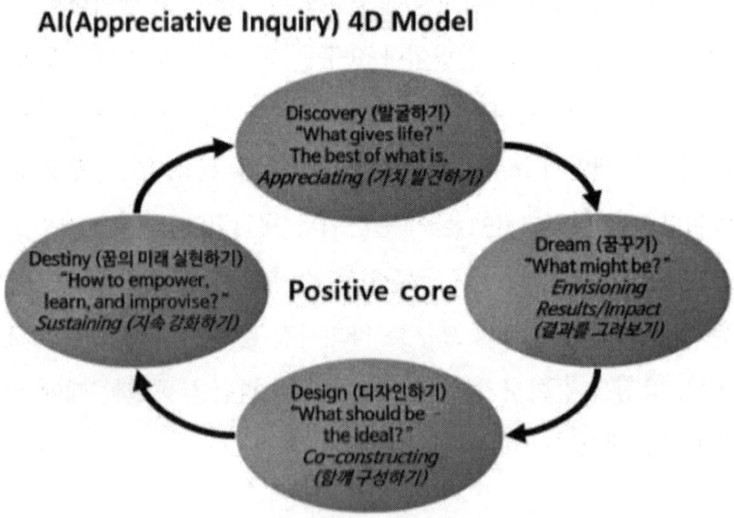

Discovery **단계는** 개인 최고의 경험사례를 통하여 강점이나 잠재력을 발견하는 과정이다. 즉 결핍부분이 무엇인지를 질문하기 보다는 삶의 장면에서 칭찬받았던 일,

스스로 긍정적 가치나 의미를 부여하는 사례, 작은 성공 경험들, 위기를 극복했던 일화 등을 질문하는 것이다. 하나하나의 사례를 분석하고 해석하는 과정에서 자신의 강점을 이끌어내는 것이다.

Dream **단계는** 발견된 강점이 실현된 이상적인 모습을 상상하는 것으로 개인 비전을 수립하는 단계이다. 즉 학습자의 요구가 해결된 모습을 상상하는 것을 말한다.

Design **단계는** 표현된 새로운 꿈을 실현하기 위해 가능한 이상적인 명제를 만들고 핵심적인 긍정의 요소를 활용하고 확대할 수 있도록 하여 구체적으로 프로그램을 설계하는 과정이다.

Destiny **단계는** 디자인된 내용을 실행하는 과정으로 희망을 세우고 긍정적 변화를 향한 추진력을 유지할 수 있는 역량을 강화하는 단계이다. 출발 또는 실행의 의미에 'Destiny'라는 단어를 쓰는데는 이유가 있다. 이는 4D사이클이기 때문에 단순한 실행이 아니라 운명적 실행이라고 보는 것이다. 학습자들은 강점찾기 과정을 통하여 자신을 새롭게 발견하고 진정한 자아실현을 위한 삶을 설계하는 기회를 갖기에 평생교육은'성인기 자아찾기'라는 의미 있는 활동이라 볼 수 있다. 평생교육사는 AI질문을 통해 학습자들이 긍정적 경험 또는 성공 경험을 이끌어 내고 긍정적 에너지를 바탕으로 학습자의 강점을 더욱 강화시킬 수 있는 전략이나 프로그램으로 안내할 수 있도록 역량을 키울 필요가 있다.

4) 조사연구기법

조사연구란 대규모 집단을 대상으로 질문지를 작성하여 많은 사람의 의견을 질문하는 것을 말한다. 따라서 연구자는 수행하고자 하는 목적을 명확히 정의하여 질문지의 각각의 질문이 조사목적과 연관되도록 설계해야 한다.(이종성외 ,2008)

조사연구는 모집단의 특성을 기술하는 것으로 모집단의 특성을 기술하기 위해 표본을 대상으로 정보를 수집하려는 목적을 갖는다. 이때 조사방법을 선택하고자 할 때에는 얻고자 하는 자료의 질과 양, 조사자의 능력과 환경, 조사 대상자의 특성과 환경, 주어진 시간과 비용 등을 고려해야 한다.

조사연구는 모집단 전체를 연구대상으로 하고 있지만 시간과 비용의 제한으로 모집단에서 표출된 표본을 대상으로 자료를 수집하고 이 자료를 기초로 모집단에 대한 추정을 하게 된다(교육평가용어사전, 2023).

조사연구 방법으로는 설문지법, 면접법, 관찰법, 포커스 그룹법, 문헌 조사법이 있는데 본 장에서는 설문지기법과 면접법에 대해 살펴보고자 한다.

(1) 설문지 기법

설문지 기법은 미리 작성된 설문지를 배포하여 응답함으로써 필요한 자료를 수집하는 방법으로 좁은 의미에서 설문지란 질문 문항을 체계적으로 배열하여 응답자가 직접 기재하도록 작성된 것을 말한다. 좋은 설문지란 신뢰성과 타당성을 확보하고 연구의 목적을 달성하는 데 적합하게 구조화되어 있어야 한다. 설문지의 질문형식으로는 개방형 질문과 폐쇄형 질문이 있다. 개방형 질문은 응답에 대한 특정 구조를 제시하지 않고 응답자가 자유롭게 응답하도록 하는 질문으로 응답자로 하여금 지각의 장을 넓게 하고 여러 가지 견해, 생각, 감정을 표현하게 하며 감정, 사고, 실제와의 접촉을 깊게 한다.

개방형의 질문은 다음의 내용을 고려하여 작성한다. ① 평생교육사의 전문적 특성은 무엇이라고 생각하는가? ② 오늘날 과도한 입시경쟁과 물질만능주의가 불러오는 결과는 무엇이라고 생각하는가? ③ 교육의 수월성과 평등성이 사회에 미치는 영향은 무엇이라고 생각하는가? 등 면접상황에서는 방향과 범위가 주어진 질문을 하도록 한다.

폐쇄형 질문은 질문자가 제시한 목록에서 응답자가 선택하도록 하는 질문으로 지각의 장을 단절시키고 냉정한 현실이나 사실 자체에 대한 대답만을 요구하며, 감정, 사고, 실제와의 접촉을 국부적으로 제한시킨다. 폐쇄형 질문은 다음의 내용을 고려하여 작성한다. ① 질문이 명확하도록 하라. ②가능한 한 질문을 단순하게 하고 초점을 유지하라. ③질문을 짧게 하라. ④'편파적'반응을 이끌 수 있는 언어의 사용을 피하라. ⑤일반적인 언어를 사용하라. ⑥유도 질문을 피하라. ⑦이중부정문을 피하라. 응답자의 반응을 허용하지만, 응답자의 답에 대한 해석은 어렵다.

〈표 5-6〉 개방형, 폐쇄형의 장단점

	폐쇄형	개방형
장점	• 응답의 일관성을 높일 수 있다. • 응답자가 답하기 쉽고, 분석 간단 • 논제와 관련된 응답을 효과적으로 얻을 수 있다.	• 응답의 자유를 허용한다. • 작성하기가 쉽다. • 면접자의 추후질문이 가능 하다.
단점	• 응답자의 입장이나 견해를 정확하게 반영하지 못하는 답에 응답하도록 강요될 수 있다 • 무응답 비율이 높다.	• 응답자들의 응답을 비교 · 분석하기 어렵다 • 응답의 길이, 내용에 있어 일관성 없다. • 응답자의 응답이 너무 길거나 짧아서 응답을 잘못 해석할 수 있다. • 도표를 만들거나 종합하기가 더 어렵다.

출처: 이종성, 남궁지영((2008). 교육연구방법과 SPSS 활용자료 분석

질문지를 만들 때에 조사 대상자가 자신의 생각을 스스럼없이 대답할 수 있도록 명확(clearness), 간단(simplicity), 이해(intelligibility)하기 쉬운 질문을 만들도록 한다. 설문지의 질문내용을 결정하고 질문(문항)을 작성한다. 작성된 질문순서를 결정하여 사전 테스트를 거쳐 설문을 인쇄하게 된다. 설문지 설계 시 유의사항은 아래와 같다.

① 인사말: 인사말은 짧아야 하고 사실적으로 표현하여야 하며, 위협적이어서는 안된다. 또한, 신중해야 하고 중립적이어야 하며, 유쾌하면서도 명확해야 한다. 인사말은 두 문장에서 네 문장 사이로 하고 마지막 부분에 "가능한 한 솔직하게 빠짐없이 답해주시기 바랍니다."라는 말을 추가한다.

② 지시나 설명: 지시나 설명은 명확하게 기술하여야 한다. 즉 응답자가 응답을 하는데 필요한 절차나 설명은 여러 가지 방법을 활용하여 응답자의 눈에 쉽게 띄도록 하는 것이 좋다.

③ 질문순서: 처음 나오는 질문은 답하기 쉽고 간단할수록 좋다. 인구학적 자료, 개인적인 질문 및 민감한 반응을 보일 항목은 질문지의 마지막 부분에 배열하는 것 좋다

④ 질문지 배열: 질문지의 인쇄나 겉모양이 어떠한가도 중요한 요소로 작용. 한 페이지에 질문을 빽빽하게 인쇄한 질문지는 응답자로 하여금 응답할 의욕을

상실하게 만든다.

⑤ 질문지 길이: 질문지의 길이는 매우 중요한 사안이다. 문항은 대개 20문항 이내가 적당하며 개방형 질문을 포함하여 15분 이내에 작성할 수 있도록 한다.

설문지법의 장단점은 아래 표와 같다.

〈표 5-7〉 설문지의 장단점

	설문지
장점	1. 짧은 시간 내에 많은 자료 수집이 용이하다. 2. 시간/노력/비용이 적게 든다. 3. 수집된 자료의 분류와 해석이 용이하다. 4. 자료수집자의 주관이나 편견이 개입될 가능성이 낮다. 5. 비밀이 보장되어 면접이나 관찰로 수집하기 어려운 자료를 얻을 수 있다.
단점	1. 다른 자료 수집보다 무응답률이 높게 나타날 수 있다. 2. 응답자가 질문을 잘못 이해할 수 있다. 3. 질문지 구성에 전문적인 기술이 요구된다. 4. 응답자 주위의 제 3자의 의견이 개입될 수 있다. 5. 잘못되거나 빠진 부분에 대한 해명이나 보충기회를 얻을 수 없다.

※ 설문지 작성사례(부록참고)

따또마을 프로젝트에 관한 설문조사

※ 따또마을은 '따로 또 같이, Open the door twice a day'이라는 의미입니다.

Ⅰ. 아동 보육 서비스 현황
해당란에 하나만 택해서 √로 표시해 주시거나 자세히 써 주시기 바랍니다.

1. 현재 아동이 이용하고 있는 방과 후 아동보육 서비스 기관은?
   ① 초등 돌봄 교실 ② 사회복지관 ③ 지역아동센터
   ④ 기타( )
2. 방과 후 아동 보육 서비스 이용을 시작하게 된 동기에 대한 문항을 읽어보시고 학부모님께서 느끼시는 정도를 선택하여 주시기 바랍니다.

질문	매우 그렇다	그렇다	보통 이다	그렇지 않다	매우 그렇지 않다
자녀를 돌봐 줄 사람이 없어서					
가정에서 불가능한 학교 숙제 지도가 가능해서					
자녀의 사회적, 정서적 발달을 위해서					
자녀의 특기 및 소질계발을 위해서					
지인의 권유로					

(2) 면담조사(인터뷰)

면담조사는 응답자와 직접 대면하거나 전화를 통한 질의-응답형식으로 이루어진다. 면담은 자세한 서술적인 정보가 필요하거나 정보가 복잡하고 높은 응답률이 필수적인 경우에 활용되며, 특히 문제의 원인 태도,느낌에 관한 자료를 수집하기 위해서는 개방되고 자유로운 면담을 실시하는 것이 효과적이다.

면담조사에서 대부분의 면담은 사소한 주제로 출발(ex:날씨, 취미, 현재의 근황 등)하며, 면담 대상자와 어색한 분위기가 차츰 해소되면서 질문을 구조화시켜 나간다. 조사자들이 알고자 하는 주제를 중심으로 면담 대상자들이 관심 영역에 대해 말하도록 조력하면서 심층적으로 진행한다.

좋은 면담이란 면담 대상자들이 편하게 느낄 수 있고 면담 대상자 자신의 관점을 자유스럽게 표현할 수 있게 하는 것이다.'예/아니오'로 답을 얻게 되는 질문은 가능한 피하고 탐색을 요구하는 질문을 시도한다. 면담 대상자의 이야기를 제대로 이해하지 못하면 명료화 요청하고 면담 대상자들의 가치관과 상충되는 입장을 듣는다고 해서 그들의 생각을 변화시키기 위한 노력을 해서는 안된다. 면담 대상자들이 편안한 마음으로 자신들의 생각을 말할 수 있도록 분위기를 만들어 줄 필요가 있다

면담조사의 장단점은 다음과 같다.

〈표 5-8〉 **면담조사 장단점**

	면담조사
장점	1. 심층적인 자료 수집이 용이하다. 2. 보충자료 수집이 용이하다. 3. 융통성과 이해를 도울 수 있다. 4. 조사자와 응답자 간에 상호작용이 용이하다.
단점	1. 조사자의 개인적인 편견이 개입될 수 있다. 2. 자료를 통합, 분석하기에 곤란한 경우가 있다. 3. 자료를 수집하는데 조사비용/시간 면에서 비효율적이다. 4. 면접기법이 필요하다.

면담조사의 종류는 면담 진행 절차에 따라 구조화된 면담, 비구조화된 면담, 반구조화된 면담으로 나눌 수 있다. 첫째, 구조화된 면담은 사전에 치밀한 계획을 세워서 면담을 진행시키는 방법이다. 면담 상의 일반적인 주의사항, 질문내용, 구조화된 조사표, 질문의 순서, 질문의 방법 등이 요구되며, 면담 대상자의 자유로운 의사 표현이 불가능하다. 구조화된 면담은 정보를 비교할 수 있고 신뢰도가 높으며 미숙한 면담자도 실시할 수 있을 뿐 아니라, 질문 어구나 언어구성에서 오는 오류를 방지할 수 있다. 둘째, 비구조화된 면담은 면담 목적만 명백히 하고 면담자에게 면담방법을 일임하는 방법 즉 자연스러운 상황에서 나누게 되는 대화를 말한다. 필요한 정보를 알아내기 위해 질문의 구성이나 순서, 방법 등을 면담자가 다 알아서 하기 때문에 면담상황에 따라 질문의 순서나 속도, 폭과 범위 등과 관련 융통성 있게 진행할 수 있다. 면담을 위한 고도의 기술이 필요하며 면담의 표준화를 할 수 없다는 문제점이 있다. 셋째, 반구조화된 면담은 사전에 치밀한 계획은 세우되 면담할 때는 면담자가 융통성 있게 진행시키는 방법이다. 면담진행에 있어 사전계획의 영향을 많이 받기 때문에 구조화되지 않은 면담법에 비해 융통성은 훨씬 덜하다고 볼 수 있다. 반구조화된 면담법은 구조화된 면담법과 비구조화된 면담법의 장단점을 절충한 것으로서 실제로 가장 많이 사용되고 있다.

면담조사 기법에는 다음과 같다.

① 면담의 주제에 대해 최대한 많은 자료를 찾아보고 기본지식을 숙지한다.

② 면담 대상자가 알고 싶어 하는 것이 무엇인지 정리한다.

③ 누구와 면담 할 것인지 대상을 선정한다.

④ 질문 요지를 작성한다. ⇨ 절대적인 신뢰감을 주도록 한다.

⑤ 면담 대상자가 긴장을 풀 수 있도록 가벼운 화제로부터 대화를 시작한다.

⑥ 질문은 사실적이며 구체적이어야 한다.

⑦ 면담 대상자의 말을 경청하여야 한다. ⇨ 한 번에 한 가지만 질문한다.

⑧ 대답을 회피하면 우회적인 방법을 사용한다.

⑨ 추임새를 잘 쓰는 것도 면담의 기술이다.

⑩ 감정변화를 놓치지 마라

⑪ 면담 종료시 정중하게 끝내도록 한다.

2. 사업 및 프로그램 기획

모든 평생교육 활동은 사업과 프로그램 형태로 구현된다. 그러므로 평생교육사들은 사업(프로그램)을 개발하고 기획하는 활동을 통해 성취감을 느끼기도 하지만 어느 직무보다도 어려워하는 영역이기도 하다. 그만큼 사업(프로그램)기획은 평생교육사에게 큰 비중을 차지한다.

평생교육영역에서 사업(프로그램)기획은 지역사회에서 살아가고 있는 잠재적 학습자들의 삶의 모습을 담고 있어야 하며, 그 현장에서 발생되는 문제를 해결할 수 있어야 한다. 따라서 사업(프로그램)기획 과정에서는 지역사회의 문제나 잠재적 학습자들의 욕구를 면밀하게 조사 분석하여야 하고 그러한 요구를 해소시켜 줄 수 있는 내용을 과정으로 담아야 한다. 이 장에서는 평생교육사업(프로그램)에 대한 계획서를 작성하는 방법에 대해 설명하고자 한다.

1) 사업(프로그램)기획서

사업(프로그램)기획서는 새로운 사업이나 프로그램에 대한 아이디어를 정리한 것을 말한다. 기획서는 읽는 사람의 관심을 불러일으키고 그를 움직일 만한 힘을 가지고 있어야 한다. 누가 기획서를 읽는지, 기획서를 읽는 사람이 무엇을 원하는지를 파악해야 하는 것은 매우 중요한 일이다. 결과적으로 기획서는 자신의 생각이나 의견이 담겨 있어야 하지만, 결정권자의 관점에서 쓰는 것이 중요하다. 따라서 평생교육사에게 가장 비중 있는 일은 바로 사업(프로그램)을 기획하고 계획서를 작성하는 것이다. 작성한 기획서만 보아도 평생교육사의 전문성을 가늠할 수 있다.

사업(프로그램) 기획서의 구성은 네 부분으로 나눌 수 있다.

① 현황분석과 문제점 추출
② 목적: 과제와 문제를 검증하여 해결해야 하는 과제를 선정
③ 전략: 대상자, 실시기간, 지역 등
④ 실시계획: 일정계획과 예산 등

어떤 사업(프로그램)기획서가 잘 쓴 기획서인가? 결론적으로 잘 쓴 기획서는 결정권자에게 채택된 기획서이다. 사업(프로그램)기획서가 채택되기 위한 세 가지 기본 조건이다. 첫째, 요건을 갖추고 있어야 한다. 기획서에는 요청하는 내용과 해결해야 할 문제점이 나타나 있어야 한다. 기획의 목적과 그 목적을 달성하기 위한 전략, 대상, 구체적인 실시방법, 실시기간, 지역, 일정, 예산 등이 포함되어야 한다. 둘째, 상대방의 관점에서 작성되어야 한다. 상대방이 기획서를 읽고 실행하면 도움이 된다는 생각이 들 수 있도록 해야 작성되어야 한다. 기획서의 내용에는 상대방이 납득할 만한 내용이 포함되어 있어야 하며, 일반적으로 신선한 것, 매력적인 것, 비용이 적게 드는 것 등을 포인트로 잡도록 하는 것도 중요하다. 셋째, 상대의 요구사항을 충족시켜야 한다. 기획은 상대방의 요구수준에 적합해야 하며, 설득력 있는 계획서가 되기 위해서는 충분한 정보가 뒷받침되어야 한다. 기획서 작성 시 가장 먼저 해야 할 일은 정보를 모으는 일이며, 현장에서 직접 정보를 수집하는 경우도 있고, 각종 선행 자료

를 참조하여 정보를 얻기도 한다. 많은 정보 가운데 가장 설득력 있는 자료는 조사자료이며, 특히 숫자로 표시된 결과는 쉽게 이해할 수 있기 때문에 설득력이 매우 큰 자료가 될 수 있다.

2) 사업(프로그램)기획서 작성 실습

가장 기본적인 사업계획서는 표지, 목차, 개요, 배경 및 필요성, 목적 및 목표, 세부추진계획, 소요예산, 기대효과, 평가계획, 참고자료 등으로 구성된다.

① 표지: 기획서를 읽는 사람이 처음 만나는 페이지로서 사업에 대한 선입견을 형성하는 중요한 부분이다. 따라서 표지는 일반적으로 제목, 제출 일자, 기획서, 작성 부서명이나 단체명으로 구성되며, 최근에는 기획내용을 한눈에 파악할 수 있도록 상징성을 띤 이미지 포함하기도 한다.

② 목차: 기획내용을 한눈에 파악할 수 있도록 구성순서를 페이지와 함께 제시한 것으로 3~4페이지 이내로 내용이 짧은 것은 생략하기도 한다.

1. 사업개요 ··································1
2. 사업의 배경 및 필요성 ··················2
3. 사업목적 및 목표 ·······················4
4. 세부추진계획 ···························5
5. 소요예산 ································7
6. 기대효과 ································8
7. 평가방법 ································9
8. 참고자료 ································10

③ 개요: 기획한 사업의 전체 내용 중 핵심적 부분만을 요약해서 적는다. 즉 사업 및 프로그램 목적, 대상, 일시, 소요예산, 기대효과 등이 한눈에 파악되도록 기술한다.

④ 배경 및 필요성: 사업(프로그램)을 기획하게 된 계기나 경위, 현상, 의도 등을

기술한다. 기획을 읽는 관계자들이 기획의 필요성에 대하여 공감하게 하거나 당위성을 인식하도록 하는 것이다. 사업의 필요성은 국가, 지역사회, 기관, 학습자 차원에서 볼 때 각각 어떤 요구나 당면문제가 있는지에 초점을 맞추어 기술하는 것이 효과적이다. 통계자료, 이슈화된 신문기사, 요구분석자료 등 객관적인 데이터를 활용하는 것이 설득력이 있다.

⑤ 사업(프로그램)의 운영목적: 사업(프로그램)의 목적은 사업(프로그램)을 통하여 수행되고 성취되어야 할 것이 무엇인지를 명시되어야 한다. 프로그램 목적에 대한 진술은 상황, 대상, 내용, 의도 등 4개 요소를 포함해야 한다. **상황**은 학습자가 처해 있는 상황이나 학습자의 현재 상태를 명시하며, **대상**은 프로그램의 참여자를 제시하고, **내용**은 참여자가 경험하게 될 프로그램의 포괄적인 내용을 명시하며, **의도**는 프로그램에 참여한 학습자가 프로그램 종료 후 변화될 기대효과 제시한다.

⑥ 사업(프로그램) 운영목표 : 목표는 목적을 보다 구체화한 프로그램의 지향점이다. 사업(프로그램)에 참여한 학습자가 알아야 할 것이 구체적으로 무엇이며, 학습자들이 프로그램에 적극 참여하여 직접 경험하고 체험함으로써 터득할 것이 무엇인가를 구체적으로 명시해야 한다.

목표기술요령에 관해 설명하면 다음과 같다.

- 목표는 현실적으로 달성 가능한 것
- 구체적인 행동으로 이어질 수 있도록 분명하게 진술
- 목표는 과정보다 결과/성과 지향적으로 표현
- 목표는 일이 진행되는 순서대로 배열
- 한 가지 목표에 2~3개의 하위목표를 설정하는 것이 적절
- 목표는 이해하기 쉽게, 간단명료하게 강력한 동사를 사용

⑦ 세부추진계획 : 사업(프로그램)기획의 내용을 사업별, 항목별로 구분하여 작성하며 일반적으로 교육사업(프로그램)은 차시, 일시, 시간, 교육내용, 강사등으로 구분하여 기술한다.

⑧ 소요예산 : 기획을 실행하는 데 소요되는 경비를 항목별로 세분화하여 산출한

다. 편성예산과 집행의 차이를 줄이도록 구체적으로 작성한다. 산출근거를 정확하게 제시하여야 하며, 정부 공모사업의 경우에는 반드시 보조금과 자부담 예산을 구분하여 작성하여야 한다.

⑨ 기대효과 : 사업(프로그램)이 실행되어 목적과 목표가 이루어 지면 어떤 변화가 예상되는지에 초점을 맞추어야 한다.

⑩ 평가계획 : 기획된 사업(프로그램)의 목표달성 정도를 측정할 수 있는 평가/성과지표, 측정 도구, 측정방법 등으로 세분하여 정리한다.

ex) 평가지표: 학습자 출석율, 수료율 등 정량지표, 교육과정의 효과성, 동기부여 정도 등 정성지표

평가도구: 설문지(사업목표 달성 정도를 묻는 문항 제작)

평가방법: 출석률 70% 이상인 수료자 80% 이상, 학습자 만족도 조사, staff 들의 평가회의 등

⑪ 참고자료 : 사업(프로그램)기획서 작성단계에서 수집한 조사 자료나 통계자료, 참고문헌 리스트 등을 기획서와 별도로 정리하여 첨부한다. 참고자료는 기획서가 충실하게 작성되었음을 나타내기 위한 것이며, 검토자의 충분한 분석을 돕는 역할을 하는 것으로서 권말 또는 별책으로 첨부한다.

3) 후원기금의 자원 활용전략

많은 평생교육기관들이 대기업 후원금이나 사회복지 공동모금회 기금과 같은 민간재원에 의존. 즉 사회에 기여할 수 있는 사업이나 프로그램을 재안하여 기금을 확보한다. 이러한 민간재원 활용이 기관발전에 긍정적인 영향을 미친다.

민간재원 확보전략으로는 지원재단과 좋은 관계를 유지하도록 노력해야 한다. 구체적으로 살펴보면, 지원재단에 기관을 자연스럽게 PR 기회를 갖으며, 지원재단 방문 시 리플릿이나 기념품 준비하고, 지원을 받았을 때는 감사공문/편지, 소식지 게재, 홈페이지 이용자의 편지 등을 활용하여 지속적 관계 유지되도록 노력한다.

지원재단에 대한 정보도 철저히 관리한다. 즉 지원재단별 설립이념, 관심 대상, 지

원 방향, 공모시기, 프로포절(PROPOSAL) 작성방법 및 절차, 담당자 연락처 등 관련 정보를 잘 관리한다.

우수한 PROPOSAL 작성방법으로는 첫째, 우수한 정보력의 인프라를 구축해야 한다. 예를 들면 전국 평생교육 관련 지원사업 공모 리스트를 만든다든지, 각 기관별 사업공모 시기 파악해서 월간계획에 기록하기도 한다. 둘째, 기관의 성격도 파악해 놓으면 도움이 된다. 지원사업 실시하는 기관 성격 파악하여 계획서를 작성하면 도움이 된다. 셋째, 지원기관에서 제시한 양식을 정확히 이해해야 한다 넷째, 자기 기관이 위치한 지역에 대하여 정확히 파악하는 것도 중요하다. 즉 지역 및 대상자의 요구분석 등 데이터 확보하고 각종 자료는 공공기관의 통계를 토대로 제시한다. 다섯째, 사업설명회를 최대한 활용한다. 즉 사업설명회에 반드시 참석하여 신청서류 작성법에 대한 교육 이수하고 담당자에게 자신의 명함 건네면서 우리 기관을 인지시킨다. 여섯째, 사업(프로그램)기획서 작성 시 사소한 부분에 주의를 기울여야 한다. 사업계(프로그램) 기획서 내용을 기록하는 과정에서 다른 내용이 기록되거나 예산의 금액이 틀릴 경우 사소한 것에서 탈락할 수 도 있다. 일곱 번째, 내용도 중요하지만, 편집도 중요하다. 꾸준히 사업(프로그램)기획서 작성 연습을 해야 한다.

4) 사업(프로그램)기획서 작성시 유의사항

① 목적 적합성을 가져야 한다. 사업(프로그램)기획서는 용도에 따라 목적에 적합하도록 작성하며, 지원기관이 있다면 기관의 요구사항에 방향을 맞추어 작성해야 한다.

② 일관성을 유지해야 한다. 첫 장에서 마지막 장까지 그 내용이나 수치에 있어서 일관성 유지하며, 객관성을 띄어야 한다. 또한, 비논리적인 추측을 피하고 확실한 근거와 함께 사실에 접근하며, 주관적인 의견보다는 통계적이고 객관적인 자료를 근거로 합리적인 내용으로 작성한다.

③ 충분하고 명료성이 있어야 한다. 사업(프로그램)기획서는 구성 요소별로 충분히 다루면서 내용을 명료히 나타내어야 하며, 이해하기 쉽도록 표현하여야 한다.

④ 사업(프로그램)의 강점을 제시한다. 보유한 강점이 무엇이며 어떠한 방향으로 기여할 것인지 확실하게 제시한다. 방법으로 밑줄을 긋거나 글씨체, 글씨 크기를 달리하여 눈에 띄게 할 필요가 있다.

⑤ 설득력이 있어야 한다. 이해관계자에게 신뢰감을 주고 동조를 얻을 힘을 가지고 있어야 하며, 의사결정권자에게는 사업이 미치는 긍정적인 효과를 제시할 수 있는 설득력이 필요하다.

[참고자료] 돈으로 살 수 없는 배움의 즐거움을 느낄 수 있었다

내가 평생교육바우처를 알게 된 것은 코로나19로 실직한 친구 때문이다. 경력단절을 극복하고 재취업에 성공해 친구들의 부러움을 한 몸에 받았던 친구였다. 갑작스러운 실직을 당했음에도 친구는 새로운 분야에 도전할 수 있는 기회가 생겼다며 오히려 들떠 있는 모습이 의아했다. 알고 보니 평생교육바우처를 활용해 제2의 인생을 준비하고 있었다. 그렇게 정리수납 전문가와 회계 자격증을 취득한 친구는 한층 더 밝아진 모습으로 나타났다. 친구에게 자극을 받아 나 또한 지난해 무기력한 일상을 극복하고자 평생교육바우처에 신청했다. 두 아이를 키우는 경력단절 여성이지만 나에게도 한때는 꿈이 있었다. 10년 동안 까먹고 있던 영어 회화도 등록하고, 토익과 직업상담사도 바우처를 활용해 들을 수 있었다. 강의를 들을 때는 첩보원이 된 것처럼 나름 스릴도 있었다. 아이들이 낮잠을 자는 시간을 활용해 온라인 강의를 들으며, 돈으로 살 수 없는 배움의 즐거움도 느낄 수 있었다. 나와 함께 지난해 평생교육바우처 대상자로 선정된 친구에게도 봄날이 찾아왔다. 아이들 학원비 등 경제적 부담으로 학점은행제를 중도 포기하려던 상황이었다. 하지만 학위 취득에 필요한 과목을 바우처로 수강할 수 있게 되면서 배움의 끈을 놓지 않을 수 있게 된 것이다. 그렇게 친구는 학점은행제로 컴퓨터 자격증과 사회복지사 자격증 취득을 목표로 새로운 직업 찾기에 도전 중이다. 취업준비생인 사촌동생도 자기 계발 기회를 얻었다. 공무원 시험을 준비하며 독학으로 정보처리기사 자격증을 준비하던 사촌 동생은 모든 걸 포기하고 싶었을 때 평생교육바우처에 선정돼 자기 계발로 활용할 수 있어 얼마나 고마운지 모른다고 했다. 혼자 공부할 때와는 달리 자극도 되고, 꿈을 응원하는 정부 정책이 있기에 이번에는 반드시 합격하고 말겠다는 오기도 생겼다고 했다.

아는 것이 힘이 될 때가 있다. 코로나19 위기로 집에서 머무는 시간이 많아짐에 따라 자기 계발을 할 수 있는 절호의 찬스일지도 모른다. 지금껏 정책을 알지 못해 누리지 못했다면 올해는 '평생교육바우처'를 활용해 마음껏 배움을 누릴 수 있는 한 해가 됐으면 좋겠다.

출처 : 대한민국 정책브리핑. 2022, 1월

06

프로그램 운영

chapter 06 프로그램 운영

평생교육기관의 사업(프로그램)운영은 사업(프로그램)의 기획을 구현하는 것으로 사업(프로그램)을 운영하는 모습은 하나의 프로그램을 넘어 기관 전체의 이미지에 영향을 줄 수 있다. 따라서 평생교육사는 아주 세밀한 부분까지 점검하고 사업(프로그램)이 큰 문제 없이 운영될 수 있도록 노력하여야 한다. 평생교육현장에서 평생교육사의 활동이 겉으로 드러나는 대표적인 것이 사업(프로그램) 교육과정 운영이다. 이 장에서는 사업(프로그램)운영과 관련하여 사업(프로그램)운영 전의 평생교육사 역할, 사업(프로그램) 운영 중 평생교육사 역할, 사업(프로그램)운영 후 평생교육사의 역할을 다루고자 한다.

1. 사업(프로그램)과정 운영 전 평생교육사의 역할

사업(프로그램)의 기획이 이루어지면 본격적으로 기획내용을 구현하는 활동이 진행되는데 이것이 교육과정 운영이다. 평생교육사는 사업(프로그램) 과정 운영 전에는 프로듀서(Producer)의 역할을 해야 한다. 즉 사업(프로그램) 기획자로서 모든 과정을 조망하면서 조정, 운영하며 책임을 져야 하는 역할이다.

사업(프로그램)의 본 과정이 진행되기 위해서는 사전에 준비해야 할 일들이 있는데, 강사 섭외, 교육장 마련, 학습자 모집 등이 여기에 해당된다.

1) 체크리스트 작성

교육과정을 운영하는 데에는 매우 세세한 부분까지 신경을 써야 하며 꼼꼼하게 작성된 체크리스트가 반드시 필요하다.

※ 사업(프로그램) 운영 전 체크리스트

세부 항목 내용	담당자	기간							비고
		1	2	3	4	5	6	7	
1. 계획수립 및 기획	주관자/공동								
2. 예산편성 및 강사 섭외	주관자/ 공동								
3. 강의장 및 협조공문	주관자								
4. 홍보/ 현수막 및 언론	공동								
5. 학습자/모집・관리	주관, 공동								
6. 강사 관리	주관, 공동								
7. 인쇄물/교재/명찰	주관자								
8. 공식행사/개회식・폐회식	주관자								
9. 강의장/수업 준비・기자재	주관, 공동								
10. 최종 점검 및 개발 마무리	주관								

※ 사업(프로그램) 운영 과정 중 체크리스트

세부 항목		평가도					비고
		1	2	3	4	5	
1. 교육장 환경	장비(음향, 빔,동영상)						
	준비물(교재, 필기구)						
	출석부 비치						
	냉.난방 점검						
2. 시간 관리	시작・종료 시간						
	휴식시간						
	간식 및 기타 비품						
3. 강사 관리	강사소개						
	강의모니터링						
	강사료						

세부 항목		평가도					비고
		1	2	3	4	5	
4. 수강생	평가설문지						
	출결 체크 및 불참자 조치						
	상담 및 학습동아리 운영						
5. 개회식	강사소개						
	교육 일정 안내						
	기타						
6. 최종 점검 및 마무리							

※ 사업(프로그램) 운영 종료 후 체크리스트

세부 항목		평가도					비고
		1	2	3	4	5	
1. 교육장 환경	장비(음향, 빔,동영상)						
	준비물(교재, 필기구)						
	출석부비치						
	냉·난방 점검						
2. 시간 관리	시작·종료 시간						
	휴식시간						
	간식 및 기타 비품						
3. 강사 관리	강사소개						
	강의모니터링						
	강사료						
4. 수강생	평가설문지						
	출결 체크 및 불참자 조치						
	상담 및 학습동아리 운영						
5. 개회식	강사소개						
	교육 일정 안내						
	기타						
6. 최종 점검 및 마무리							

2) 강사 섭외

사업(프로그램)의 내용이 강사라는 중간 매개자를 통하여 전달되기 때문에 어떤 강사를 섭외하느냐가 사업(프로그램)의 성패에 큰 영향을 미친다. 현장에서 평생교육사가 선호하는 강사 섭외방법이다..

- 180개 평생학습도시 강사pool 활용.
- 평생교육 학회 및 포럼, 석, 박사 및 관련 학과 교수 섭외
- 사업(프로그램)의 내용 관련 기관장, 단체장 섭외
- 지역교육청 강사pool 활용
- 사업(프로그램)의 내용 관련 저서 및 저자 검색
- 방송 및 신문 매체 검색
- 지인을 통한 소개

평생교육사는 외부 강사 섭외 시 다음과 같은 사항에 대해 유의해야 한다. 우선 강사의 지명도에 의존하기보다는 현장의 긴밀한 네트워크를 활용하여 정보를 교환하고 공유하면서 검증된 강사를 섭외하여야 실패 확률을 줄일 수 있다. 또한, 아무리 유명한 강사라고 할지라도 모든 대상을 만족시킬 수는 없기에 학습자의 특성을 고려하여 가장 적합한 강사를 섭외하는 것이 중요하다.

3) 사업(프로그램) 운영 장소 선정

사업(프로그램) 운영 시 내용을 가장 잘 실현할 수 있는 장소가 매우 중요하다. 학습자들의 사업(프로그램) 운영장소에 대한 선입견 및 느낌은 만족도에 영향을 미치기에 사업(프로그램) 운영장소 선정은 교육의 성과에 중요한 변수가 될 수 있다. 사업(프로그램) 운영장소는 1박 2일 일정으로 진행될 경우와 장기과정으로 운영될 때, 또는 1회로 마무리되는 교육일 경우 등 그 교육 일정 및 내용에 따라 달라져야 한다. 사업(프로그램) 운영장소를 선정하는 원칙에는 다음과 같다.

① 사업이나 프로그램의 효과를 충분히 살릴 수 있는 시설이어야 한다.
② 사업(프로그램) 운영장소의 집기들이 집체교육과 팀 활동 등 원하는 형태로 재배치될 수 있어야 한다.
③ 컴퓨터, 빔프로젝트, 마이크, 음향, 조명 등의 시설이 완벽하게 작동되어야 하며, 유사시에 대비하여 시설 담당자와의 협조가 가능하여야 한다.
④ 현수막 게시가 용이하고, 팀 활동 시 벽에 활동지를 부착할 수 있어야 한다.
평생교육사는 사업(프로그램) 운영의 좋은 성과를 내기 위하여 사전에 교육 장소를 답사하는 것이 바람직하다.

4) 강의 의뢰서 및 강의 수락서

강의 섭외가 이루어지면 '강의 의뢰서'를 발송한다. 강의 의뢰서에는 기획된 사업(프로그램)의 취지와 목적, 의뢰하는 내용과 그 강좌에서 기대하는 학습 목표 등을 통보하여 강사가 기획내용에 맞는 준비를 할 수 있도록 하여야 한다. 또한, 학습자의 특성을 가능한 한 세세하게 알려주어 학습자 맞춤형 강의가 이루어지도록 유도해야 하며, 이때 원고 작성에 대하여 안내하는 것을 잊지 말아야 한다.

강의 수락서는 강사로 초청된 사람이 기관에서 발송한 강의 의뢰서에 대하여 강의를 승낙하는 형식의 화답 문서이다. 강의 수락서를 작성하여 발송하는 것으로 기관과의 계약이 이루어진 것으로 간주한다. 강의 수락서에는 강사가 요구하는 시설이나 기자재를 비치하도록 하며, 강사 소개 시에는 참고할 강사 프로필을 첨부하도록 한다.

※ 강의 의뢰서 사례

강의 의뢰서

1. 의뢰기관 관련 사항

교 육 명	2022년 00지역**센터 00공동체학교	담 당 자	***
		휴 대 폰	***-***-****
의뢰기관	서울00지역00센터	전 화	**-***-****
		전 송	**-***-****
주 소	서울시 00구 00로 123번지 0빌딩	E-mail	
기관소개	○ 서울00지역**센터는 생산 · 협동 · 나눔의 이념과 정신을 기반으로, *** 주민의 자활자립을 지원하는 사회복지시설이며, 인간의 가치가 우선하는 생산적이고 창의적인 사회를 만들어 가는데 기여함을 목적으로 합니다. 1996년 보건복지부로부터 지정받아, **근로사업단 운영 및 **공동체의 설립 · 운영을 지원하며, **의욕고취를 위한 교육, 자활을 위한 정보제공 · 상담 · 직업교육 및 취업 알선 등의 사업을 진행하고 있습니다. ○ 기관개요 • 설립근거: 국민기초생활보장법 제16조 및 동법시행령 제22조 • 설립목적: 수급자 및 차상위자 등 저소득층의 자활 · 자립을 지원 • 운영법인: *** • 대표자 : *** ※ **사업은 저소득 주민들에게 일을 통해 자립할 수 있도록 정부와 기초단체, 민간이 협력하여 지원하는 복지제도입니다		

2. 강의 요청 사항

1) 강사 제출 서류

- 강사이력서
- 강의계획서
- 통장사본

2) 00공동체학교 일정 안내

구분	09:00~12:00(할당시간 : 3H)	13:00~17:00(할당시간 : 4H)	
1일차(1월12일/화)	2022년 00안내	요양보호사	
2일차(1월13일/수)	긍정심리학 및 자존감 향상(가제)		마음챙김

3. 강의 개요

구분	내 용	비고
강의 관련	○ 강의일시 : 2022년 1월 12일(화) 09:00~17:00 2022년 1월 13일(수) 09:00~17:00 ○ 강의대상 : **참여주민 100여명 ○ 강의자료 : 0000@hanmail.net 발송 - 강의관련자료 1부	
강사료	※ 강사료를 더 책정해 드리는 것이 당연하나, 기관의 규정상 강사님께 양해를 구하는 바입니다.	
1급	• 대학교의 조교수 및 대학의 부교수 이상 • 전·현직 지방의회의원(의장 포함) • 유명 예술인 및 종교인, 언론인 • 정부출연 연구기관장 • 기업·기관·단체의 임원, 중역 • 판·검사 및 변호사, 변리사, 공인회계사, 감정평가사로서 5년 이상 실무경력자 • 전·현직 3급 이상 공무원 • 박사학위를 소지한 전·현직 4·5급 공무원 • 컨설턴트(석사학위이상 소지자) • 박사학위를 소지한 정부출연·민간연구기관의 연구원으로서 4년 이상 실무경력자	• 최초1시간 //만원 • 초과매시간//만원 • 시간보상수당//만원
2급	• 대학교의 전임강사 및 대학의 조교수 • 전·현직 4·5급 공무원 • 중소기업체 임원급 • 기업·기관·단체의 부장급 • 정부출연·민간연구기관의 연구원 • 국가대표출신 체육활동 등 지도강사 • 원어민 어학 강사 • 기타 전문자격증을 가진 자로서 3년 이상 실무경력자	• 최초1시간 //만원 • 초과매시간//만원 • 시간보상수당//만원
3급	• 전·현직 6급 이하 공무원 • 외국어, 전산 등 강사 • 체육, 레크리에이션 등 취미소양 강사로서 지방행정연수원 3년이상 강의 경력자	• 최초1시간 //만원 • 초과매시간//만원 • 시간보상수당//만원
4급	• 체육, 레크리에이션 등 취미 소양 강사	• 최초1시간 //만원 • 초과매시간//만원 • 시간보상수당//만원
5급	• 각종 교육운영(실기실습 등) 보조자	• 최초1시간 //만원 • 초과매시간//만원 • 시간보상수당//만원

4. 강의시 참고사항

○ 교육의 원활한 진행을 위해 가능하시다면 강의시작 10분 전(오전 8시 50분)에 뵐 수 있으면 좋을 거 같습니다.

○ 교육대상은 지역자활센터에 참여하고 계시는 조건부 수급자 및 차상위 계층 분들로, 대략 100여분 정도의 선생님들이 교육에 참여하실 예정입니다. 일부 선생님들을 제외하고 대부분 1년이상 자활센터에 참여하시면서 다양한 소양 및 직무 교육을 받으신 경험들이 있습니다.

○ 교육대상자들이 자활사업에 참여하시는 저소득층 주민분들이시니, 너무 깊고 전문적인 내용보다는 부담없이 편히 들으실 수 있도록 진행해주셨으면 합니다. 교육을 통해 새로운 앎의 즐거움을 느끼는 것도 중요하지만, 교육을 들으신 선생님들이 즐겁고 유쾌한 시간이었다고 느끼신다면 더더욱 좋을거 같습니다.

○ 지나치게 촉박한 일정 속에서 무리한 요구들을 많이 드려 죄송하게 생각합니다.

○ 강의시 필요한 준비물(문구류나 종이류)이 있으시면 사전에 연락주시기 바랍니다. 기본적으로 노트북, OHP기기, 빔프로젝트는 준비를 하겠습니다.

○ 기타 문의사항이 있으시면 전화주시기 바랍니다. 감사합니다.

5. 교육장소

00구평생학습관 오시는 길

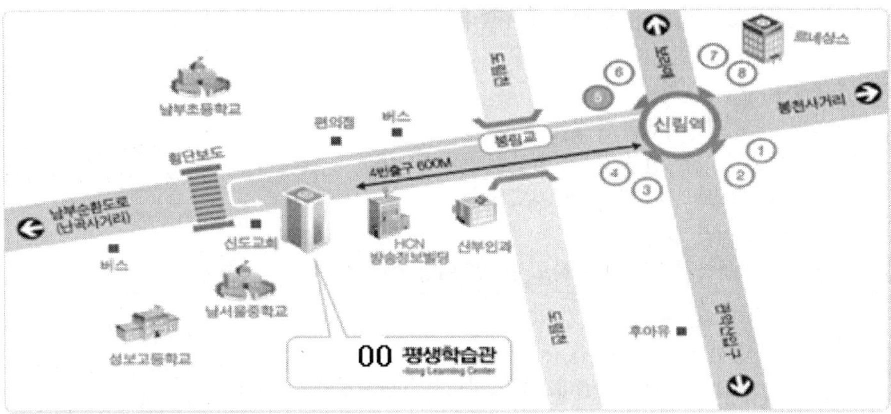

5) 수강료 산출

프로그램에서 수강료를 결정하는 방법은 지출중심, 가변비용, 수요중심으로 구분되며 지출중심은 프로그램에 소요되는 총 비용을 산출하고 지출 비용을 수업료로 대체하는 방법이다. 수요중심 수강료 산출방법은 프로그램에 대한 수요에 따라 수강료를 책정하는 방법이다. 가변비용 산출방법은 사람의 수(교재비,복사비, 식사비 등)에 따라 비용이 달리 산출되는 방식이다.

※ 00고등학교 방과 후 학교 수강료 책정 기준 예시

2019학년도 2학기 방과후학교 수강료 책정 기준

1) 강사료(강사비 지출액)
  ① 8~9교시: 50분 6만원 (10분당 1만 2천원)
  ② 10교시: 10분당 1만 4천원 / 일부 외부강사 수업의 경우에는 별도 수강료책정
2) 학생 수강료(CMS 실제 징수액)
  ① 1/n 기준입니다. (원단위 절상 징수)
  ② 전체 강사료 / 수강생 숫자 * 1.1(10% 추가 금액은 학교 수용비로 징수됩니다.)
3) 세부 수업 수강료 현황
  - 위와 같은 산출 근거에 의해 책정된 수강료 현황은 아래와 같습니다.
  - 수강료 관련 문의 사항은 442-***(연구기획부 ***)로 해주시기 바랍니다.

강좌명	강사명	총액(단위 : 원)
1학년 논술특강(입문)	논술업체 하다	396,000
2학기 고1A(실력탄탄)	○ **	48,800
2학년 논술특강(3단계)	논술업체 하다	396,000
DELE A2 실전반	○ **	99,000
고전 시가의 이해	○ **	52,500
뉴스청취와 시사독해		44,000
문법과 화법		66,000
법과 정치(심화)		42,900
사고력을 키우는 수능 독해		51,700
수능 유형별 문제풀이		62,600

○○○○ 학교

6) 홍보와 학습자 모집

홍보란 사전적 의미로 일반에게 정보를 널리 알리는 일이다. 사업(프로그램) 운영에서 홍보는 매우 중요한 요소이다. 홍보의 결과에 따라 학습자가 참여하는지가 결정된다. 아무리 훌륭한 사업(프로그램)이라 할지라도 학습자가 수강등록을 하지 않으면 사업(프로그램)과정은 운영되지 않는다. 따라서 사업(프로그램)운영에서 홍보를 담당하게 되는 평생교육사는 기관 내 업무 상황을 철저히 파악해야 한다. 개발된 사업(프로그램)이 판매되기 위해서는 홍보가 반드시 필요하며 목표 집단의 특성에 따라 홍보할 지역과 게시장소를 선정하는 것이 중요하다. 지역과 게시장소가 결정되면 홍보 기간과 홍보방법을 정하며 홍보방법에 따른 홍보자료를 제작한다.

가장 많이 활용되는 홍보전략으로는

홍보전략

- 프로그램 홍보는 홍보할 지역에 대한 인구통계학적 특성을 미리 파악하는 것이 중요
- 신문광고: 일회적 속성을 지닌 매체로써 대중들과 직접적인 접촉 가능
- 선전 : 선전은 광고와 유사하지만, 광고를 뒷받침 한다.
- 라디오와 텔레비전: 신문이나 홍보지, 게시판에 비해 비용부담 높다.
- 광고우편 및 홍보: 우편물을 수령하게 되는 목표 집단의 주소확보 중요
- 그 외 전단지, 전시, 진열, 개인접촉, 전화 홍보가 있다.

홍보전단지 작성은 사업(프로그램) 운영을 홍보하기 위해서 가장 먼저 해야 하는 일이다. 홍보전단지는 디자인 구성이 생명이며, 먼저 시각적인 디자인으로 눈길을 사로잡아야 하고, 그다음에는 핵심적인 내용으로 눈길을 고정시켜야 한다. 홍보전단지 작성 시 유념할 사항은 아래와 같다.

① 우선 디자인으로 눈길을 끌 수 있어야 한다. 눈길을 끄는 요소는 전단지 접지 형태, 색상, 디자인, 글씨체 등 매력적인 디자인으로 학습자의 눈을 붙잡을 수 있다.

② 내용을 함축하고 있는 설득력 있는 카피 문구를 사용해야 한다. 매력적이고 설득력 있는 카피 문구는 내용을 좀 더 자세히 보고 싶게 한다. 이때 사업(프로그램) 과정에 참여하게 될 학습자 중심의 카피 문구에 중점을 두는 것이 좋다.

③ 학습자들의 눈을 붙잡았다면 그다음은 내용이다. 사업(프로그램)과정을 이수하고 난 후에 어떻게 활용할 수 있을까?"에 초점을 맞추어서 홍보할 필요가 있다.

④ 매력적인 디자인, 설득력 있는 문구, 사업(프로그램) 과정 운영 후 활동 가능성 등 학습자들을 사로잡았던 요소들을 뒷받침해 줄 수 있는 참신한 교육내용 제시하여야 한다.

작성된 전단지를 어디에, 어떻게 배포하느냐에 따라 학습자 모집 정도가 결정된다. 중요한 것은 홍보전단지를 보고 학습자로 등록하는 것이기 때문에 배포에도 전략이 필요하다. 홍보전단지 배포 시 유념할 사항은 다음과 같다.

① 사업(프로그램)운영 과정에 적합한 잠재적 학습자를 매핑하는 것이 필요하다. 무작정 불특정 다수인에게 홍보하는 것은 자원의 낭비다. 홍보전단지는 사업(프로그램)과정에 참여하면 도움이 될 것 같은 집단을 타깃으로 설정하여, 집중적으로 공략할 필요가 있다.

② 타깃으로 정한 잠재적 학습자들의 동선을 따라 배포하라. 홍보전단지는 잠재적 학습자의 일과를 분석하여 그들이 많이 모이는 장소와 시간을 선택하여 배포하는 것이 효과적이다.

③ 공공기관의 행정력을 활용하라. 홍보전단지는 교육내용에 따라 시청이나 교육청, 동사무소 등 행정력이 미치는 기관의 협조를 얻어 공문과 함께 배포하면 홍보내용에 대한 신뢰감이 제고된다.

④ 불특정 다수인을 대상으로 홍보전단지를 배포할 때에는 신문간지, 지하철/전철역, 관공서 민원실, 아파트 부녀회 게시판, 버스 정류장, 백화점 문화센터 등 많은 사람이 모이는 곳에 비치하거나 직접 배포한다.

※ 홍보 전단지 실습사례

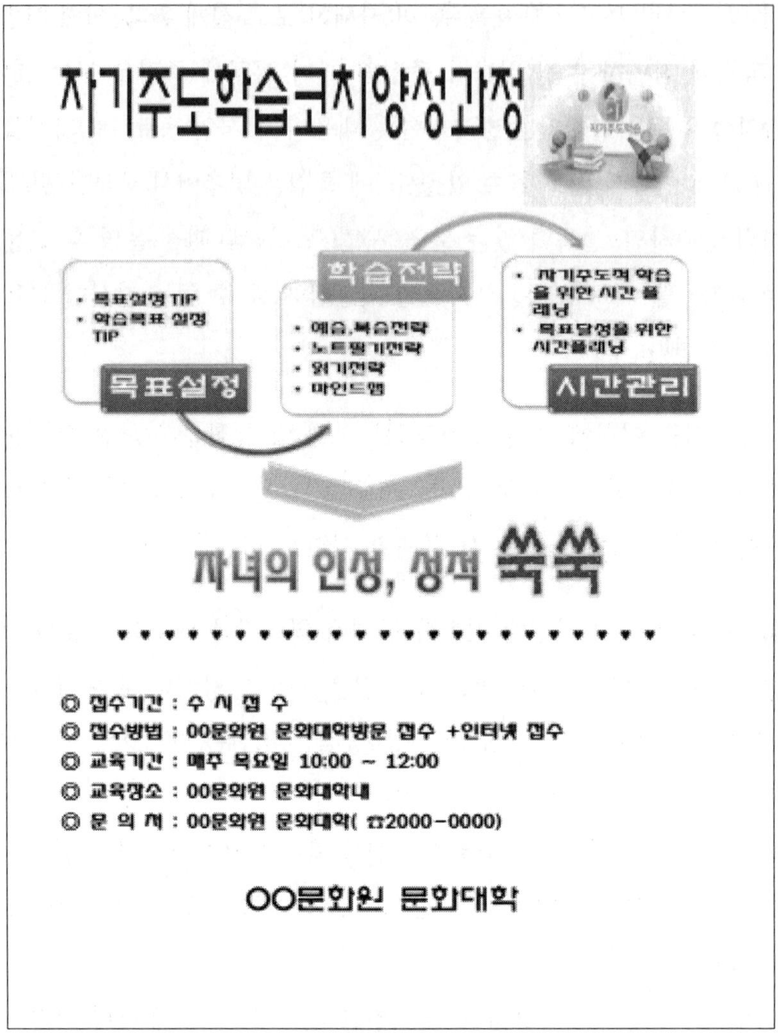

2. 사업(프로그램)과정 운영 중 평생교육사의 역할

사업(프로그램)을 운영하기 위한 사전준비가 끝나면 개강하게 되면서 교육과정이 진행된다. 사업(프로그램)과정 운영 중 평생교육사는 배우의 역할이다. 사업(프로그램)과정 운영자라고 해서 제 3자가 되는 것이 아니라 학습자의 관점에서 함께 호흡하고 함께 즐기며, 또한 발생되는 문제를 바로 해결해 가는 주인공이 되어야 한다.

교육과정 운영 중 평생교육사는 교육장의 안내데스크 세팅, 교육장 관리, 강사소개 및 접대, 시간 및 학습자 관리, 교육과정 모니터링 등에 대해 주의를 기울여야 한다.

1) 안내데스크 세팅

학습자 모집은 대부분 전화나 인터넷을 통해 이루어지기 때문에 학습자는 교육과정 첫날 기관과 처음으로 대면하게 된다. 학습자들은 자기가 선택한 기관이 얼마나 학습자를 배려하고 있는지를 개강 첫날 교육장의 모습에서 느끼게 된다. 따라서 학습장은 학습자의 오감을 만족시킬 수 있는 환경을 갖추는 것이 중요하다.

안내데스크에는 교재, 명찰, 출석부 등을 비치하며, 다른 쪽에는 간단한 다과를 준비하며, 안내자는 두 명 정도가 적당하며, 한 명은 출석체크와 함께 교재와 명찰을 지급하고, 다른 한 명은 학습자들이 간단한 다과를 즐길 수 있도록 안내한다. 평생교육사는 전체적인 분위기를 조망하면서 문제가 있는 곳을 바로 지원하는 역할을 담당한다.

2) 교육장 관리

평생교육사는 적어도 한 시간 전에 교육장에 도착하여 학습자들이 쉽게 찾아올 수 있도록 안내판을 곳곳에 부착하여야 한다. 안내표지판은 건물 밖 주차장과 건물 내 주차장에서부터 시작하여 동선에 따라 엘리베이터 밖과 안, 교육장 직전까지 그 장소를 처음 찾는 사람 입장에서 부착하고, 교육장 내부에는 행사용 현수막과 일정표를 게시하고, 강사의 교육방법에 맞추어 책상을 배치한다. 컴퓨터, 빔 프로젝트, 마이크, 화이트보드 등을 점검하고 시험가동을 해보는 것이 필요하며, 모든 것이 준비되었으면 마지막으로 강사용 물과 컵을 준비하는 것으로 개강식 준비가 마무리된다.

3) 강사소개 및 접대

강사에게는 원고를 받은 날 감사 인사와 함께 다시 한번 강의일시와 장소를 확인시켜 줄 필요가 있으며, 강의 하루 전날에는'찾아오는 길'에 대하여 안내하고, 당일에는 1시간 전에'잘 오고 있는지'를 확인 전화를 할 필요가 있다. 강사가 일찍 도착하면 강사 대기실로 안내한 후 교재와 다과를 접대하고, 강사가 별도로 준비한 강의자료가 있으면 다시 세팅하는 등 세심한 부분까지 점검한다. 강사소개는 강사가 보내준 프로필을 바탕으로 약력, 저서 등을 간단히 소개하되, 강사가 그 분야에 해박한 지식을 가진 전문가임을 강조한다.

4) 시간 및 학습자 관리

사업(프로그램) 과정 운영은 시간 관리라고도 할 수 있다. 강사에 따라서는 배정된 시간을 맞추지 못하는 경우가 있다, 이런 경우를 대비하여 휴식시간 10분 전, 종료 10분 전에 강사가 인지할 수 있도록 안내하여야 하며, 늦게 출석하는 학습자들을 위하여 지연 안내를 해 줄 필요가 있다. 학습자들에게는 교육내용보다는 교육과정 운영에 대한'느낌'이 더 오래 남을 수 있음을 명심하여 사업(프로그램) 과정 중 학습자들을 세심하게 배려하는 것이 매우 중요하다.

5) 교육과정 모니터링

사업(프로그램) 과정이 계획대로 잘 운영되고 있는지, 학습자들의 만족도는 어느 정도인지, 불만은 없는지 등을 파악하는 것은 교육의 질을 향상시키고 학습자를 이해하는 차원에서 중요하다. 모니터링은 강사, 학습자, 스태프, 수업 분위기, 강사와 학습자 간의 상호작용까지도 모니터링 대상이다. 사업(프로그램) 과정에 대한 모니터링은 강사에게 심적 부담을 줄 수 있으므로 사전에 취지를 충분히 설명하고 양해를 구한 다음에 실시하는 것이 좋다.

3. 사업(프로그램)과정 운영 종료 후 평생교육사의 역할

사업(프로그램) 과정 운영 종료 후에는 냉철한 평론가의 역할을 한다. 객관적인 관객의 관점에서 부족한 부분이 무엇인지, 잘된 점은 어떤 것인지에 대하여 평가하며, 미비점을 보완하게 되고, 더 나은 교육과정을 운영할 수 있게 된다. 사업(프로그램) 운영이 끝나고 나면, 평생교육사는 수료자에 대한 관리를 포함하여 학습자 만족도 평가, 정산서 작성 등 사업이나 프로그램을 마무리하는 작업을 하여야 한다. 학습자들이 지속적으로 학습하며 활동할 수 있도록 기반을 마련해주는 것 또한 시기를 놓치지 말아야 할 중요한 일이다.

1) 사업(프로그램) 과정 평가

평가는 사업(프로그램) 실시 전이나 진행 중 그리고 사업(프로그램) 종료 후 에 실시한다. 사업(프로그램) 실시 전이나 진행 중에 실시하는 경우에는 지원체제, 집단의 사결정 과정의 문제, 스케줄, 장소 등 사업(프로그램) 운영 전반에 내재된 문제들을 평가하며, 사업(프로그램) 종료 후에 이루어지는 평가에서는 교육내용 및 교육방법, 교사의 자질, 시기, 교재, 수업 분위기, 교육 효과 등에 만족도를 측정한다.

2) 학습자 만족도 평가

사업(프로그램) 과정에 대한 학습자들의 만족도를 평가하기 위한 설문은 수료식 직전에 실시한다. 설문 문항은 포괄적인 것보다는 차시별로 구체적으로 묻는 것이 학습자들의 반응을 이끌어 내는 데 효과적이며, 교육과정이 긴 경우에는 매일매일 설문을 받는 것도 좋은 방법이다. 학습자 만족도를 평가하기 위한 설문지를 제작할 때 고려해야 할 사항이다

① 학습 내용과 조직이 전체 기획 의도에 부합하였는가?

② 각 과목이 학습자들의 요구와 흥미에 부합하였는가?

③ 강사의 학습지도방법은 효과적이었는가?

④ 교육과정이 학습자들의 행동 변화를 가져왔는가?

⑤ 학습자들이 학습한 내용을 적용하도록 동기부여가 되었는가?

⑥ 학습자들이 다음 과정에 대한 기대감이나 요구가 있는가?

⑦ 시설이 성인학습자에게 적합하였는가?

⑧ 스태프의 지원에 만족하였는가?

⑨ 교육과정에 참여한 느낌은 어떠한가?

■ 만족도 평가 예시

프로그램 만족도 설문지

본 설문지는 0000프로그램의 교육 성과를 알아보고 앞으로 더 나은 교육환경과 교육과정을 만들기 위한 자료로 활용하기 위해 만들어졌습니다.

해당 질문에 대해 답변을 빠짐없이 작성해 주시면 소중하게 활용하겠습니다.

00000 평생교육사

■ 질문을 읽어보시고 해당란에 √ 표 해 주시기 바랍니다.

설문내용	매우 만족	만족	보통	불만족	매우 불만족	불만족 이유
전반적인 교육과정의 만족도						
교육 기간						
교육방식(강의, 토론, 실습 등)						
교육내용의 난이도						
교육 준비도(환경, 준비, 진행 등)						
강사 만족도(강사 000)						
본 과정 이수를 통한 개인의 역량 향상						
향후 활동에 도움이 되는지 여부						

■ 기타 느낀점 또는 건의사항을 적어 주시기 바랍니다.

3) 수료자 관리 및 학습동아리 조직

사업(프로그램) 과정이 끝나면 수료대상자, 표창 대상자 등을 선별하여 수료증과 표창장을 수여한다. 수료증과 표창장을 받을 자들은 기획단계에서 정한 기준에 따라 선별한다. 일반적으로 수료대상자는 출석률이 70% 이상이다. 성인학습자들의 지속적인 학습 동기 유발을 위해서는 가능한 다양한 명목의 상을 수여하는 것이 바람직하다. 사업(프로그램) 과정을 수료한 학습자들은 학습동아리를 구성하여 지속적인 학습이 이루어지도록 유도하며, 학습동아리는 평생교육의 꽃이며 지역사회 발전의 에너지원이 된다. 학습동아리를 효과적으로 구성하기 위해서는 사업(프로그램) 과정 첫날부터 학습동아리 구성에 대한 안내 필요하며, 사업(프로그램) 과정 중에도 기회가 있을 때마다 학습동아리 구성을 독려한다.

< 수료증 양식 견본 >

수 료 증

성 명 : 최 00
교육과정명 : 00구 평생학습마을 리더 양성과정
교 육 기 간 : 2***. 11. 11 ~ 12. 16(총 24시간)

귀하께서는 00구 평생학습마을 리더 양성 과정을 성실히 이수하고
행복학습도시 파트너로써 마인드를 형성하였기에 이 수료증을 드립니다.

2***년 **월 **일

0 0 구 청 장 정 0 0
평생교육000000회장 0 0 0

4) 평가회의

사업(프로그램)을 종료한 후 과정 전반에 대한 평가를 실시하는 것은 그 사업을 마무리하는 중요한 절차뿐만 아니라 더 나은 교육을 준비하는 과정이다. 평가회의는 교육과정에 참여한 스텝들이 모여 기획한 의도에 부합되는 성과가 있었는지 종합적이고 비판적으로 분석하는 자리이다. 평가회의는 기획자, 운영자, 모니터 요원, 자원봉사자 등이 과정과 관련 있는 모든 사람이 참여하는 것이 좋다. 평가 회의에서 논의해야 할 사항은 다음과 같다.

① 수료율 분석
② 학습자 만족도 평가결과 분석
③ 모니터링 결과 분석
④ 스텝들이 각각 분담한 영역에서의 느낀점 분석
⑤ 종합평가 및 개선방안 도출

5) 사업 및 프로그램 정산보고

사업(프로그램)이 종료되면 정산보고서를 작성하여 결재권자 또는 재정후원 기관에 제출하여야 한다. 사업평가 및 정산보고서는 운영기관 차원에서도 상시 비치해 두고 참고자료로 활용한다. 사업평가 및 정산보고서는 다음의 순서로 작성한다.

○○○사업(명) 정산보고서

Ⅰ. 정산총괄표
Ⅱ. 보조금 집행현황(1)
Ⅱ. 보조금 집행현황(2)(세부내역)
Ⅲ. 자부담 집행현황(1)
Ⅲ. 자부담 집행현황(2)(세부내역)

Ⅳ. 보조금 집행잔액 발생사유
Ⅴ. 사업 및 소요경비 배분 변경내역
Ⅵ. 사업 개요(요약)
Ⅶ. 사업추진방법
Ⅷ. 계획 대비 추진 실적
Ⅸ. 사업추진 성과
Ⅹ. 자체평가
Ⅺ. 지원사업에 관한 개선・건의사항
Ⅻ. 추진사업 성과물(자료목록) 및 활용계획

6) 개강식과 수료식

개강식은 강의나 교육이 처음 시작할 때 가지는 공식적인 의식으로 기관장의 인사, 과목강사 소개 및 오리엔테이션 순으로 진행된다.

※ 식순

- 일정 안내 및 내빈소개
- 개식 선언
- 국민의례
- 인사말(주최 측)
- 축사
- 폐식선언
- 강사소개

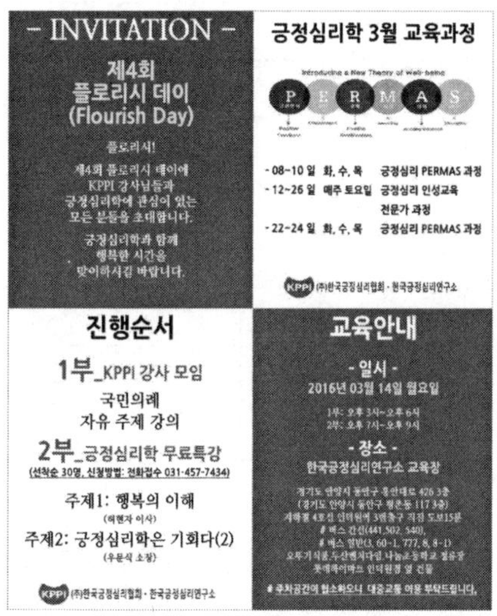

개강식 식순

[그림 6-1] 개강식 예시

수료식은 교육기관에서 학습 과정을 마친 학습자들에게 일정한 교육을 다 배워 마쳤음을 알리어 기념하는 식으로 수료식을 거행하기에 앞서 수료자와 참석한 청중들에게 인사를 하는 것으로 시작한다. 수료 시 수료증이 발급되는데 교육기관에서는 수료증 발급내역을 기록, 관리하기 위한 목적으로 수료증 대장을 비치하도록 한다. 수료증 대장 작성 시에는 발급번호를 비롯하여 수료자의 성명, 주민등록번호, 주소 등 인적사항을 빠짐없이 기재하고 입학일과 수료일 등의 사항을 빠짐없이 작성하도록 한다.

〈표 6-1〉 **수료증 발급 대장**

일련번호	발급번호	성명	주민등록번호	주소	입학일	수료일	비고

종강 현수막	수료식 수료증	수료식 기념

[그림 6-2] **수료식 예시**

평가는 사업계획서부터 시작된다. 프로그램 평가는 개발과정에 미리 예측하여 프로그램의 효과를 예상할 수 있는데 이러한 예상은 프로그램을 평가하는 기초자료로 활용된다.

1) 평가의 필요성

프로그램 개발자는 프로그램 평가 전에 구체적으로 프로그램을 평가할 수 있는 방법을 선택해야 한다. 평가에는 프로그램이 시작되는 시기에 학습자를 진단하는 진단평가. 학습 과정 중에 평가되는 형성평가, 학습이 끝난 후에 이루어지는 총괄평가로 구분해 볼 수 있는데 이러한 평가의 필요성은 프로그램 계획에 피드백을 제공과 프로그램 실시의 타당성을 제공한다. 또한 재정 지원과 조건을 만족시켰는지를 확인할 수 있으며 프로그램 광고의 자료로 사용하기 위한 것이다.(기영화, 2006)

2) 평가과정

프로그램 평가는 획일적인 과정을 거치는 것은 아니지만 효과적인 프로그램 개발자는 평가의 목적을 결정하고 평가내용을 선정한다. 또한, 평가자원의 획득과 분배, 평가 분위기 조성, 평가방법 선정 및 실시 그리고 평가결과를 반영한다. 평가를 위한 자료로는 관찰, 인터뷰, 질문지, 프로그램 실시결과로 참여자들이 성취한 결과를 보거나 보고서와 문서를 통해 수집할 수 있다.

3) 평가사례예시

※ 평가 및 보고

1) 평가의 목적

- 이 프로그램은 주부들의 사회활동을 위한 재취업 교육이므로 주부들에게 맞는 적합한 프로그램을 통해 실제 취업이 가능한지로 평가가 이루어질 수 있다. 그러므로 전체적인 프로그램의 진행과 시간적인 분량, 그리고 질적인 면에서 고객들의 만족을 이끌어 내었는지 그에 따른 차후 프로그램의 제작과 더불어 연계에 영향을 주고 취업에 있어서 프로그램이 실질적으로 도움이 되었는지 확인하는 것이 그 목적이라 할 수 있다.

2) 평가의 시기

- 프로그램 시행 완료 후 진행
- 취업 후 진행

3) 평가의 방법

- 프로그램 시행 완료 후 진행 : 프로그램 참가 소감문 / 설문지
- 취업 후 진행 : 취업 체험기

프로그램 참가 소감문

프로그램 명	부모 교육 전문가 과정 (참가일 : 200 년 월 일 ~ 월 일)		
이름			
연락처			
주소			

1. 금번 교육에 참여 경로는? 가장 가까운 것 하나를 선택("√") 또는 기재하여 주십시오

☐ 각 여성인력개발센터를 통하여 ☐ 여성M센터 운영기관을 통하여
☐ 인터넷, 신문 등 언론매체 ☐ 교육청, 구청 홈페이지를 통해
☐ 부모, 친구, 친지 소개로 ☐ 기타 ( )

2. 금번 교육에 참여 동기는? 가장 가까운 것 하나를 선택("√") 또는 기재하여 주십시오.

☐ 실무경험을 갖기 위해 ☐ 취업에 도움을 얻기 위해
☐ 아이의 교육을 위해 ☐ 부모, 친구 등 권유로
☐ 기타 ( )

* 부모 교육 전문가 과정 프로그램에 참가한 후, 달라진 점이나 느낌을 자유롭게 적어주십시오! 이 글을 통해 더 많은 취업과 사회에 적응하고자 하는 분들이 프로그램을 만날 수 있는 동기를 갖게 됩니다. (분량제한 없음)	
제목	

[참고자료] 대전평생교육진흥원, 87세 어르신의 초등학교 입학 꿈이 현실로

대전평생교육진흥원은 2022년 초등학력인정 성인문해교육 프로그램인'행복교실' 입학식을 개최했다. 올해 행복교실에는 최고령 이영주(87세) 어르신을 비롯한 50~80대 시민 33명이 입학하여 초등학교 졸업장을 향한 새로운 도전을 시작했다. 행복 교실은 정규 교육을 받지 못한 성인들에게 초등학력 인정의 기회를 주는 프로그램으로 시험, 방학, 소풍 등 여느 초등학교와 다름없는 일정으로 진행된다. 김기숙(60) 씨는 입학 소감으로 "그동안 정말 공부하고 싶었지만 환갑 나이에 배움의 한을 풀게 됐다"며 "나이 먹고 시작하는 공부가 쉽지 않겠지만 노력해서 내년엔 중학교에 진학하고 싶다"라고 했다.

진흥원 관계자는 "교육의 기회를 놓친 성인들을 위한 맞춤형 프로그램을 적극 추진하고 시민 삶의 질 향상에 도움이 되는 다각적인 학습지원을 펼쳐나갈 예정이다"라고 했다.

출처: 미디어투데이, 22.3.30

07

평생교육사의 과제 및 비전

07 평생교육사의 과제 및 비전

1. 평생교육사의 현실

현대에 들어오면서 학교 교육이 지배적인 영향력을 행사하면서 교육과 학교 교육을 동일시하게 된다. 하지만 학교 밖에서는 꾸준히 교육이 이루어졌으며 각 개인도 교육에 대한 요구가 꾸준히 증가해 왔다. 이는 사회교육으로 불리며 명맥을 유지해 왔고 그 교육의 발전은 다시 평생교육으로 불리며 공식화되기에 이른 것이다. 평생교육은 최근에는 평생학습으로 바뀌었으며, 교육을 관할하는 부처만이 아니라 범정부 차원으로 평생학습을 언급하게 된다. 이는 평생학습이 공식화, 대중화 되었음을 의미한다. 따라서 평생교육 영역은 점점 관심 및 전문화되고 평생교육 전문가들은 주목받게 될 것이다. 따라서 평생교육 수요증대에 따른 평생교육사 역할이 부각되고, 평생교육사 자격에 대한 요구수준이 높아지고 있으며, 직무의 표준화가 진행될 것이다. 「평생교육법」 제2조 1항 에서는 평생교육의 영역을 명시하고 있다. "학력보완교육, 성인 문자해득교육, 직업능력 향상교육, 인문교양교육, 문화예술교육, 시민참여교육" 등을 포함하는 모든 형태의 조직적인 교육활동을 말한다. 이러한 영역은 바로 평생교육사가 일할 수 있는 직무영역이라 말할 수 있다. 평생교육의 영역이 방대한 만큼 각 영역에서 일하게 될 평생교육사에게는 공통적으로 요구되는 능력 못지않게 세부적으로 다른 많은 능력이 필요하다. 이 요구는 평생교육사의 직무에 대한 좀 더 분화된 사고와 양성프로그램의 개발을 의미하고 있다.

현재 우리나라는 평생교육전담 지원기구로서 국가평생교육진흥원, 시・도 평생교육진흥원, 평생학습관 및 다양한 지역 평생학습 기관들이 운영되고 있다. 이러한 중앙 및 지역의 평생교육기관 연계로 평생학습의 활성화 및 실효성을 거두기 위해서는 중요한 몇 가지가 있다.

첫째, 평생학습사회로의 전환이다. 우리나라는 평생학습사회로 전환하기 위해 범정부적인 평생학습 운동을 전개해 나갈 계획이다. 이를 위해 평생학습 주간을 제정하여 평생학습을 전 국민에게 홍보하고 사회적 공감대를 형성하며, 평생학습제도를 통해 기여한 성공사례들을 발굴하였다. 앞으로도 지식경쟁 속에서 각 개인이 평생학습을 체감하는 국가적 캠페인이 필요하다.

둘째, 평생교육 전문 행정조직으로의 재구조화가 필요하다. 현재 각 평생교육기관의 경우, 기존의 부서에서 평생교육업무를 추가로 맡아 운영하고 있는 경우가 대부분이다. 이 때문에 업무부담이 과중하여 전문성이 떨어지고 비효율적인 행정이 이루어질 수 있다. 평생교육 관련업무를 덤으로 맡아서 운영할 수 있는 것이 아니다. 학습자들의 요구에 능동적으로 대처하기 위해 평생교육 전문 행정조직의 재구조화가 필요하다. 따라서 평생교육을 담당하는 부서를 전문화하며, 인력 면에서도 평생교육 전문인력을 보강하고, 업무수행면에서도 독립성을 보장하여야 한다.

셋째, 평생학습 인프라를 구축이 필요하다. 각 개인의 여가시간을 재충전의 기회로 활용할 수 있도록 하는 생산적 학습기회로의 전환을 유도한다. 이를 위해 지역의 학교시설을 활용한 여가선용 프로그램을 지원하고 학습동아리 구성을 지원하며 직장인을 주 대상으로 하는 대학(원)의 수업시간 및 평생교육시설의 성인대상 주말강좌 개설을 주말에 운영하도록 유도한다.

2. 평생교육사의 과제

1) 평생교육사 양성과정의 과제

현재 평생교육사의 자격등급은 1급, 2급, 3급으로 규정되어 있다. 이러한 등급으로 구분된 것은 사회교육전문요원 자격등급과 밀접한 관련이 있다. 사회교육전문요원 자격제도에서 1급과 2급으로 되어 있던 자격등급이 평생교육사 자격제도로 전환되면서 1급, 2급, 3급으로 확대되었다. 하지만 정작 각 급수별 승급체제의 운영 및 급수별 역할과 전문성에 관한 규정이 불분명하여 문제점으로 부각되고 있다.

첫째, 평생교육사 3급 자격등급이 유명무실 상태에 있다. 3급 자격등급은 소정의 이수학점기준을 충족시키거나 학점은행제와 양성기관을 통해 자격증을 부여할 수 있도록 하고 있다. 그렇지만 현실은 3급 자격증보다는 2급 자격증으로 95% 이상 발급되고 있다. 따라서 유명무실한 3급 자격증 활용방안을 모색할 필요가 있다.

둘째, 현재 평생교육사 1급은 2~3급과 역할과 직무 면에서 명확한 차별화가 이루어지지 않고 있다. 평생교육사 1급 자격의 전문성 강화를 위해서는 자격영역 세분화, 운영기관 확대 및 영역별 전문화된 교육과정 운영이 필요하다. 사회적으로 다원화되고 있는 시민들의 학습 요구에 전문적으로 대응할 수 있도록 평생교육사 1급 자격 운영 체계를 개선할 필요가 있다.

셋째, 평생교육사 양성기관에 대한 문제이다. 물론 많은 양성기관이 체계적이고 전문적으로 양성기관의 소임을 다하고 있다. 하지만 행정당국의 관리·감독 부실과 몇몇 양성기관의 비정상적, 무책임한 운영이 있었던 것이 현실이었다. 즉 무분별한 대체과목의 인정, 책임교수의 부재, 현장실습의 부실 등이 그것이었다. 다행스러운 것은 평생교육사 자격증 발급체제가 개정된 「평생교육법」에 따라 2013년 11월 23일부터 교육부 장관 명으로 일원화되고 이와 관련하여 전담기관이 국가평생교육진흥원으로 결정되었다. 따라서 국가평생교육진흥원은 전담조직과 전문인력을 확보하여 평생교육사 양성을 희망하는 대학 및 양성기관을 대상으로 사전 승인에 필요한 조건과 요소를 유목화하여 제시하고 그 적합성을 객관적으로 판단하여 심의하는 행정적 절차를 추진해야 할 것이다. 양성과정이 종료된 후 평생교육사 자격증을 발급하는 단계까지 행정적 지원과 관리·감독을 체계화함으로써 평생교육사 자격증에 대한 사회적 공신력을 확보할 수 있다.

넷째, 양성 교육과정의 자격등급별 이수 과목이 차별화되지 않은 점이다. 평생교육사 자격등급별 이수교과목은 평생교육 분야의 정체성과 특성을 나타낼 수 있는 교과목 영역을 준거로 제시되어야 할 필요성이 있다. 이를테면, 기본영역, 대상 영역, 분야영역, 직무수행영역, 전문역량영역 등이다. 이러한 고려는 양성을 위한 교육과정 운영의 단계에서부터 평생교육사의 전문화를 위한 토대가 될 수 있을 것이다. 따라서 자격등급별 차별화된 교육과정 운영에 대해 적극적인 검토가 필요하다.

2) 평생교육사 현장실습 과정의 과제

평생교육사 현장실습은 교과목을 통해 학습한 것을 현장에 적용하고 현장에서 배운 것을 체계화시키는 작업이다. 더불어 평생교육 현장실습은 평생교육사가 향후 몸담아야 하는 현장에 대한 감각을 익히고, 키우는 과정이기도 하다. 우리는 흔히 평생교육은 이론보다 현장실천이 더 중요하다고 말한다. 하지만 현재 이러한 현장경험을 체계적으로 운영하는 실습 기관이 절대적으로 부족하다. 특히 학점은행제, 사이버대학은 현장실습 기관을 구하지 못해 실습자의 진로 및 목표와 무관한 현장실습 기관을 선정하기도 하여 부실한 현장실습으로 이어질 우려가 있다. 그러므로 현장실습 기관의 사전점검과 교육, 현장실습메뉴얼의 배부 등도 함께 검토되어야 한다.

우리 사회가 궁극적으로 추구하는 미래사회는 평생학습사회와 동반되어야 그 실현이 가능하다. 평생학습사회에서 학습은 필수적인 핵심요소이다. 따라서 향후 평생교육사의 역할은 매우 중요하고 그들의 역할 및 직무는 더욱 다양해 질 것으로 예측된다. 따라서 평생교육사들은 이를 수행할 수 있는 직무수행 능력을 키워야 한다.

평생교육사는 현대인이 평생학습자로서 학습을 생활화하여 그 경험과 결과를 사회적으로 인정받고 개인적 성취로 전략화함으로써 거번멘탈리티(governmentality)를 갖춘 지식 시민으로 성장하도록 촉진하는 자이다. 이러한 직업적 비전으로 겸비한 평생교육사가 양성될 수 있도록 관련 제도와 교육과정을 개선하고 운영되도록 지원하는 것은 시대적으로 중요한 책무이다.

3) 평생교육사 자격연수 과정 과제

급변하는 사회에서 다양한 학습자들의 특성과 평생교육 요구에 적합한 평생교육을 제공하기 위해서는 평생교육사의 전문성이 매우 중요하다. 평생교육사는 「평생교육법령」에서 규정하는 교과를 이수하면 자격을 취득하는 과정 이수형 자격이기 때문에 자격 취득 이후 지속적인 전문성의 개발이 매우 중요하다. 그러나 평생교육사는 다른 유사 국가전문자격인 사회복지사, 청소년지도사, 보육교사 등과 달리 보수교육을 의무적으로 이수하도록 법제화되어 있지 않다.

「평생교육법 시행령」 제19조에서 평생교육사의 전문성 신장을 위해 국가 및 시도 평생교육진흥원에서는 평생교육사를 대상으로 연수를 시행하도록 규정하고 있지만, 연수 참여는 의무 사항이 아니며, 국가 및 시도평상교육진흥원에서 운영하는 연수를 통해 평생교육 현장의 평생교육사들의 전문성을 신장하는 것에는 한계가 있다. 평생교육사가 평생교육 전문인력으로서 전문성을 지속적으로 개발하기 위해서 보수교육을 의무화하도록 「평생교육법」을 개정할 필요가 있다.

4) 평생교육사 배치 · 채용 과제

평생교육사로써 전문성을 갖춘 평생교육사 배치를 활성화하기 위한 법 · 제도적 개선이 필요하다. 「평생교육법」 제26조에서는 평생교육사를 평생교육기관에 의무적으로 배치하도록 규정하고 있다. 평생교육기관의 평생교육사 배치율은 지속적으로 증가해 2018년 79.8%로 최고점에 달했다가 2021년 배치율은 79.2%로 약간 하락하였다. 여전히 약 20%에 해당하는 기관에 평생교육사가 배치되어 있지 않다. 평생교육기관의 평생교육사 배치는 의무 사항임에도 불구하고 배치와 관련하여 지도 · 감독할 수 있는 법 조항이 없는 실정이다. 따라서 평생교육사의 배치 위반 사항을 관리할 수 있는 법 · 제도적 기반 마련이 필요하다. 또한, 학습자에게 양질의 평생교육을 제공하기 위해 평생교육사 배치 기준의 개편이 필요하다.

국가 및 시도평생교육진흥원을 제외한 평생교육기관의 평생교육사 최소 배치 기준은 기관당 1명이며(시군구 평생학습관의 경우 정규직 직원 20명 이상일 경우 2명 이상), 평생교육시설의 경우 자격등급에 대한 배치 기준이 없다. 기관의 특성별로 지역의 인구수, 기관의 학습자 수, 프로그램 수 등을 고려하여 유연한 배치 기준을 마련하고, 이에 따라 평생교육사를 확대 배치할 수 있도록 개선할 필요가 있다.

5) 평생교육사 직무 관련 과제

21세기 지식정보사회의 맥락 속에서 형성된 평생학습체제에서 평생교육사가 담당해야 할 영역과 분야가 확대되면서 차별화된 전문성을 요구받고 있다. 일반적으로 평생교육사의 전문성은 어떠한 관련 지식을 적용하는가, 어떠한 실천현장인가, 대상이 누구인가, 어떤 특화된 기술을 발휘하는가에 의해 차별화된다. 따라서 평생교육사가 기관과 조직 속에서 담당해야 할 고유 업무를 특화시키는 전문성이 중요함을 시사한다. 평생교육사의 전문성이 발휘되는 맥락은 다양한 평생교육 실천의 현장에서 자신들이 전문적으로 담당해야 하는 고유 업무와 일상적이고 지속적으로 담당해야 할 상시 업무가 조화를 이루는 과정에서 그들의 전문성이 발휘된다.

한편 평생교육사의 직무의 명확성은 평생학습사업 및 프로그램과 관련된 직무를 수행하며, 다양한 사회구성원의 학습을 촉진하기 위해 전문적으로 개입하는 자신을 발견할 때 직무의 명확성을 확인할 수 있다. 또한, 평생교육사 직무 중에는 지역사회, 다양한 평생교육공급자, 기관 간의 네트워크형성과 작동을 책임진다. 덧붙여, 다양한 평생학습의 성과와 결과를 국가적, 지역적 데이터로 산출하고 지적・문화적 자산으로 관리하는 전문가로 자신을 인식할 때 직업적 정체성을 확인할 수 있다. 평생교육사의 차별화된 전문성을 수행할 수 있도록 지속적인 노력이 필요하다.

3. 평생교육사의 비전과 전망

국가와 지방자치단체 차원에서 제공하는 평생교육 서비스의 영역이 확대되면서 평생교육 참여율은 2022년 현재 30.7%로 2019년 43.4%에 비해 크게 하락했다(한국평생교육백서, 2021). 이는 전 세계적으로 휩쓴 코로나19의 영향으로 보인다.

평생학습이 대중화 및 일반화되면서, 학습의 효과적인 실천을 위해 평생교육 종사자의 역량과 전문성이 크게 강조되고 있으며, 향후 평생교육사의 역할과 직무는 차별화된 전문가로서 재조명될 것이다. 따라서 평생교육사의 전망을 세 가지로 나누어 보면 다음과 같다.

첫째, 평생교육사에 대한 사회적 수요가 지속적으로 늘어날 전망이다. 2021년 현재 평생교육사의 평생교육기관 배치 현황을 살펴보면, 전체 4,493개 평생교육기관의 79.2%인 3,560개 기관에 평생교육사가 배치된 것으로 나타났다. 시도평생교육진흥원의 경우 모든 기관에 평생교육사가 배치되었으며, 시군구 평생학습관의 경우 82.7%인 398개 기관에 배치되어 있었다. 평생교육시설 중에서는 사업장 부설 평생교육시설의 평생교육사 배치율이 96.4%로 가장 높았다. 이러한 결과는 누가 뭐래도 평생교육사의 열정과 전문성을 인정받았다는 명확한 근거자료이다. 향후에도 평생학습은 초중등학교, 대학, 지역사회, 기업, 정부 및 자치단체 등에 지속적으로 확산될 것이 예상됨으로 전문성을 갖춘 평생교육사는 전망 있는 직종으로 주목받게 될 것이다.

둘째, 다양한 사회구조의 변화는 평생교육 서비스에 대한 수요증대로 이어지며 평생교육 전문가 역할이 무엇보다 부각되고 있는 시점이다. 평생교육사는 정보사회의 변화와 평생교육진흥을 위해 평생교육 프로그램 및 평생교육업무의 전반적인 영역을 담당하는 현장전문가로서 변화되는 환경에 탄력적으로 대응하여 체계적 · 전문적인 평생교육 서비스를 제공하여야 하므로 앞으로 평생교육사가 담당해야 할 직무와 역할이 확산되면서 관심이 더욱 부각되고 있다.

셋째, 평생교육 학문 탐구의 심화와 저변 확대로 평생교육사 전문직이 미래의 유망직종으로 부각되고 있다. 평생교육 전공 대학원과 대학원생 수의 양적인 증가로 평생교육의 학문 탐구영역이 확대 · 심화되고 있으며, 석사, 박사학위를 가진 평생교육 전문가들의 평생교육현장에서의 역할로 평생교육사의 위상과 자격제도의 질을 고양시키는데 기여하고 있다. 미래의 평생학습은 초 · 중 · 고등학교, 대학교, 기업, 지방자치와 지역사회 등으로 지속적으로 확산될 것이 예상됨으로 미래의 유망직종으로 전문성을 갖춘 평생교육사는 주목받게 될 것이다.

[참고자료] 시대적 변화 대응하는 평생교육 시스템 구축

4차 산업혁명과 코로나19로 인해 교육계는 지각변동을 겪고 있다. 학교와 가정, 직장의 경계가 급속도로 허물어지면서 일자리의 대전환을 가져오면서다. 이러한 시대 속 필요한 인재를 양성하기 위해 지금의 규격화된 제도권 교육과는 다른 교육 체제가 필요하다는 목소리가 나온다. 그 대안으로 '평생교육'의 중요성이 대두되고 있다. 대학의 평생교육과 고등교육은 기업·지역사회와 유기적으로 연계돼 있으며 대학 기능은 교육에서 연구개발, 더 나아가 혁신으로 확대되고 있다. 전문가들은 대학이 지역·국가·글로벌 차원에서 혁신생태계의 중심 허브로 전환하기 위해선 평생교육 기능을 강화함과 동시에 정부 지원 등이 필요하다고 주장한다.

디지털 전환에 따른 산업구조와 필요 역량은 높아지고, 학령인구 감소와 대학교육 대중화 등 고등교육 환경도 급변하면서 대학은 새로운 역할을 모색해야 하는 상황에 처했다. 그 대안으로 평생교육 기능 강화 방안이 거론되고 있다. 먼저 케이정책 플랫폼은 4차 산업혁명에 대비한 평생학습체제를 구축해야 한다고 제언한다. 특히 인적자본의 리스킬링과 업스킬링의 필요성을 강조하며 이에 대한 지원이 필요하다고 말한다. 미래에 요구되는 기술과 현재 구성원이 가진 기술 간 격차를 줄이고, DT(Digital Transformation) 시대가 바꿀 미래 변화에 적응력을 높이기 위함이다. 아울러 성인 학습자가 참여할 수 있는 고등교육의 트랙을 학위과정과 비학위과정 모두 확대하는 한편, 학위과정에서는 철저한 학사관리로 교육의 질을 담보해야 한다고 강조한다. 이밖에 평생교육 기능이 활성화된 선진 대학의 사례처럼 입학 경로의 다양화, 야간 또는 주말 교육과정 운영, 온라인 강의, 선행학습 경험에 대한 학점인정, 다학기제도 및 시간제 등록제의 활성화 등 성인 학습자의 시·공간적, 환경적 제약을 해소하기 위한 학사구조 개편도 주요 과제로 꼽았다. 학위과정 이외 다양한 비학위과정의 운영과 연계, 지역사회 수요와 연계된 평생학습 프로그램 제공, 성인 학습자의 특성을 고려한 학사 운영과 지원, 성인 학습자의 수학 역량을 고려한 보충 프로그램이나 사전 프로그램 운영 등도 선행돼야 할 사항으로 여겨진다. 임재홍 한국방송통신대 법학과 교수는 "평생교육은 인간의 전 생애와 연결되는 만큼 연령에 구분이 없는 탄력적이고 다양한 교육 콘텐츠의 개발과 지속 가능한 학습 체계가 요구되고 있다"며 "스마트 플랫폼을 기반으로 한 교육시스템 마련과 학습자 교육기회 역시 확대돼야 한다"고 말했다. 그러면서 "지자체, 국가 할 것 없이 평생교육에 대한 시도는 하고 있지만, 평생교육을 하는 이해당사자에 대한 주체 설정이 먼저 이뤄져야 할 것"이라고 밝혔다.

출처 : 한국대학신문, 2022. 4월

08

평생교육제도 활용하기

08 평생교육제도 활용하기

1. K-MOOC

한국형 온라인 공개강좌(이하 'K-MOOC', Korean Massive Open Online Course)는 대학의 우수 온라인 강좌를 언제, 어디서나, 누구나 무료로 수강할 수 있는 서비스로 MOOC의 국제적 확산과 고등교육 패러다임 변화에 적극적으로 대응하기 위하여 2015년부터 서비스를 시작하였다. K-MOOC는 대학의 교수-학습방법을 혁신하고, 고등교육 기회 균형 실현과 평생학습 기반 조성을 위하여 열린 고등교육 체계를 마련하는 데 실질적인 역할을 담당하고 있다.

MOOC는 수강 인원에 제한 없이(Massive), 모든 사람이 수강 가능하며(Open), 웹 기반(Online)으로 미리 정의된 학습 목표를 위해 구성된 강좌(Course)를 의미한다. MOOC는 강의실에서 학습자가 수동적으로 듣고 교수자가 일방적으로 가르치던 전통적인 방식이 아닌 교수-학생 간 질의 응답, 토론, 퀴즈, 과제 등의 능동적 학습방식으로 진행되며, 교수-학생, 학생-학생 간의 커뮤니티 등을 통해 양방향 학습이 가능한 강좌 플랫폼이다.

K-MOOC를 통해 시간과 장소의 제약, 연령제한, 등록금 부담, 입학 요건 등에서 벗어나 누구나 언제 어디서나 양질의 교육을 받을 수 있는 교육의 기회균등이 이루어지고 있다. 이뿐만 아니라 고등교육의 확산과 보급을 통해 교육의 질 향상과 궁극적으로는 대학의 경쟁력 강화에 기여할것을 기대하고 있다.

2015년 10월 27개의 강좌로 시작한 K-MOOC는 국내 고등교육계는 물론 직업교육을 준비하는 학습자에게 호응을 얻어 학점은행제 과정 개설, 무크(MOOC) 선도대학 선정, 개별강좌 및 4차 산업혁명 분야 묶음 강좌 선정, 이수체계도를 기반으로 하는 AI 강좌 선정 등 다양한 강좌개발이 진행되었다. 2022년 7월 현재 누적 방문자 2000만 명, 강의 참여 대학은 161개, 오픈강좌는 1,358개 등으로 K-MOOC에 대한 학습자들의 관심이 꾸준히 증가하고 있다.

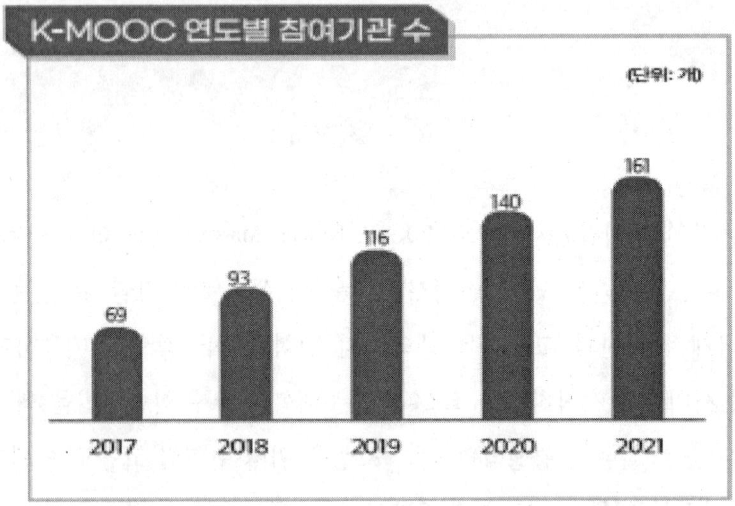

[그림 8-1] K-MOOC **연도별 참여기관수, 평생교육백서**(2021)

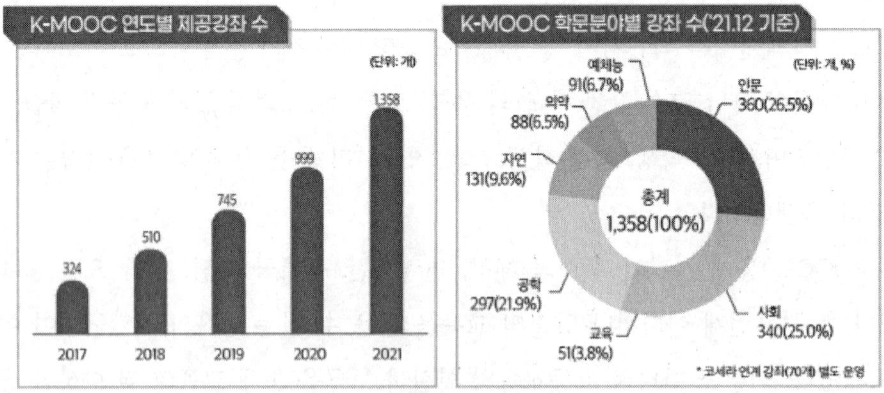

[그림 8-2] K-MOOC **연도별 제공강좌수, 평생교육백서**(2021)

1) K-MOOC 비젼 및 활용

K-MOOC는 알려주려는 자와 배우려는 자를 쉽고 한층 가깝게 연결함으로써 많은 사람이 어제보다 나은 미래, 새로운 미래, 더 다채로운 미래를 만들 수 있도록 돕는 것이 컬러플한 k-mooc의 비젼이다. 학습자별 활용할 수 있는 방법으로 플립드러닝(flipped learning) 온라인을 통한 사전학습 후, 오프라인 수업에서는 팀 프로젝트, 토론식 수업 등을 진행하는'역진행 수업방식'이다. 청소년들은 사전학습 및 온라인 학습자료를 활용하여 미래 진학 및 생애진로 탐색에 활용할 수 있다.

대학에서는 학습 데이터 분석을 통한 교수학습전략 개발에 활용하여 거꾸로 학습 등 교수학습 혁신을 촉진할 수 있으며, 교수자들도 플립러닝(flipped learning)을 통한 수업 활동을 다양화할 수 있으며, 사전수업 준비 및 심화, 보충학습을 기반으로 학습에 임하며 전과 학생은 선수학습에 활용 가능하다.

일반 성인학습자는 적성과 관심사 및 전공기초(심화), 교양 등 수준별 학습에 활용 가능하며 최신 지식 및 정보습득을 위해 k-mooc를 활용할 수 있다.

구직자, 재직자의 경우 직업훈련, 개인역량 강화, 창업 아이템 발굴 및 정보 활용 등에 k-mooc를 이용할 수 있다.

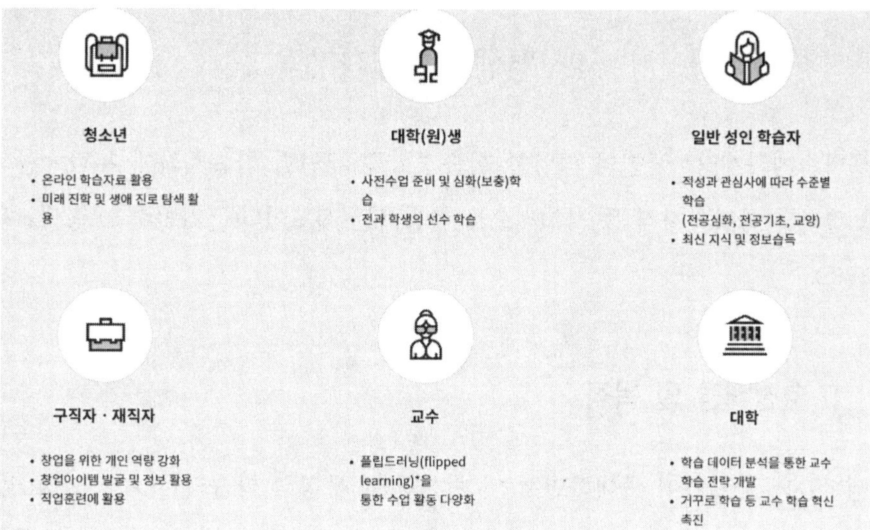

[그림 8-3] K-MOOC 활용

2) 향후 과제

2015년 K-MOOC 개통 이후 K-MOOC 강좌개발 대학 및 강좌 수가 점차 증가하여 학습자들의 다양한 학습 요구에 부응하고 있다. 특히 2020년에는 코로나19의 영향으로 일선 교육현장의 언택트 전환이 본격화되고 온라인 교육수요 또한 크게 증가하였다. K-MOOC는 플랫폼 고도화와 함께 다양한 콘텐츠 확보 등을 통해 디지털 대전환 및 인구구조 변화에 따른 전 생애 평생학습 수요에 대응하기 위하여 학습자 눈높이에 맞는 다양한 강좌를 제공하고 학습자 친화적 온라인 학습 환경을 구현하고자 한다. 향후 K-MOOC에 탑재되는 콘텐츠는 성인학습자가 원하는 학습정보에 쉽게 접근하고 학습할 수 있도록 '마이크로 러닝(micro learning)' 방식으로 제작될 예정이며, 다양한 콘텐츠 제공을 위해 신산업 분야 등 해외의 우수한 온라인 공개강좌 콘텐츠를 선별하여 제공함으로써 학습자들이 외국의 우수 강좌를 들을 수 있도록 접근성을 제고할 예정이다. K-MOOC 플랫폼을 통해 온라인 토론, 동료 평가를 가능하도록 하고, 비대면 강의 솔루션을 활용한 온오프라인 융합 수업을 제공하는 등 오프라인 토론회(세미나)를 결합한 방식의 수업도 제공함으로써 K-MOOC의 쌍방향성을 제고하여 MOOC의 특성을 강화할 계획이다.

2. 평생학습계좌제

평생학습계좌제란? 국민의 다양한 학습경험을 개인별 학습계좌에 누적·관리하고, 그 결과를 학력·자격 등 사회적으로 활용하는 제도이다(근거법령 : 「평생교육법」 제23조).

1) 추진배경 및 목적

평생학습의 중요성이 증대하면서 비 형식학습, 무형식 학습의 사회적 인정 및 타당화 문제가 활발히 논의되고 있다. 이미 독일, 유럽연합, 뉴질랜드, 일본 등에서는 오래전부터 평생학습 차원에서 개인학습 이력 관리를 가능하게 제도를 구축하고, 비형식 · 무형식 학습결과에 대한 평가방법 개발 및 활용 등의 정책들을 가시화하고 있다. 이러한 세계적인 흐름에 더하여 한국에서도 개인의 학습결과를 사회적으로 인정하기 위한 학습 이력 관리 제도로서의 평생학습계좌제가 태동하였다.

평생학습계좌제의 모태는"교육구좌제"로 1995년 5.31 교육개혁 2차 안에서 처음 논의되었다. 당시 교육구좌제는 국민의 평생교육 기회 확대와 평생학습 경험의 체계적 관리를 통한 국가 인적자원 개발 촉진 전략으로 제시되었지만, 이러한 이념은 현 평생학습계좌제의 목적에 그대로 반영되고 있다.

학습계좌제의 필요시기는 언제일까?? 결과적으로 학업 중단자, 실직자, 경력단절 여성, 퇴직(예정)자 등 생애 위기별 학습자를 대상으로 평생교육을 지원하고 그들의 평생학습 이력 관리를 통해 사회적응, 일자리 창출 등의 선순환 구조 마련을 위해서 평생학습계좌제를 통해 체계적인 평생학습 이력 관리가 필요하다.

2021년 서비스 만족도 및 요구조사 결과, 생애 단계별 평생학습계좌제 필요시기에 대한 학습자의 의견은 다음과 같다.

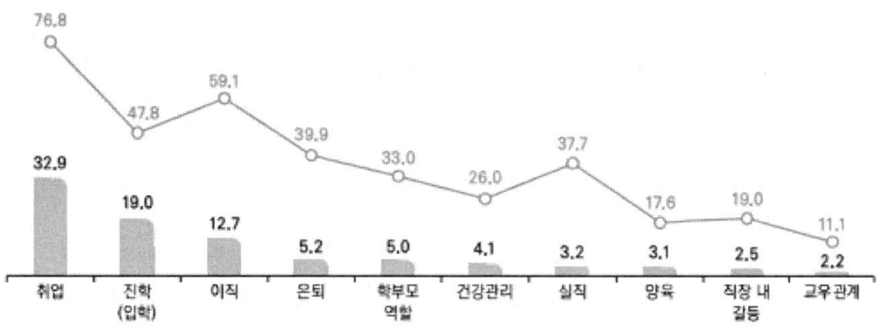

[그림 8-4] **생애단계별 평생학습계좌제 필요시기(평생교육백서,2021)**

평생학습계좌제의 필요성을 살펴보면 다음과 같다.

첫째, 학습설계 · 관리를 통한 학습경험의 성찰 및 통찰이다. 즉 전 생애의 학습경험을 성찰하고 통찰할 수 있는 도구(평생학습 이력 관리시스템)를 활용하여, 학습자

스스로 체계적인 학습설계와 관리를 할 수 있는 역량과 환경을 조성하기 위함이다. 둘째, 평생교육 프로그램의 신뢰 제고와 학습자의 학습선택권을 다양화하기 위함이다. 일정한 질적 수준을 담보하는 평생교육 프로그램을 국가가 평가 인정하고 관리하여, 평생교육프로그램에 대한 학습자의 신뢰를 제고하고, 학습선택권의 안정성을 담보하기 위함이다. 여기서 평가인정이란 평생교육기관에서 운영하는 학습 과정이 「평생교육법」으로 정하는 일정한 기준을 충족하는지를 평가하여 평생학습계좌 등록 가능 여부를 공적으로 인정하는 행위를 말한다.

셋째, 개인의 평생학습 이수 결과를 사회적으로 인정 및 활용하기 위함이다. 개인의 다양한 학습경험(평가인정 학습 과정 이수, 자격, 경력, 자원봉사 등)를 평생학습계좌(이하 학습계좌)에 등록하고, 평생학습 이력 증명서를 발급받아 사회적(학력취득, 사회참여, 취업자료 등)으로 활용하도록 하기 위함이다.

평생학습계좌제의 추진 목적은 다음과 같다. 첫째, 개인의 다양한 학습결과를 사회적으로 인정함으로써 국민의 평생학습 참여를 촉진하고 능력 중심의 인재활용체제를 구축하는 데 있다. 둘째, 평생학습계좌제는 평생교육프로그램의 국가적 질 보장 및 DB 관리를 통해 평생교육프로그램에 대한 학습자의 선택권을 보장하고, 나아가 체계적인 학습 상담체제 구축 및 학습 이력 관리시스템 활용을 통해 학습자의 효율적인 학습설계를 지원하는 데 주요 목적이 있다.

2) 학습결과 활용

개인이 온라인상에 기록한 학습 이력은 내용에 따라 학습 이력 관리시스템에서 평생학습 이력 증명서로 출력하여 확인할 수 있으며, 필요한 경우 학력(성인학습자 초등학력 인정, 고입・고졸 검정고시, 방송통신고 단위 이수제 등) 인정, 자격 취득, 취업 및 고용을 위한 근거자료로 활용할 수 있다.

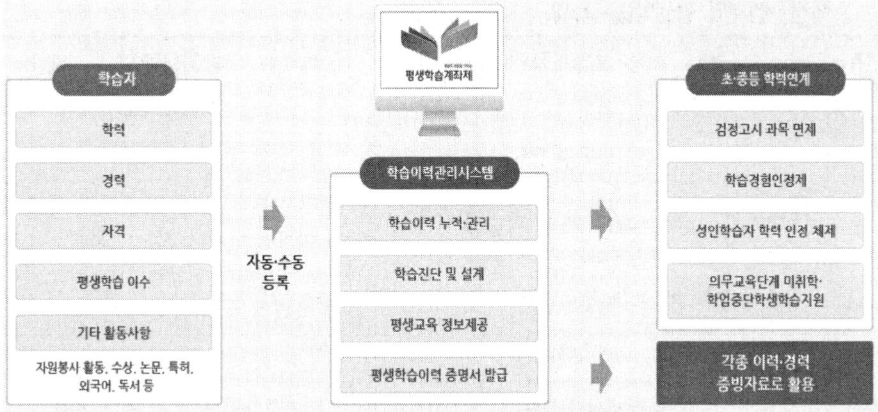

[그림 8-5] **학습계좌제의 결과 활용**

3) 유사제도와의 차이점

평생학습계좌제와 유사한 제도로는 학점은행제, 내일배움카드제가 있다. 학점은행제는 개인의 다양한 학습경험을 사회적으로 인정·활용하는 제도이며, 내일배움카드제는 직업능력개발에 초점을 두고 훈련비용을 지원하는 제도이다. 구체적으로 살펴보자

(1) 학점은행제

학점은행제는 「학점인정 등에 관한 법률」에 의거하여 학교에서뿐만 아니라 학교 밖에서 이루어지는 다양한 형태의 학습 및 자격을 학점으로 인정받을 수 있도록 하고, 학점이 누적되어 일정 기준을 충족하면 학위 취득을 가능하게 함으로써 궁극적으로 열린 학습사회, 평생학습사회를 구현하기 위한 제도이다. 또한, 학점은행제는 평생학습체제 실현을 위한 제도적 기반으로서 학교 교육은 물론 다종다양한 평생교육의 학습결과를 사회적으로 공정하게 평가인정하고, 그 교육의 결과를 학교 교육과 평생교육 간에 상호 인정하며, 이들이 상호 유기적으로 연계를 맺도록 함으로써 개개인의 학습력을 극대화할 수 있도록 하는 제도이다. 학점은행제와 평생학습계좌제를 비교해보면 다음과 같다.

〈표 8-1〉 학점은행제와 평생학습계좌제

구분	평생학습계좌제	학점은행제
주관부처	교육과학기술부	교육과학기술부
위탁기관	평생교육진흥원	평생교육진흥원
주요내용	개인의 다양한 학습경험을 "학습계좌"에 누적,관리하고 학습결과를 학력/자격/고용정보로 활용할 수 있게 하는 제도	[학점인정등에 관한법률]에 따라 학교 안팎에서 이루어지는 다양한 학습과 자격을 학점으로 인정하여 전문대학 및 대학교아 동등한 학위를 수여하는 제도
대상	전 국민	전 국민
운영기관	평생교육기관	평가인정 교육 훈련기관
주요특징	평생학습 이력 인정 및 활용	대안적 고등학력 인증제도
홈페이지	www.all.go.kr	www.cb.or.kr

개인이 학점은행제에서 학습한 결과는 평생학습계좌제 학습 이력 관리시스템과 자동 연계가 가능하며 이때 학습자의 사전 동의가 전제된다. 결국, 평생학습계좌제는 형식, 비형식, 무형식 학습 이력의 통합관리라는 특성을 기반으로 학점은행제와 같은 학력인증제도의 범주를 포함하면서도 인적자원개발 및 관리, 자격 취득과의 연계를 도모하는 종합적인 학습이력관리제도로 설명할 수 있다

(2) 내일배움카드제

취업 및 창업을 목적으로 직업훈련이 필요한 구직자(실업자)에게 고용노동부에서 국비를 지원하여 실시하는 훈련 제도이며, 개인별 훈련 상담을 통하여 취업(창업)계획 구체성, 훈련 필요성, 취업의 시급성 등을 심사한 후 대상자로 선정되면 국비 지원으로 훈련과정을 수강할 수 있다.

※ 취업 의지 없이 자기 계발, 경력 쌓기 등을 목적으로 참여할 수 없다.

개인이 내일배움카드제에서 학습한 학습결과는 학점은행제와 마찬가지로 평생학습계좌제 학습 이력 관리시스템과 자동 연계가 가능하다. 이때에도 사전에 자료연계를 동의한 학습자에 한해 가능하다. 평생학습계좌제와 구체적으로 비교하여 살펴보면 다음과 같다.

〈표 8-2〉 내일배움카드제와 평생학습계좌제

구분	평생학습계좌제	내일배움카드제
주관부처	교육과학기술부	노동부
위탁기관	평생교육진흥원	한국고용정보원, 한국직업능력개발원
주요내용	개인의 다양한 학습경험을 “학습계좌”에 누적, 관리하고 학습결과를 학력/자격/고용정보로 활용할 수 있게 하는 제도	직업훈련을 원하는 구직자에게 정부가 “내일배움카드”를 발급하여 일정금액(300만원 한도)을 지원해주는 제도)
대상	전 국민	구직자 + 근로자
운영기관	평생교육기관	직업교육훈련시설
주요특징	평생학습 이력 인정 및 활용	훈련과정 이수를 통한 학습비 지원
홈페이지	www.all.go.kr	www.hrd.go.kr

내일배움카드제를 통해 계좌 개설이 가능한 대상은 구직자 및 실업자(재직 근로자 등)로 제한되는데 비해, 평생학습계좌제에서는 계좌 개설을 원하는 전 국민을 대상으로 한다. 다만, 만14세 미만 아동의 경우는 법정대리인이 학습계좌 개설 신청을 하면 개설이 가능하다(외국인 가입 시 출입국관리소에 등재된‘외국인등록번호’를 기입하면 학습계좌개설 가능).

내일배움카드제에서는 다양한 교육영역 중 적합훈련과정에 국한하여 평가를 실시하고 있으나, 평생학습계좌제에서는 평생교육의 6대 영역(기초문해, 학력보완, 직업능력, 인문 교양, 문화예술, 시민참여)을 아우르는 학습 과정에 대한 평가인정을 실시한다. 개인이 내일배움카드제에서 학습한 학습결과는 학점은행제와 마찬가지로 평생학습계좌제 학습 이력 관리시스템과 자동 연계가 가능하다. 이때에도 사전에 자료 연계를 동의한 학습자에 한해 가능하다.

4) 학습 이력 관리시스템

학습 이력 관리시스템은 개인의 학습결과를 체계적으로 관리하기 위하여 온라인 상에 구축한 종합정보시스템이다. 이는 개인이 누적한 학습결과를 평생학습 이력증명서 또는 평생학습 이력철로 출력할 수 있다. 학습 이력 관리시스템은 평생교육진흥원에서 운영 · 관리하며, 학습 이력 관리시스템을 활용하는 사용자에 따라 학습자용과 운영자 및 관리자용으로 분리할 수 있다.

(1) 학습 이력 관리시스템의 주요 기능

첫째, 학습자별 학습 이력을 누적 · 관리하는 기능으로 개인의 다양한 학습경험과 이력을 학습계좌에 기록 및 누적, 관리할 수 있다. 둘째, 학습자 상담 및 정보제공의 기능으로 질의응답, FAQ 등의 메뉴를 마련하여 학습 상담 기능을 제공하고, 홈페이지 활용 가이드, 제도 활용, 관련 법률 등의 다양한 정보를 제공하고 있다. 셋째, 평가인정 학습 과정 정보검색 기능으로 지역 및 영역별 평가인정 학습 과정 정보검색을 통해 개인 학습자에게 평가인정 학습 과정 수강 정보를 제공하여 편리성을 제공하고 있다. 마지막으로, 평생학습 이력증명서 발급기능으로 개인이 등록한 학습 이력 중 원하는 정보를 발급하는 기능을 제공한다. 학습계좌에 누적한 정보는'평생학습이력철'로도 출력할 수 있으며, 그 중 진위여부가 확인된 내용은 평생교육진흥원장의 직인이 표시된'평생학습 이력증명서'로 발급하여 활용할 수 있다.

(2) 학습계좌제 수록정보

학습계좌에는 개인의 인적사항, 초 · 중 · 고 · 대학(원) 학력, 경력, 자격증 취득 실적, 평생교육 이수 실적(학습 과정 평가인정), 그 외 교육 및 연수, 외국어, 자원봉사, 동아리 수상, 독서활동,저술실적, 특허출원 등 각종 특기 사항을 기록, 관리할 수 있다.

〈표 8-3〉 학습계좌제 수록정보

구분	내 용	
1. 인적사항	성명, 주민등록번호, 주소 및 직장, 연락처(전화 및 e-mail)	
2. 학력	<초 · 중등 학력> • 종,중,고(졸업,중퇴 여부, 대안학력, 취득여부 등 포함)	<고등교육 학위> • 대학 · 대학원 • 학점은행 또는 독학사 • 해외 석 · 박사학위
3. 경력	• 직업상의 경험 및 근무연한	
4. 자격증	• 국가기술자격, 국가전문자격, 국가공인 민간자격, 민간자격	

구분	내 용
5. 분야별 평생교육 이수실적	• 평생교육기관별 평생교육프로그램(평가인정 학습과정)
6. 특기사항	• 기타 교육 · 연수 · 외국어 · 자원봉사, 동아리, 수상, 독서활동, 저술실적, 특허출원 등

(3) 학습 이력 승인 및 비승인 영역

학습 이력 관리시스템 등록한 학습 이력은 사실 및 진위 확인을 통하여 승인이 가능한 영역과 그렇지 않은 비승인 영역으로 구분된다. 즉 시스템 및 제도 간 연계, 첨부한 증빙서류의 사실 확인 등을 통하여 진위 확인이 가능한 승인 내역과 사실 확인이 불가한 비승인 영역으로 구분되어 관리된다.

평생학습 이력증명서는 원본 대조가 가능한 증명서로 승인된 사항에 대해서만 증명서로 출력할 수 있으며, 평생학습이력철은 승인 영역과 비승인 영역을 모두 포함하여 증명서 출력이 가능하다.

학습 이력 관리시스템에 등록한 학습이력을 활용하는 방법은 다음과 같다.

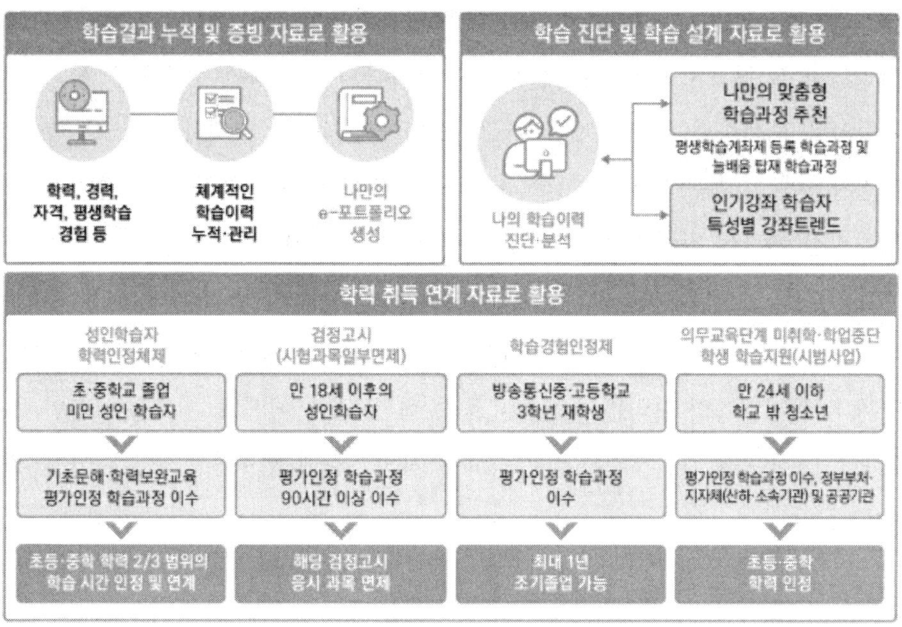

[그림 8-6] **학습이력관리시스템 활용방법**

⑷ 학습계좌제 성과

학습계좌제의 성과를 다음과 같이 설명할 수 있다. 첫째, 평생학습계좌제 이용률(학습계좌 개설 및 학습 과정 등록 수)의 확대이다. 평생학습계좌제-늘배움의 핵심은 두 홈페이지 간 로그인 자동연동(SSO) 서비스이다. 이를 통해 늘배움 평생교육 정보검색, 동영상 수강 후 학습 이력 관리, 평생학습 이력증명서 출력 등의 서비스를 제공하고, 학습진단 · 설계 기능을 구축하여 이용자의 특성(연령, 성별, 직업 등)에 따른 평생교육 프로그램 수강, 자격증, 학습 이력 현황정보를 확인할 수 있도록 서비스를 제공하였다. 이에 따라 평생학습계좌제 이용률은 역대 최고치로 증가하였다. 둘째, 학습 이력 관리시스템 고도화를 통한 시스템 이용자의 편의성 제고이다. 2020년은 평생교육 One-ID 구축으로 평생학습계좌제 이용자가 큰 폭으로 증가하였고, 평생학습계좌제-늘배움 두 홈페이지 간 로그인 자동 연동(SSO) 서비스로 이용자의 편의성을 제고하였으며, 평가인정 학습 과정 정보검색, 학습이력등록, 평생교육 One-ID 이용자 맞춤형 학습설계, 학습 이력증명서의 개인정보 노출 최소화를 위한 기능개선 등을 통해 지속적으로 이용자의 편의를 제고하였다. 셋째, 평가인정 운영 및 지원강화와 개선이다. 평가인정을 신청하고자 하는 교육기관의 진입 장벽을 낮춰 평가인정을 활성화하고, 평가지표 및 평가절차를 간소화하되 공정성과 신뢰성을 제고할 수 있는 방안을 모색하기 위해 기반을 마련하였다. 이 외에도 평생학습계좌제 학습 과정 운영활용에 어려움을 겪는 기관을 대상으로 '찾아가는 컨설팅'을 지원하였다. 기존에는 직접 기관에 찾아가는 방식으로 진행되었으나 2020년에는 코로나19로 인하여 비대면 온라인 컨설팅을 실시하였다. 넷째, 유관기관 · 제도와의 협업을 통한 사회적 활용도 제고, 제도개선 및 활성화를 위한 노력이다. 평생학습계좌제와 연계 협력 기관, 유관기관과의 협의를 추진하여 학습 상담, 학습 이벤트, 제도홍보 방안 등을 논의하였고, 신규 평가인정기관과 검정고시 거점기관에 제도홍보 브로슈어를 배포하였다.

5) 학습계좌제 FAQ

Q1 평생교육진흥원과 평생학습계좌제는 어떤 관계인가요

평생교육진흥원은 「평생교육법」 제19조에 따라 설립된 공공기관으로 2008년 2월 15일 개원하였습니다. 현재 평생교육정책본부, 학점은행본부, 독학학위검정센터, 전국학부모지원센터, NILE연수센터, NRI센터 등의 조직체제를 갖추고 각 본부별 특징에 따라 교유과학기술부와 함께 다양한 평생교육 정책 사업을 추진하고 있으며 이중 평생학습계좌제는 「평생교육법」 제23조에 의거하여 교육과학기술부의 업무를 위탁받아 평생교육정책본부 평생교육인증지원실에서 운영하고 있습니다.

Q2 평생학습계좌제 이용대상은 누구인가요?

평생학습계좌제는 전 국민을 대상으로 실시하는 국가 제도로서, 원하는 누구나 이용이 가능합니다. 단, 만 14세 미만의 경우 법정대리인이 신청 가능하며, 외국인도 출입국사무소에 등록된 외국인등록증이 있으면 활용이 가능합니다. 또한 제도 활용에 대한 별도의 비용은 없습니다.

Q3 평생학습계좌제와 학점은행제는 어떻게 다른가요?

학점은행제는 「학점인정 등에 관한 법률」에 의거하여 학교 뿐만 아니라 학교 밖에서 이루어지는 다양한 형태의 학습과 자격을 학점으로 인정하고, 학점이 누적되어 일정 기준을 충족하면 학위 취득이 가능한 제도입니다. 그에 반해 평생학습계좌제는 「평생교육법」에 의거하여 개인의 다양한 학습경험을 학습계좌에 등록하여 체계적인 학습설계를 지원하고 학습결과를 활용할 수 있게 하는 제도입니다. 학점은행제를 통해 취득한 학력 및 학점도 누적 관리할 수 있는 제도로서 학점은행제를 포괄하는 제도라고 볼 수 있습니다.

Q4 평생학습계좌제와 고용노동부의 내일배움카드제는 어떻게 다른가요?

평생학습계좌제는 교육부 주관 하에 국가평생교육진흥원에서 운영하는 제도로 전

국민을 대상으로 학습이력관리시스템을 통하여 개인의 학습경험을 누적 관리하고 활용할 수 있도록 하는 제도입니다(별도의 학습비 지원 없음). 반면, 고용노동부에서 주관하는 내일배움카드는 구직자(신규 실업자 및 전직 실업자) 및 근로자에게 일정한 금액(1인당 200만원)을 지원, 그 범위 내에서 자기주도적으로 직업능력개발훈련에 참여할 수 있도록 하고, 훈련이력 등을 개인별로 통합 관리하는 제도입니다.

Q5 학점은행제로 학위를 취즉하였는데 학력등록은 어떻게 하나요?

학점은행제를 통하여 취득한 학위도 등록이 가능합니다. 홈페이지에 로그인 한 후, [나의 학습계좌]→[학습이력관리] →[학력사항]의 등록 버튼을 클릭하여 취득한 학력을 입력하면 됩니다. 또한 학점은행제를 활용하고 있는 학습자가 학습계좌를 계설할 때 [자료연계 동의] 항목에서 사전 동의하였을 경우, 학점은행제를 통해 누적된 학습이력은 평생교육진흥원의 학습이력 데이터베이스 연계를 통해 별도의 학습이력 등록 절차를 거치지 않아도 자동으로 등록이 가능합니다. 연계 동의된 학습이력은 [나의 학습계좌]→[학습이력관리] →[학습이력] 메뉴를 통하여 확인이 가능합니다.

Q6 학습계좌에 등록된 자료는 언제까지 보관이 가능한가요?

학습계좌에 보관된 자료는 [개인정보처리방침]에 따라 준영구적으로 보관이 됩니다. 다만, 학습자의 아이디(학습계좌)는 2년마다 재동의 절차를 거치고 있으며, 동의하지 않으신 학습계좌는 휴면계좌로 전환됨을 알려드립니다.

Q7 등록하려는 학습과정이 평가인정을 받은 학습과정인지 아닌지는 어떻게 알수 있나요??

학습이력관리시스템(www.all.go.kr) [강좌정보]→[강좌검색] 및 [교육기관 검색]에서 검색 및 확인이 가능합니다.

Q8 평생학습계좌제에 등록되지 않은 학습과정은 어떻게 검색하나요?

학습이력관리시스템(www.all.go.kr) 에서는 평가인정을 받은 학습과정만 검색이 가능합니다. 평가인정을 받지 않은 학습과정은 평생교육진흥원 학습정보망(www.lll.or.kr)dp)

에 접속하여 [정보센터]→[강좌검색] 메뉴에서 확인이 가능합니다.

Q9 평생학습계좌제에 등록된(평가인정받은) 학습과정을 운영하는 교육기관은 어떻게 검색하나요?

학습이력관리시스템(www.all.go.kr)에서 평가인정을 받은 학습과정을 운영하는 교육기관의 지역 및 기관유형등을 선택하여 검색이 가능합니다. 교육기관 검색은 학습이력관리시스템의 [강좌정보]→[교육기관 검색] 메뉴에서 확인이 가능합니다.

Q10 평생학습계좌제 학습과정 평가인정은 어떻게 신청하나요?

학습과정 평가인정 신청은 단위 평생교육기관에서 할 수 있습니다. 즉 평생교육기관에서 운영하고 있는 학습과정을 학습과정 평가인정 신청서 양식에 따라 작성하여 기초지자체에 제출하면 됩니다. 기초지자체에서는 지역 내 평생교육기관에서 제출한 신청서를 수합하여 신청 기한 내에 평생교육진흥원에 우편 및 방문을 통해 제출합니다..

[참고자료] 평생교육 분야 지원 확대

정부가 '고등 · 평생교육 지원 특별회계(가칭)'를 신설하고 이를 대학과 평생교육 부문에 사용하겠다고 12일 밝혔다. 지난 7일 열린 2022년 국가재정전략회의에서 정부는 교육환경의 변화 및 교육 분야 간 투자 불균형 문제를 고려해 지방교육 재정교부금 제도를 이같이 개편하기로 했다.

관련 법안들이 모두 통과될 경우 추후 고등 · 평생교육 예산은 기존보다 최대 5~6조원까지 늘어날 수 있을 것으로 예상된다. 교육부 관계자는 "해당 재원은 대학 교육, 미래 인재 양성, 직업 재교육 등 국민의 평생학습권 보장을 위한 평생교육 분야 지원에 투자될 방침"이라며 "2027년에는 OECD보다 높은 수준인 GDP 1.1%를 고등 · 평생교육에 투입하겠다는 목표를 갖고 단계적으로 예산을 확보해 나갈 것"이라 밝혔다. 이에 따라 앞으로 평생교육 관련 정책 및 사업 추진이 더욱 박차를 가하게 될 것으로 기대되면서, 평생교육 현장에서 실무를 담당하는 전문 인력인 평생교육사에 대한 관심이 높아지고 있다. 평생교육사는 평생교육의 기획, 진행, 분석, 평가 및 교수 업무 등 전반적인 실무를 담당하는 평생교육 현장 전문가로서, 해당 분야에서 활동하기 위해서는 국가자격증인 평생교육사 자격증을 반드시 취득해야 한다.

출처: 한국강사신문, 2022. 7. 12

부록

부록 01 따또마을(프로그램개발예시)

【평생교육프로그램 예시】

따또마을 프로젝트

따로 또 같이, Open the door twice a day

제출자	
제 출 일	

1. 개 요

1. 프로그램명

따또마을 프로젝트(따로 또 같이, Open the door twice a day)

2. 대상자격

• 1차 대상 : 선정된 지역의 노인, 여성, 아동
• 2차 대상 : 지역 주민 누구나

3. 대상지역

4. 사업장소

OO대학교 평생교육원

2. 따또마을 사업

Step 1 프로그램 개발 필요성 검토 및 추진 여부 결정

가. 교육이념

• 인간을 존중하는 전문인 양성
• 민족문화 창달에 기여하는 균형 잡힌 사회인 양성
• 인류사회 발전과 평화에 기여하는 열린 세계인 양성

나. 프로그램 개발의 필요성

• 사회적 필요성
  - 고령사회 진입, 저출산 증가: 경제 활동 인구 축소로 유휴인구 활용 요청
  - 노인 빈곤율 증가 : 질 높은 일자리 지원으로 경제적 자립 지원

- 핵가족 확대, 맞벌이 부부 증가 : 인성교육을 기반으로 한 안전한 보육과 학습 요구 증가
- 노인성 질환 증가 및 전 세대의 사회적 외로움 증가 : 지속적인 학습을 통한 건강하고 아름다운 노후설계 필요

• 기관의 필요성
- 지역에 적합한 새로운 형태의 마을 만들기 : 세대 통합 가능
- 지역사회가 요구하는 경로당 만들기 : 누구나 함께하고 싶은 복지시설가능
- 안전하고 접근성이 용이한 학습공간 만들기 : 가정교육과 인성교육 기능

• 개발자의 필요성
- 경로당의 재 개념화 : 세대통합, 1동 1명소로서의 경로당
- 생활 속의 학습마을 : 인의예지(仁義禮智) 학습문화 조성
- 기존 정책의 재구조화 : 노인일자리, 방과후 학습의 재편성
- 네트워크 활성화 : 사회적 · 경제적 · 지역적 · 복지적 네크워크 통합화

다. 프로그램 개발 목적

• 노인에게는 일자리 기회 제공
• 맞벌이 부부에게는 안정적인 보육 서비스 제공
• 분산되어 있는 복지 및 교육 서비스와 공공시설 인프라 통합 활용 기회 제공

라. 유사프로그램 비교

• 단일 사업을 진행하는 프로그램

<table>
<tr><th>기관</th><th>지역</th><th>내용</th><th>기존 프로그램과의 차이점</th></tr>
<tr><td>반딧불 마을</td><td>경기도 가평</td><td>마을만들기</td><td rowspan="3">• 세대간 통합, 지역 시설 네트워크
• 새로운 형태의 복지시설 구축
• 누구나 이용하고 자랑할 수 있는 1동 1명소
• 인성교육으로 해체된 가족 회복
• 사회적 외로움 해소
• 질 높은 일자리 제공</td></tr>
<tr><td>성미산 마을 공동체</td><td>서울시 마포구</td><td>마을만들기</td></tr>
<tr><td>경로당</td><td>자치구</td><td>저학년 학습지도</td></tr>
</table>

마. 프로그램 장애요인

- 기존 분야에서 누리던 각 분야의 복지 기득권 행사 우려
- 경로당은 노인들이 화투나 치는 곳으로 냄새나고 고리타분한 말만한다는 부정적인 인식
- 노인은 신세대 교육에서 뒤떨어져 옛날 방식으로 지루하게 교육을 진행할거라는 부정적 사고
- 새로운 예산과 시설 및 사업을 진행해야 되기 때문에 업무가 과중된다고 생각하는 공무원 및 관계자의 사고와 태도

바. 프로그램 예상효과

사. 프로그램 개발팀 및 자문위원회 구성

- 자문위원회 구성

연번	성명	소속	분야

Step 2 기관 내부 / 외부 환경 분석

가. 조직분석

- 교육기관의 교육이념
- 조직도

나. SWOT 분석

- 조직 분석
  - 기관 내부 환경분석(SWOT 분석)

영역	강점(S: Strength)	약점(W: Weakness)	해결방안
행정			
조직			
재정			
프로그램			

- 기관 외부 환경분석(SWOT 분석)

환경변화요인	기회(Opportunity)	위협(Threat)	대응방안
지역적요인			
환경적요인			
사회문화적요인			
재정적요인			
타기관과의 연계			

다. 부천시 지역 조사

- 지리적 특성
  - 부천시 다운 개성 있는 도시" 로 시민적 공감대 형성과 보다 체계적인 봉사 행정적인 분위기 그리고 미래 도시를 지향하는 문화중심도시 부천시는 북쪽으로는 서울특별시와 접하고 있으며, 서쪽으로는 김포시와 인천시를, 남쪽으로는 시흥시와 광명시 등을 접하고 있어 경기도의 중추적인 기능을 수행하고 있다.

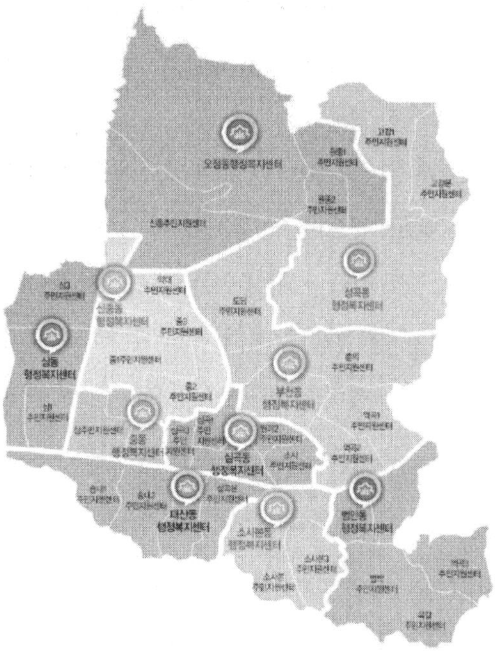

부천시 총 인구 818,383명 중 남성은 49.6%인 406,023명 여성은 50.4%로 412,360명으로 나타남. 이 중 신중동이 16.1%인 131,641명으로 가장 높았으며, 범안동(96,242)과 뷰천동(90,063명)순으로 나타났다(2021 부천시 기본 통계). 연령별 특성을 살펴보면 '0~4세'(24,837명), '5~9세'(32,387명), '10~14세'(33,516명), '55~59세'(74,895명), '60~64세'(68,442명),'65~69세'(42,172명), '70~74세'(27,532)으로 나타남. 이 중 어른의 보호와 지도가 필요한 연령인 '5~14세'아동이 8.1%인 65,903명으로 나타났으며, 사회활동을 가장 적극적으로 참여해야 할 연령인 '55~64세' 노인이 17.5%인 143,337명으로 매우 높게 나타났다. 이는 적극적인 사회활동이 증가하고 있는 현 사회에서의 적대적인 아동보호서비스의 요구, 안정적이고 질 높은 노후생활을 위한 다양한 문화 활동과 경제적 자립을 위한 노인 일자리 창출 요구 모두를 위한 체계적인 서비스 지원이 필요한 것으로 보인다. 부천시 지역은 수도권 일대에 대한 신도시 개발사업의 일환으로 중동지구 택지개발사업이 진행되면서 도시화가 급격히 이루어졌다는 특성을 반영한 새로운 형태의 마을, 전 생애의 대상을 통합할 수 있는 마을, 기존 자원을 활용한 지속가능한 공동체 형태의 새로운 복지서비스 기관의 확충이 지속적으로 요구될 것으로 보인다.

• 지역적 특성

- 부천시의 2021년 통계자료에 의하면 123개의 유치원에 8,832명의 원아로 나타내고 있으며, 초등학교는 64개의 학교에 1,566개의 학급수와 학생은 37,862명으로 학급당 학생수는 24.2명으로 나타나고 있는 특성을 고려해 볼 때 방과 후 아동이 안전하게 활동할 수 있도록 지역적 특성을 반영한 지역맞춤형 프로그램과 서비스 지원이 필요함을 알 수 있다.

단위 : 개, 명

연 별	원 수 Number	학급수 Classes	원아수 Children			교원수[1] Teachers			직원수[2] Clerical staffs		
			계 Total	남 Male	여 Female	계 Total	남 Male	여 Female	계 Total	남 Male	여 Female
2012.4.1	116	470	10,916	5,605	5,311	651	13	638	96	29	67
2013.4.1	119	523	11,660	5,872	5,788	685	11	674	122	47	75

2014.4.1	122	566	11,323	5,710	5,613	736	15	721	38	17	21
2015.4.1	123	581	11,582	5,770	5,812	774	15	759	75	28	47
2016.4.1	124	592	11,662	5,831	5,831	800	17	783	66	25	41
2017.4.1	126	624	11,651	5,862	5,789	821	18	803	191	76	115
2018.4.1	126	629	10,934	5,553	5,381	846	17	829	128	54	74
2019.4.1	124	615	10,081	5,122	4,959	823	17	806	104	39	65
2020.4.1	125	616	9,698	4,859	4,839	796	14	782	102	38	64
2021.4.1	**123**	**528**	**8,832**	**4,418**	**4,414**	**765**	**17**	**748**	**84**	**37**	**47**

유치원 변화 추이

단위 : 개, 명, 천㎡

연 별 학교별	학교수 No. of schools		학급수 Numer of classrooms	학생수 Students			교원수 Teachers		
	본교 School	분교 Branch		계 Total	남 Male	여 Female	계 Total	남 Male	여 Female
2012.4.1	62	1	1,786	48,712	25,230	23,482	2,605	446	2,159
2013.4.1	62	1	1,725	45,343	23,343	22,000	2,531	438	2,093
2014.4.1	62	1	1,713	43,860	22,553	21,307	2,513	429	2,084
2015.4.1	62	1	1,662	42,474	21,789	20,685	2,460	428	2,032
2016.4.1	62	1	1,626	41,012	21,010	20,002	2,448	433	2,015
2017.4.1	64	1	1,637	40,820	20,958	19,862	2,504	423	2,081
2018.4.1	64	1	1,664	41,572	21,265	20,307	2,503	434	2,069
2019.4.1	64	1	1,660	41,053	20,964	20,089	2,486	442	2,044
2020.4.1	64	1	1,608	38,989	19,935	19,054	2,437	420	2,017
2021.4.1	**64**	**-**	**1,566**	**37,862**	**19,356**	**18,506**	**2,415**	**417**	**1,998**

초등학교 변화 추이

- 여성취업에 대해 부천시민은 86.5%가 찬성하는 것으로 나타났으며 이 중 여성이 직업을 가지는 것이 좋다고 응답한 비율 중 취업자 여성은 93.1%로 가장 높았으며 45.8%는 가정일에 관계없이 계속 취업하는 것이 좋다고 생각하였다. 여성취업을 어렵게 하는 가장 큰 요인으로는 48.8%가 육아부담으로 나타났는데 이는 남녀 모두가 동일하게 응답한 것을 볼 때 맞벌이 부부가 지속적이고 안정적인 직장생활이 가능할 수 있도록 체계적이고 전문적인 육아지원서비스가 적극적으로 지원되어야 함을 알 수 있다.

(단위 : %)

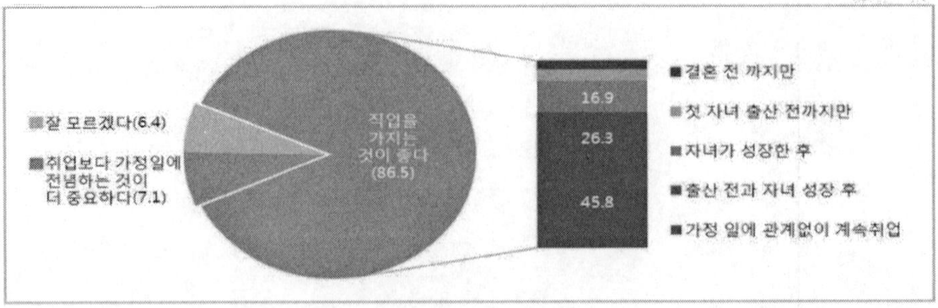

여성 취업 욕구

(단위 : %)

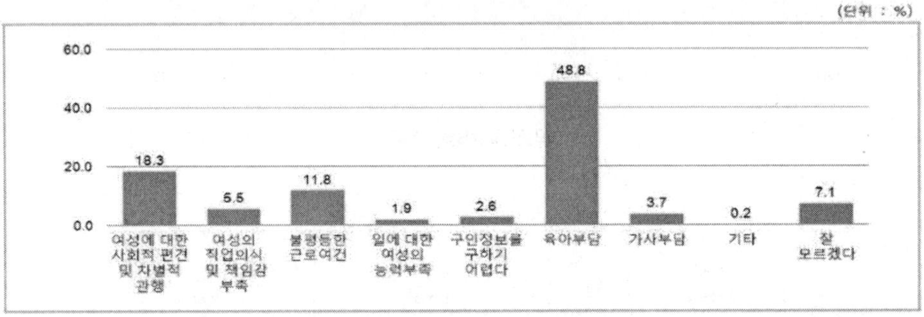

여성취업 장애 요인

- 현재 노인들이 겪고 있는 가장 어려운 점은 51.1%로 경제적 어려움을 꼽고 있으며 그 뒤를 이어 건강과 외로움 · 소외감으로 나타났다. 통계자료에 의하면 사회복지시설 중 노인복지시설이 599개 시설로 가장 높게 나타났으며, 노인여가복지시설 381개 시설 중 노인복지회관이 320개 시설로 84% 나타났다. 노인들의 문제해결을 위해서는 시설을 활용한 사업으로 노인문제를 해결할 수 있는 새로운 개념의 대안이 요구된다.

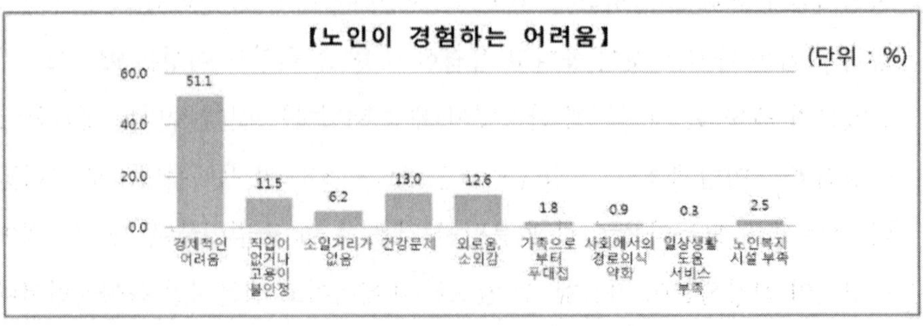

노인이 경험하는 어려움

단위 : 개소, 명

연별	합 계 Total		아동복지시설 Children		노인복지시설 Aged		장애인복지시설 Disabled	
	시설수 Facilities	생활 및 이용인원 Inmates& Persons	시설수 Facilities	생활인원 Inmates	시설수 Facilities	생활인원 Inmates	시설수 Facilities	생활인원 Inmates
2018	157	3,358	6	35	134	3,041	10	124
2019	576	3,417	-	-	562	3264	10	123
2020	**616**	**3,403**	**-**	**-**	**599**	**3,173**	**10**	**126**

자료 : 경기도 복지정책과, 복지정책과, 여성정책과, 아동청소년과, 노인복지과, 장애인복지과, 감염병관리과

사회복지시설 현황

단위 : 개소, 명

연별	합계 Total	노인복지회관 Senior service center			
	시설수 Facilities	시설수 Facilities	종사자수		
			Persons	남 Male	여 Female
2011	359	3	…	…	…
2012	366	3	42	11	31
2013	370	3	64	14	50
2014	371	3	70	14	56
2015	371	3	70	19	51
2016	372	3	64	16	48
2017	380	3	65	19	46
2018	388	3	75	21	54
2019	391	3	85	21	64
2020	**381**	**3**	**320**	**22**	**298**

자료 : 『노인복지시설현황』 보건복지부 요양보험운영과, 노인복지과

노인여가복지시설 현황

- 위 사항을 전체적으로 볼 때 가장 많은 시설인 경로당을 새로운 개념으로 재정의하여 노인시설 중 가장 안정적인 인프라를 구축한 시설로, 경로당을 활용한 노인 일자리 창출, 노인 여가활동을 통한 정서적 · 심리적 지원, 여성 일자리 맞벌이 부부를 위한 안정적인 육아지원서비스, 핵가족으로 인해 발생되는 아동들의 인성교육 지원을 통합적으로 지원할 수 있는 방안 등 이 모두를 아우르는 새로운 형태의 '마을 만들기' 사업을 제안한다.

Step 3. 잠재적 학습자 분석

가. 학습자 특성

- 고령화로 노인 학습요구 증가
- 노인들의 삶의 질 향상을 위한 욕구 증가
- 노령화되고 있는 환경 변화로 자아실현 욕구 증가
- 고령화로 노인의 경제적 자립 욕구 증가
- 저학년 자녀들을 안심하고 맡길 수 있는 기관 부족으로 운영기관 확대
- 노인 일자리 증가

나. 학습자 분석

Step 4 요구분석 및 요구의 우선순위 결정

가. 현존자료 분석

- 현존하는 자료를 분석한 후 관련 자료 정리
  - 현존하는 자료 목록
    ① 초등학생의 방과후 아동보육 서비스 이용 현황 및 학부모 만족도에 관한 연구
    숙명여자대학교 원격대학원 원격교육공학전공 석사논문 / 김애연 /2014
    ② 초등학교의 이상적인 학교시설 모델 탐색
    대구한의대학교 대학원 산림비즈니스 환경조경전공 박사논문/신경식/2013
    ③ 저출산시대의 일가정양립정책 국제비교
    국제 보건복지 정책동향 / 이상식 · 최효진 / 2010
    ④ 고령사회에 대응한 마을만들기 전략/한국도시설계학회지/ 이왕기 · 정승현/2014

나. 요구분석 계획

- 요구분석 계획
  - 분석 도구 선정 : 설문조사법

- 분석 실시 지역 :
- 분석 실시 대상 : 초등학교 저학년 부모 50명
- 설문 조사 방식 : pilot test 형식

• 설문지(아래 예시)

따또마을 프로젝트에 관한 설문조사

안녕하십니까?

귀 가정에 행운과 행복이 깃드시길 기원합니다.

본 설문은 '평생학습과 지역복지를 접목한 세대 통합형 지역 마을만들기' 프로젝트를 진행하기 위해 소중한 의견을 조사하고자 실시하는 것입니다. 설문에 응해 주셔서 진심으로 감사드리며, 솔직하고 정확한 답변은 본 프로젝트 진행에 많은 도움이 될 것입니다. 본 설문 내용은 [통계법 제 13조]의 규정에 의거하여 통계적 목적 이외의 다른 용도로는 사용되지 않으며 어떠한 경우에도 개인의 응답내용은 공개되지 않을 것입니다.

본 연구에 협조해 주신데 대하여 다시한번 깊은 감사를 드립니다.

년 월

지도교수 :
연 구 자 :
E - mail :

※ 따또마을은 '따로 또 같이, Open the door twice a day'이라는 의미입니다.

Ⅰ. 아동 보육 서비스 현황
해당란에 하나만 택해서 √로 표시해 주시거나 자세히 써 주시기 바랍니다.

Ⅱ. 아동 돌봄 서비스 요구 조사
해당란에 하나만 택해서 √로 표시해 주시거나 자세히 써 주시기 바랍니다.

Ⅲ. 일반적인 사항
해당란에 하나만 택해서 √로 표시해 주시거나 자세히 써 주시기 바랍니다.

※ 본 연구를 위해 끝까지 설문에 답하여 주셔서 대단히 감사합니다.

다. 요구의 우선순위 결정 및 목표설정

- 우선순위 결정 참여자(계획)
- 우선순위 결정 참여자(실행)
- 요구순위 차트

조사된 요구	파급효과 가중치:	목표달성 가중치:	긴급도 가중치:	자원할당 가중치:
보육서비스기관				
보육서비스프로그램				
보육서비스비용				
보육서비스시간				
보육서비스동기				

- 요구 분석 조사지(아래예시)

따또 마을 프로젝트 요구 우선순위 분석 조사

안녕하십니까?

본 조사지는 '평생학습과 지역복지를 접목한 세대 통합형 지역 마을만들기' 프로젝트를 진행하기 위해 실시한 설문조사 결과에 대한 요구 우선순위를 분석하기 위해 실시하는 것입니다. 요구 분석에 응해 주셔서 진심으로 감사드리며, 프로젝트를 위해 필요하고 중요하다고 생각하시는 부분에 대하여 정확하게 답변해 주시길 부탁드립니다.

본 연구에 협조해 주신데 대하여 다시한번 깊은 감사를 드립니다.

년 월

지도교수 :
연 구 자 :
E - mail :

※ 따또 마을은'따로 또 같이, Open the door twice a day'이라는 의미입니다.

질문의 문항에 대하여 그 중요도를 숫자 중 하나만 택하여 √로 표시해 주시기 바랍니다.

높음 ◀━━ ■ ■ ■ ■ ━━▶ 낮음

문항 \ 점수	9	8	7	6	5	4	3	2	1
보육서비스 동기									
보육서비스 기관									
보육서비스 프로그램									
보육서비스 비용									
보육서비스 시간									

※ 본 연구를 위해 끝까지 응답해 주셔서 대단히 감사합니다.

라. 설문 분석 결과

- 설문 실시 개요
  - 기간 :
  - 대상 :
  - 방법 : 설문지
  - 인원 : 50명에게 50부를 배포 · 회수한 결과 48부(96%) 적합
- 설문 실시 결과

마. 프로젝트 요구 우선순위 분석 결과

- 우선 순위 결정을 위한 단계
  - 기간 :
  - 대상 :
- 우선 순위 결정을 위한 평가 준거
  - 준거 적용 결정 항목

  본 프로그램을 진행하기 위해서는 보육서비스에 대해 준거 사항을 적용하기

로 함. 보육서비스에는 매우 다양한 영역을 있으나 그 중에서도 가장 중요하게 다루어야 할 분야의 우선순위를 결정하는 것이 중요함.

- 준거사항 결정

총 명의 우선순위 결정자에게 오프라인을 중심으로 회의한 후 여건이 어려운 경우 온라인으로 회의하여 준거 사항을 결정하였음.

- 준거적용 절차

준거 적용을 공정하기 하기 위해 우선순위 결정자 모두에게 문항마다 가장 중요한 항목이 어느 것인지를 결정하게 하고 그 결과대로 가중치를 곱하여 순위를 결정.

준거	내용
1. 목표달성	프로그램의 목적에 의해 일자리 기회 제공, 안정적인 보육서비스 제공, 통합과 활용 기회 제공을 그 목표에 두고 이를 달성하기 위한 내용에 비중을 두기로 함. 가중치는 9점.
2. 파급효과	참여한 사람들이 이 프로그램을 통해 이용도나 활용도 면에서 선전하게 될 때 앞으로의 파급력을 효과적으로 갖게 될 것임. 가중치는 7점.
3. 중요도	따또마을 운영에 있어서 참여자들의 수준과 요구와 별개로 다뤄져야 할 중요한 사항이 존재함. 가중치 5점.
4. 자원할당	네트워크로 형성된 기관에서 지원할 수 있는 자원의 상황을 고려하지 않을 수 없음. 가중치 3점.

- 우선순위 결정 항목 설문지(아래제시)

따또마을 프로젝트 요구 우선순위 분석 설문지

안녕하십니까?

본 조사지는 '평생학습과 지역복지를 접목한 세대 통합형 지역 마을만들기' 프로젝트를 진행하기 위해 실시한 설문조사 결과에 대한 요구 우선순위를 분석하기 위해 실시하는 것입니다. 요구 분석에 응해 주셔서 진심으로 감사드리며, 프로젝트를 위해 필요하고 중요하다고 생각하시는 부분에 대하여 정확하게 답변해 주시길 부탁드립니다.

본 연구에 협조해 주신데 대하여 다시한번 깊은 감사를 드립니다.

년 월

지도교수 :
연 구 자 :
E - mail :

※ 따 또 마을은 '따로 또 같이, Open the door twice a day'이라는 의미입니다.

질문의 문항에 대하여 그 중요도를 숫자 로 기재하여 주시기 바랍니다.

조사된 요구	목표달성 가중치9	파급효과 가중치7	중요도 가중치5	자원할당 가중치3
보육서비스 동기				
보육서비스 기관				
보육서비스 프로그램				
보육서비스 비용				
보육서비스 시간				

※ 본 연구를 위해 끝까지 응답해 주셔서 대단히 감사합니다.

• 설문 실시 결과

조사된 요구	목표달성 가중치9	파급효과 가중치7	중요도 가중치5	자원할당 가중치3	총 점
보육서비스 동기	1(9)	7(49)			58(3)
보육서비스 기관	5(45)	2(14)	1(5)		64(2)
보육서비스 프로그램	5(45)	2(14)	1(5)		64(1)
보육서비스 비용			2(10)	6(18)	28(5)
보육서비스 시간		1(7)	5(25)	2(6)	38(4)
총 점					252

• 우선 순위 결과

조사된 요구	우선순위에 의한 시간 배분(%)	비고
보육서비스 동기	20	
보육서비스 기관	25	
보육서비스 프로그램	30	
보육서비스 비용	10	
보육서비스 시간	15	
계	**100**	

Step 5 교육목표 설정 및 진술

가. 교육목표 설정 및 설계

① **프로그램 최종 목표**

분산되어 있는 복지 및 교육 서비스와 공공시설 인프라 통합 · 활용 기회제공

② **프로그램 중간 목표**

• 노인에게는 일자리 기회 제공: 퇴직이전의 재능을 활용한 재능기부활동으로 아름다운 노후설계 기회 제공

• 맞벌이 부부에게는 안정적인 보육서비스 제공: 접근성이 용이하고 안전한 공간에서의 보육 · 학습 · 인성교육지원으로, 세대통합교육 서비스 제공

③ **프로그램 세부 목표**

• 기관 입장

- 노인정 회원 중 교육수료 후 강의가 가능한 우수한 수료자 5명의 노인에게 유료강사로 활동할 수 있는 일자리 기회 제공
- 질 높은 다양한 프로그램 운영을 위해 대학생 사회봉사활동과 연계하여 교과 · 예체능 · 어학 분야를 2~3과정 운영

- 지역사회 기업의 사회공헌 프로그램과 연계하여 정기적(월 1회)으로 대청소 및 환경미화를 실시하여 쾌적한 환경 공간 조성
- 학습의 결과물을 연 1회 전시회, 연 1회 지역사회 시설과 연계한 발표회를 통해 세대간 통합 및 소통의 장 제공

• 학습자 입장
- 우수한 성적으로 수료하여 강사로 활동할 수 있는 기회를 가질 수 있다.
- 교육을 이수한 후에는 자신이 강의하고 싶은 분야에 대한 강의계획서(30분)를 작성할 수 있다.
- 교육을 이수한 후에는 아동의 특성에 대한 강정과 약점을 5가지 이상 파악하여 얘기할 수 있다.
- 기관을 이용하는 아이들에 대한 정보를 문서화(일지작성등)시킬 수 있다.
- 아동의 응급사항 시(배탈, 사고로 인한 부상 등) 대처할 수 있는 정보와 방법을 숙지하여 이용할 수 있다.

Step 6 프로그램 내용, 교육방법, 매체 선정

가. 프로그램 내용 및 방법

• 프로그램 내용
- 일 시 :
- 총시간 :
- 대 상 :
- 장 소 :

• 프로그램 세부내용

• 교육방법 및 매체
- 방법 : 강의식, 토의식, 발표 및 현장 견학
- 매체 : 교재, 강의, PPT, 현장 교육, 활동

Step 7 자원 배분

가. 인적/물적/재정자원의 배분

• 인적자원 : 강사의 선정
- 교수자 및 스템 구성

성 명	소 속	경력 및 직위	연락처	비고

- 강사의 전문성

영 역	내 용	강사

• 재정자원 : 사업예산 집행계획
- 방법 :
- 사업비 구성현황

재 원	합 계	보조금(외부)	자부담(내부)	비고
금액(천원)				

- 사업비 세부내역

비 목 별		금액 (천원)	산출내역	비고
총 계				
보 조 금	계			
	1) 강사비			
	2) 보조강사비			
	3) 교재비			
	4) 재료비			
	5) 회의비			
	6) 홍보비			
	7) 기타(행사비)			
자부담	계			

- 물적자원
  - 교육장소 선정
  - 교육시설
    - 수업실: 00명 수용 가능, 냉.난방 시설 완비
    - 매체강의 가능: 컴퓨터, 오디오, 화이트보드, 빔 프로젝트 등 교육용 기자재 배치
    - 부대시설물: 휴게실, 자동판매기, 구내식당 및 매점, 서점, 문구점 등 각종 편의시설 이용 가능
    - 교통 편의:
  - 교육환경

  평생교육원이 대학 중심부에 있어서 주변 조경 시설이 좋고, 신축 건물에 수업실 있어 조명 조절 가능하고 소음이 적으며 각종 편의 시설 이용이 용이.

Step 8 마케팅과 홍보

가. 프로그램 홍보전략

• 지역 차원의 전략적 홍보 계획

구 분	방 법
지역 인적 네트워크	1. **지역 인적 네트워크 활성화를 통한 홍보** 지역 새마을부녀회, 아파트부녀회, 공동주택 주민지원센터 담당자 등과 유기적인 협조관계를 구축하여 분기별 정기적인 모임 운영 2. **지역의 사랑방 역할을 하는 지역 시설 활용 홍보** 지역의 다양한 시설(복지관 등 복지시설, 여성센터 등 교육시설, 어린이집 등 어린이 시설 등) 안내 포스터 등 홍보 협조
온라인	1. **기관 홈페이지 및 유관기관 홈페이지 홍보** 내용: 지역시청 등 공공기관과 인근 사회복지시설 및 평생교육시설에 공문 발송 후 홈페이지에 게시토록 협조 요청. 2. **기관 블로그 및 유관기관 블로그, 지역시청 블로그 홍보** 내용: 지역시청과 운영대학교 등 공공기관과 인근 사회복지시설의 운영블로그 등 온라인 홍보 극대화 3. **기관 SNS 미디어 활용하여 저비용으로 단시간 내 홍보** 4. **지역거주 주부들의 온라인 커뮤니티에 집중 홍보**

구 분	방 법
오프라인	1. **현수막 게시** 내용: 기관 외벽 및 지하철역 주변 공공 게시대를 이용, 종합취업지원센터로서의 새일센터에 대한 안내 등 프로그램 모집 등에 대한 내용으로 현수막 제작 및 게시 2. **기관 정기발행 소책자 및 홍보용 전단 공공기관 및 공공게시대 비치 및 배부** 내용: 지역인적네트워크 관련하여 지역 유관기관, 시청 및 주민자치센터에 비치 홍보 3. **지역신문광고 게재** 내용: 지역주민의 접근이 용이한 지역신문 이용, 시청에서 발생하는 월소식지 이용하여 홍보 4. **지역방송 활용** 내용: 지역주민에게 친근한 지역방송을 통해 다양한 방법으로 홍보

• 홍보지

Step 9 평가 및 보고서 작성

가. 프로그램 평가 목적

- 따또마을 프로그램 수강자에 대한 프로그램의 효과성 파악
- 프로그램이 얼마나 효과적으로 운영되었는지에 대한 평가
- 프로그램의 개선 및 보완할 부분을 조사하여 다음 프로그램에 반영

나. 프로그램 평가

- 학습자 만족도 조사 : 교육 실시 후 교육효과를 위해 실시
  - 조사대상 : 교육과정 참가 학습자(교수자용 별도)
  - 조사기간 : 교육 종료 3주일 전(2주간 실시)
  - 조사방법 : 설문지를 통한 개별 면접 조사
  - 조사기관 : 운영대학교 평생교육원(사업 주관부서)

- 교육 효과성 분석 : 커크패트릭 4수준 평가모형 중 2가지 수준
  - 반응/만족도: 학습자들의 반응을 통해 그들이 프로그램에 대해 느낀 만족 정도는?
  - 학습/성취도 : 프로그램을 통해 학습자가 어떤 지식 · 태도 · 기능을 습득하였는가?

따또마을 프로젝트<교육생 설문지>

안녕하십니까?

00대학교 평생교육원은 삶과 질을 높이는 평생교육을 실현하기 위하여 '따또마을 프로젝트'에 참여한 교육생을 대상으로 교육프로그램 참여 동기와 만족도 조사를 실시하고자 합니다.

귀하가 응답하신 내용은 따또마을 프로젝트 운영을 위해서만 활용될 것이며, 통계법 제33조에 의거, 절대 비밀이 보장됩니다. 바쁘시더라도 한 문항도 빠짐없이 성의껏 응답하여 주시기 바랍니다.

감사합니다.

다음의 설문에 대해 궁금한 점이 있으시면, 아래의 연락처로 문의해 주시기 바랍니다.
문의사항 : 00대학교 평생교육원 평생교육 운영팀 02-2000-3001~9

다음은 교육프로그램 참여자의 만족도와 요구 및 제안사항과 관련된 질문입니다.
해당 지시문을 잘 읽고 응답하여 주시기 바랍니다.

Ⅰ. 평생교육 참여자의 만족도에 관한 질문입니다.

<문 1> 교육프로그램 만족도 관련

<문 2> 강사 만족도 관련

<문 3> 교육시설 관련

Ⅱ. 요구 및 제안에 관한 질문입니다.

설문에 응해 주셔서 진심으로 감사드립니다. ☺

따또마을 프로젝트<강사용 설문지>

안녕하십니까?

00대학교 평생교육원은 삶과 질을 높이는 평생교육을 실현하기 위하여 '따또마을 프로젝트'에 참여한 교육생을 대상으로 교육프로그램 참여 동기와 만족도 조사를 실시하고자 합니다.

귀하가 응답하신 내용은 따또마을 프로젝트 운영을 위해서만 활용될 것이며, 통계법 제33조에 의거, 절대 비밀이 보장됩니다. 바쁘시더라도 한 문항도 빠짐없이 성의껏 응답하여 주시기 바랍니다.

감사합니다.

다음의 설문에 대해 궁금한 점이 있으시면, 아래의 연락처로 문의해 주시기 바랍니다.
문의사항 : 00대학교 평생교육원 평생교육 운영팀 02-2000-3001~9

다음은 응답자의 배경정보에 관한 문항들입니다. 해당하는 곳에 ✓표 하여 주시기 바랍니다.

<문 1> 교육프로그램 만족도 관련

<문 2> 강사 만족도 관련

<문 3> 교육시설 관련

<문 4> 본 프로그램 운영을 위해 개선사항이나 건의사항이 있으시면 기재해 주십시오.

설문에 응해 주셔서 진심으로 감사드립니다. ☺

부록 02 현장실습양식

【양식 1】 실습의뢰서

실 습 의 뢰 서

수 신 :
참 조 :
제 목 :

---

1. 항상 평생교육 현장실습을 위해 애써 주시는 귀 기관에 감사드리며 귀 기관의 무궁한 발전을 기원합니다.

2. 『평생교육실습』 과목을 수강하는 아래 학생의 현장실습을 귀 기관으로 요청하오니 협조하여 주시기 바랍니다.

- 다 음 -

실습생명	생년월일	학과/전공	학년/학기	평생교육 관련 경력
				총 개월
				총 개월

○○ 기관장

담당자 000 학과장 000
시행 000-000(0000(년)00(월)00(일)) 접수 0000-0000(0000.00.00.)
주소 :
전화 : / E-mail :

【양식 2】 실습의뢰 결과 회보서

실습의뢰 결과 회보서

1. 실습의뢰 결과

☐ 수락합니다(수락시 하단의 내용 기재)　　　☐ 거절합니다

2. 실습 기본사항

1 실습기관 정보

기 관 명		기 관 유 형	[참고 1] 참조
전화번호		실습운영부서	
주 소			

2 실습지도자 정보

성 명		평생교육사 자격소지	급 수	
생년월일			취득기관명	
			취 득 일	
직 위			자격번호	

평생교육 관련 경력			
기관명	소속부서	경력기간(년월)	담당업무
		년 월~ 년 월(총 개월)	
		년 월~ 년 월(총 개월)	
총 경력개월		총 개월	

3 요청사항

필요서류	
실습비	원(실습개시일 납부 요망)
참고사항	

상기 내용으로 귀 기관에서 의뢰한 현장실습 의뢰 결과를 회보합니다.

실습기관의 장 직인

※ [붙임] 평생교육기관 증빙서류 1부.

【양식 3】 **평생교육 현장실습 확인서**

평생교육 현장실습 확인서

<table>
<tr><td colspan="2" rowspan="4">실습생
정보</td><td>성 명</td><td></td><td colspan="2">생년월일</td><td></td></tr>
<tr><td>학교/학과명</td><td></td><td colspan="2">실습지도교수명</td><td></td></tr>
<tr><td>실습기간</td><td colspan="4">년 월 일부터 ~ 년 월 일까지(총 일)</td></tr>
<tr><td>실습시간</td><td colspan="4">총 시간 (매주 요일부터 ~ 요일까지)</td></tr>
<tr><td rowspan="12">실습
기관
정보</td><td rowspan="3">실습
기관</td><td>기 관 명</td><td></td><td colspan="2">기관유형</td><td>[참고 1] 참조</td></tr>
<tr><td>전화번호</td><td></td><td colspan="2">실습운영부서</td><td></td></tr>
<tr><td>주 소</td><td colspan="4"></td></tr>
<tr><td rowspan="9">실습
지도자</td><td>성명</td><td></td><td rowspan="4">평생
교육사
자격
소지</td><td>급수</td><td></td></tr>
<tr><td>생년월일</td><td></td><td>취득
기관명</td><td></td></tr>
<tr><td rowspan="2">직위</td><td rowspan="2"></td><td>취득일</td><td></td></tr>
<tr><td>자격번호</td><td></td></tr>
<tr><td colspan="5">실습지도자 평생교육사 관련 경력</td></tr>
<tr><td>기관명</td><td>소속부서</td><td colspan="2">기간(년월)</td><td>담당 업무</td></tr>
<tr><td></td><td></td><td colspan="2">년 월~ 년 월
(총 개월)</td><td></td></tr>
<tr><td></td><td></td><td colspan="2">년 월~ 년 월
(총 개월)</td><td></td></tr>
<tr><td colspan="2">총 경력개월</td><td colspan="2">총 개월</td><td></td></tr>
<tr><td colspan="7">위와 같이 실습 내용을 확인합니다.
년 월 일
실습지도자 : (서명 또는 인)

년 월 일
실습지도교수 : (서명 또는 인)

국가평생교육진흥원장 귀하</td></tr>
</table>

【양식 4】 실습일지

실습일지(0일차)

<table>
<tr><td>실습일</td><td colspan="3">년 월 일(요일)</td><td>실습지도자 확인</td><td>(서명 또는 인)</td></tr>
<tr><td rowspan="2">실습시간</td><td>출근일시</td><td>퇴근시간</td><td>식사시간</td><td>지각/조퇴결근여부(사유)</td><td>실습시간</td></tr>
<tr><td></td><td></td><td></td><td></td><td>시간</td></tr>
<tr><td>실습내용</td><td colspan="5">※ 실습일정에 따른 업무명 순으로, 주요 활동내용을 기술
※ 실습지도가 가능하도록 구체적, 객관적으로 기술(실습일지는 개인일기가 아니므로, 실습일과에 대한 개인의 감정, 의견, 느낌 등은 가능한 한 피해야 함)
※ 프로그램 참관(보조진행) 시, 단순히 '000프로그램 참관'이 아닌, 프로그램의 목적, 주요내용, 강의자의 진행방법 등을 자세히 기록</td></tr>
<tr><td>실습소감
및
자기평가
(협의사항
포함)</td><td colspan="5">※ 실습내용에 관한 실습생의 의견 및 자기평가를 기술하되 사실에 기초하여 기록하며 발전·진행적으로 기록
※ 실습지도를 통해 습득한 지식과 기술을 실무에 어떻게 적용할 수 있는 지 등을 기록
※ 해당 일자의 실습업무 수행을 통해 실습지도자에게 제안하고 싶은 사항 기록</td></tr>
</table>

【양식 5】 실습지도기록서

실습지도기록서

실습지도자 : (서명 또는 인)

주차	실습지도자 의견
1주차	※ 실습생의 강점 및 개선점에 대한 의견 제시 ※ 실습내용에 대한 피드백 등을 주차별 작성
2주차	
3주차	
4주차	

※ 총 160시간의 실습시간 중 40시간을 1주로 산정하여 작성

【양식 6】 평생교육 현장실습 평가서

평생교육 현장실습 평가서

1. 실습기관명 :

2. 실습기간 : 년 월 일 ~ 년 월 일(주, 총 시간)

3. 실습지도자 :

직명	성명	담당	내용	비고
(소속부서명 포함 기재)		(담당업무 기재)	(주요업무 상세 기재)	(평생교육사 자격소지 사항 및 평생교육 관련 경력 기재)

4. 실습내용 :

제1주	제2주	제3주	제4주

5. 실습상황

실습생 성명	학과명	근무태도 (10%)	자질 (15%)	학습지도 능력 (50%)	연구조사 활동 (15%)	학급경영 및 사무처리능력 (10%)	총평 (100%)	비고

위 사실을 증명함

년 월 일

실습기관의 장 직인

참고문헌

교육부(2021). 2021년 교육 기본통계 주요내용. 교육부.

교육부(2022). 2022년 다문화교육 지원계획. 교육부.

교육부(2022). 한국평생교육백서. 교육부.

교육부 · 한국교육개발원(2013-2021). 연도별 평생교육통계자료집. 한국교육개발원.

교육부(2021). 2021년 평생학습계좌제 운영 기본계획. 교육부.

교육부(2021). 「제17차 평생학습계좌제 학습과정 평가인정」 공고. 교육부.

국가평생교육진흥원(2019). 평생교육사 자격제도 발전방안 세미나.

________________(2020). 평생교육 연수사업 결과보고서.

________________(2020). 평생교육사 자격제도 정비를 위한 비전과 과제.

________________(2020). 평생교육사 양성기관 운영 길라잡이.

국가평생교육진흥원(2021). 2021년 평생학습계좌제 서비스 만족도 및 요구조사. 국가평생교육진흥원.

국가평생교육진흥원(2021). 평생학습계좌제 제도 개선 이슈페이퍼. 국가평생교육진흥원.

국가평생교육진흥원(2021). 평생학습계좌제-타 부처 유관사업 연계를 위한 제도 개선 연구. 국가평생교육진흥원.

국가평생교육진흥원(2021). 평생학습계좌제 브로슈어. 국가평생교육진흥원.

국가평생교육진흥원(2022). 다문화교육 정책학교 운영 가이드라인. 국가평생교육진흥원.

권두승(2008). 평생교육법 개정 해설자료. 교육과학기술부 · 평생교육진흥원.

정은희 외(2016).한권의 책으로 본 평생교육현장실습. 양서원

김진화(2007). 평생교육사의 직무분석과 대학 평생교육사 양성과정의 효율화 방안연구. 한국교육개발원.

교육부 · 한국교육개발원(2021). 교육통계연보. 한국교육개발원.

교육부 · 한국교육개발원(2021). 간추린 교육통계. 한국교육개발원.

교육부 · 한국교육개발원(2018). 평생교육통계 자료집. 충북:한국교육개발원.

교육부 · 한국교육개발원(2021). 평생교육통계 자료집. 충북: 한국교육개발원.

법무부(2018). 제3차 외국인정책 기본계획. 법무부.

변종임 · 최돈민 · 이덕난 · 이세정 · 고영상 · 위영은(2014). 100세시대 평생교육체제 구축을 위한 평생교육법 정비방안 연구. 교육부.

여성가족부(2015). 2013년 청소년수련시설 통계 편람.

여성가족부(2018). 제3차 다문화가족정책 기본계획. 여성가족부.

여성가족부(2019). 2018년 국민 다문화수용성 조사결과. 여성가족부.

이종성. 남궁지영(2008) 교육연구방법과 SPSS 활용자료 분석. 교학연구사.

이해주 외(2019). 평생교육실습. 한국방송통신대학교 출판부.

최돈민(2010). 한국 평생교육정책의 동향과 과제. 평생학습의 동향과 발전방향. 제1회 한일 평생·사회교육세미나 주제발표 원고.

한국사회교육협회(1977). 평생교육과 사회교육법 제2회 전국사회교육지도자 세미나 보고서. 한국평생교육사협회.

행정안전부(2021). 2020년 지방자치단체 외국인주민현황. 행정안전부.

국가평생교육진흥원 : http://www.nile.or.kr

국립중앙도서관 : http://www.nl.go.kr

중앙다문화교육센터 홈페이지. www.edu4mc.or.kr

평생교육법 시행령 http://www.law.go.kr/lsInfoP.do?lsiSeq=210852&efYd=20191024(2022.2. 27)

평생교육법 http://www.law.go.kr/lsInfoP.do?lsiSeq=211823&efYd=20200604(2022. 2. 27.)

평생교육사자격관리 : https://lledu.nile.or.kr

평생학습계좌제 홈페이지(www.all.go.kr).

학점인정 등에 관한 법률 시행령. http://www.law.go.kr/lsInfoP.do?lsiSeq=222697&efYd=20201210(2022. 3. 2.)

한국건강가정진흥원 홈페이지. www.kihf.or.kr

한국교육학술정보원(2021). 2021 교육정보화백서. 한국교육학술정보원.

한국청소년상담복지개발원 홈페이지. www.kyci.or.kr

KOSIS 국가통계포털 홈페이지. www.kosis.kr

저자소개

정은희 교육학 박사

저서) 한권의 책으로 본 평생교육 현장실습(2016), 문제해결능력(2022), 대인관계능력(2022), 의사소통능력(2021), 자기계발능력(2017), 대학생활과 진로설계(2018)

현) 한국평생교육HRD연구소 책임연구원
한국평생교육HRD학회 편집위원회 부위원장
대진대학교 외래교수(평생교육사양성 교육과정 운영)
청운대학교 외래교수(평생교육사양성 교육과정 운영)
대림대학교 외래교수(직업기초능력 교육과정 운영)
한국사이버평생교육원 교수(평생교육실습 교육과정 컨텐츠 개발, 운영)
서울디지털평생교육원 교수(평생교육실습 교육과정 컨텐츠 개발, 운영)

신의현 교육학 박사

저서) 한 권의 책으로 본 평생교육 현장실습(2016)

현) 청운대학교/백석문화대학교/오산대학교 외래교수
신현평생교육연구소 대표

민경화 교육학 박사

저서) 한 권의 책으로 본 평생교육 현장실습(2016)

현) 서울사이버평생교육원(평생교육 전공과목 운영교수)
신현평생교육연구소(선임연구원)
철산종합사회복지관(사회복지사)

허현자 교육학 박사

저서) 한권의 책으로 본 평생교육 현장실습 (2016), 문제해결능력(2022), 대인관계능력(2022), 의사소통능력(2021), 진로설계와 취업실전(2020), 대학생활과 진로설계(2018), 자기개발(2017), 아이의 행복플로리시(2013).

현) 주)국제경영기술연구원 교육본부이사
한국사이버평생교육원 교수(평생교육실습지도)
경복대학교 겸임교수(간호학과 교직과정)
대림대학교 외래교수(직업교육혁신센터 직업기초능력 교육과정)

글로벌 리더 역량 평생교육사

현장실습 이론과 실제

1판 1쇄 인쇄 — 2023년 2월 13일
1판 1쇄 발행 — 2023년 2월 17일

저　　자 - 정은희 신의현 민경화 허현자
발 행 인 - 강철원
발 행 처 - 양성원
주　　소 - 경기도 파주시 검산로 173번길 29-12
전　　화 - 031-946-3861(代)
팩　　스 - 031-946-3864
이 메 일 - tnwpub@naver.com
홈페이지 - tnwpub.co.kr
출판등록 - 2015년 8월 31일 제 2015-000211 호

ISBN 979-11-6126-515-5

정가 20,000원